H 重磅推荐
HEAVY RECOMMENDATION

牛根生

蒙牛乳业集团原董事长

我们要像进口粮食一样地进口知识，像进口有形资产一样地进口无形资产……本书是高建华先生为我们“进口”的一部杰出的“管理学速成”。

何志毅

北京大学光华管理学院教授、《北京商业评论》执行主编、北京大学管理案例研究中心原主任

我从2001年起主持由北京大学管理案例研究中心和《经济观察报》社共同主办的年度“中国最受尊敬企业”评选活动，中国惠普年年榜上有名。我在做企业时曾直接与惠普打了十多年交道，惠普也是我本人真心尊敬的为数不多的跨国公司之一。每一个中国老板都该想一想你会以员工笑着离开来要求自己吗?

袁岳博士

零点研究咨询集团董事长

做好一名知识型员工、造就知识型团队、管理好知识型企业，这是我们当代许多做企业和在企业中的人都认同的理想。建华的《笑着离开惠普》用浅显生动的语言和故事，带领我们去经历他对惠普在这三方面如何实践的见证和作为一名直接参与者与领导者的感受，这对任何追求同样理想的人都富有启发价值。

何　力

《经济观察报》报业公司前总编辑

认识高建华先生的时候，他刚刚离开中国惠普，那是他的第三次离开。

所以当我看到高先生的《笑着离开惠普》时，我十分惊讶，他对惠普的热爱是自然而真切的。请注意，这本书是在他离开这家公司三年后写成的。

当我读完这本书的时候，我的心里充满了暖意。我第一次发现，在企业成长中，文化的力量是如此强大。《笑着离开惠普》在一定意义上简直就像一本企业成长工具书，他的实用性与价值因为有作者的真情实感相伴随，而更显得可信而亲切。

作者简介
ABOUT THE AUTHOR

高建华

原中国惠普公司助理总裁　首席知识官CKO

原苹果电脑公司　中国市场总监

北京洋为中用管理咨询公司　创始人

- 经济观察报　中国杰出营销奖　第一届至第五届　评委
- 前程无忧　中国最佳人力资源典范企业评选　2011年度、2012年度　评委
- CCTV　中国最佳年度雇主评选　2003年度、2004年度　评委

曾经担任对外经济贸易大学、南京大学商学院、北京大学汇丰商学院、吉林大学管理学院客座教授

经济观察报	2002年度	中国最受尊敬的企业家
中人网	2004年度	中国十大优秀实战培训讲师
中国经营报	2007年度	中国十大企业文化专家
中华职业教育社	2008年度	中国十佳战略管理专家
中国商业联合会	2011年度	中国十大营销杰出专家

《世界经理人》封面人物	2003年2月
《中外管理》封面人物	2003年7月
《销售与市场》封面人物	2006年2月
《培训》封面人物	2007年9月
《英语沙龙》封面人物	2011年9月
《企业大学》封面人物	2013年12月

出版《赢在顶层设计》《不战而胜》《笑着离开惠普》《打造销售铁军》《2.0 时代的赢利模式》《用欣赏的眼光看待 80 后》。

高徒一期

高徒二期

高徒三期

高徒四期

高徒五期

高徒六期

2003年7月中国惠普"合并与整合办公室"（MIO）主任、原中国惠普首席知识官（CKO）高建华，接受了《中外管理》的独家专访，第一次向外界揭开了惠普康柏顺利整合的神秘面纱，成为该期封面人物。

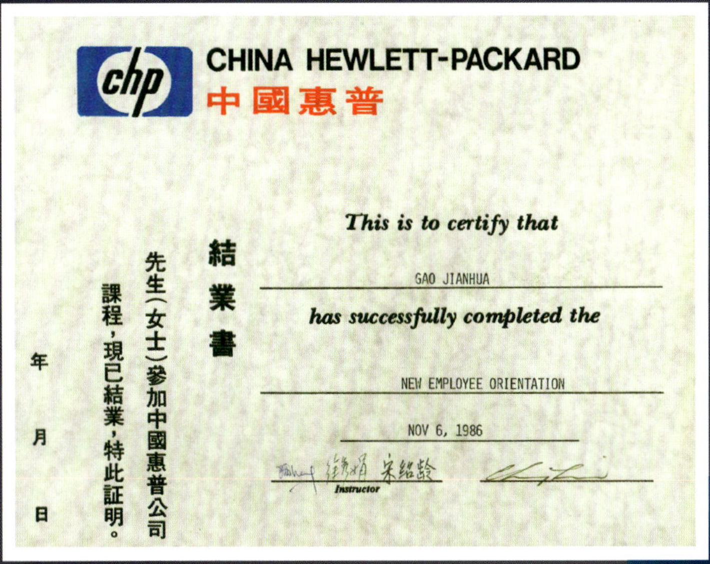

CHINA HEWLETT-PACKARD
中國惠普

結業書

This is to certify that

GAO JIANHUA

has successfully completed the

NEW EMPLOYEE ORIENTATION

NOV 6, 1986

Instructor

先生(女士)參加中國惠普公司

課程，現已結業，特此証明。

年　月　日

新员工入职培训证书

1987 年在展览会现场

1988 年中国惠普的市场部人员合影

1988 年第一次到美国参加培训合影

1992 年在中国惠普办公室

中国惠普
CHINA HEWLETT-PACKARD

This is to certify that

JIANHUA GAO

has successfully completed the
SECOND WAVE EXPERIENCED MANAGERS DEVELOPMENT *course*
held at the Downtown Holiday Inn
from Jun 23 to Jun 26, 1992

General Manager

有经验的管理者培训证书

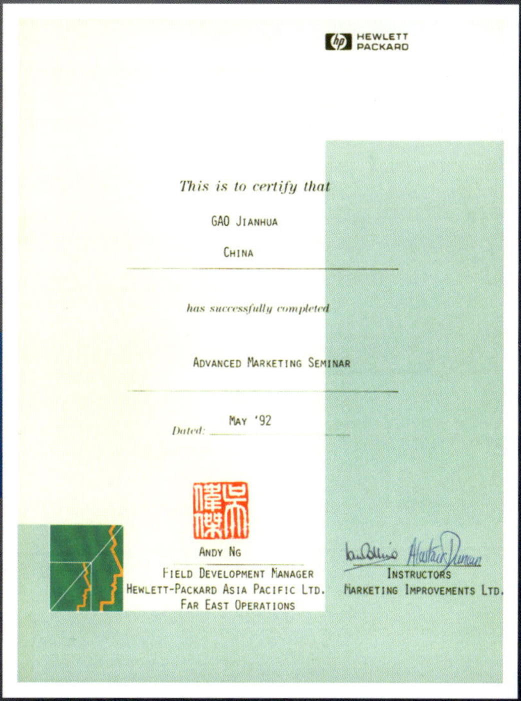
HEWLETT PACKARD

This is to certify that

GAO JIANHUA

CHINA

has successfully completed

ADVANCED MARKETING SEMINAR

Dated: MAY '92

ANDY NG
FIELD DEVELOPMENT MANAGER
HEWLETT-PACKARD ASIA PACIFIC LTD.
FAR EAST OPERATIONS

INSTRUCTORS
MARKETING IMPROVEMENTS LTD.

市场营销高级班培训证书

1993 年仪器事业部在香山饭店开会合影

1993 年仪器事业部在海南召开半年总结会合影

1993 年与惠普亚太区高管团队在故宫合影

1994 年离职欢送会与市场部员工合影

建华：

你可以离开我们，我们不能抛弃你。你可以无情，我们不能无义。

难舍你在我心中的放纵，我早已为你种下九百九十九朵玫瑰，可惜，花凋谢，人憔悴。

祝一帆风顺。

中国惠普公司的朋友们

1994年10月31日

1994 年离开惠普时同事们在相册中的留言

1997 年第二次进入惠普，在前台

1997 年第二次进入惠普，在办公室

1997 年到美国费城访问客户

1997 年与上司 Ken Lodge 在海南开庆功会

1998 年市场部老员工聚会合影

1998 年惠普全球高级副总裁兼仪器集团总经理来华检查工作合影

1998 年在美国惠普工厂留影

1999年惠普测量仪器分部年度会议合影

2002年公司决策委员会成员与分公司总经理合影

2002年惠普康柏合并前最后一次决策委员会成员合影

2003 年 5 月第三次离开惠普与孙振耀合影

2003 年 5 月第三次离开惠普与副总裁舒奇合影

2003 年 5 月第三次离开惠普同事聚会留影

2003 年第三次离开惠普前在中国惠普办公室

惠友之家俱乐部

EX-CHP CLUB

姓　名：高建华

员工号：386153

加入惠普时间：1986.3

离开惠普时间：2003.5

曾供职部门：

惠友俱乐部会员证

笑着离开惠普

高建华◎著

经典修订版

企业管理出版社
ENTERPRISE MANAGEMENT PUBLISHING HOUSE

图书在版编目（CIP）数据

笑着离开惠普 / 高建华著 . -- 修订本 . -- 北京 :
企业管理出版社 , 2023.5
ISBN 978-7-5164-2822-1

Ⅰ . ①笑⋯ Ⅱ . ①高⋯ Ⅲ . ①电子工业—工业企业管理—经验—美国 Ⅳ . ① F471.266

中国国家版本馆 CIP 数据核字（2023）第 067457 号

书　　名： 笑着离开惠普（经典修订版）
书　　号： ISBN 978-7-5164-2822-1
作　　者： 高建华
策　　划： 朱新月
责任编辑： 解智龙　曹伟涛
出版发行： 企业管理出版社
经　　销： 新华书店
地　　址： 北京市海淀区紫竹院南路 17 号　**邮　　编：** 100048
网　　址： http://www.emph.cn　**电子信箱：** zbz159@vip.sina.com
电　　话： 编辑部（010）68487630　发行部（010）68701816
印　　刷： 天津市海天舜日印刷有限公司
版　　次： 2023 年 5 月第 1 版
印　　次： 2023 年 5 月第 1 次印刷
开　　本： 710mm × 1000mm　1/16
印　　张： 23.25 印张
字　　数： 300 千字
定　　价： 78.00 元

再版序

REPRINT PREFACE

《笑着离开惠普》第一版是 2006 年 3 月份上市的，上市不到半年时间就成了经管类畅销书，得到了国内大中型企业老板和管理者的普遍认同，成为万科、招商银行等众多优秀企业的重点推荐图书，有上万人写了读后感。

后来，有个记者跟我说，我的《笑着离开惠普》里其实贯穿着三条叙事线。

第一条线是我个人的成长轨迹，有人觉得很励志；

第二条线是企业的营销战略逻辑，有人明白了怎么做生意；

第三条线是人力资源管理体系，有人知道了什么是真正的人性化管理。

说实话，我在当初写这本书的时候，脑子里并没有这样清晰的三条线，我只是按照时间顺序来写自己的经历、感悟和做法，希望对职场人士有所启发。不过经过这位记者这么一总结，的确是那么回事，所以这本书的读者就分成了三类人。

第一类是有追求的职场人士；

第二类是企业的经营管理人员；

第三类是人力资源部门的经理人。

《笑着离开惠普》上市后，我原来惠普的一位老同事给了我这样一个反馈，她说读着我的书，就感觉到是在跟我面对面聊天，因为书中写的都是大白话，叙事的风格很朴素，没有任何的修饰。也许正是这种理工男的朴素语言（在很多人看来是缺点），反而赢得了大家的普遍认同，虽然没有华丽的语言，没有动人的故事，但是大家更喜欢实在的案例、实用的工具、具体的方法。

《笑着离开惠普》的畅销，让我的职业生涯发生了意外的转变，因为没想到这本书竟然成了很多优秀企业 HR 部门的“教科书”，我也因此受邀担任央视主办的两届“年度雇主评选”的评委和两届前程无忧举办的“最佳人力资源典范企业”的评委。真是应了那句话：无心插柳柳成荫，一不小心成了 HR 圈里的人。

国内市场上的原创经管类图书，大多数都是有时效性的，一般流行一段时间热度就下降了，但是我的书属于另类，既是畅销书，又是长销书。16 年过去了，《笑着离开惠普》里的内容并没有过时，依然有现实意义，很多人现在还在找这本书，毕竟我讲的都是一家企业经营管理方面的底层逻辑，是一些实用的工具和方法，这些都不会因为时间而改变。

随着大多数行业将会从增量市场转化为存量市场，市场红利时代告一段落，企业与企业之间竞争的焦点正在发生质的转变，也就是说过去的成功靠的是把握市场机遇，而未来的成功靠的是打造高绩效团队，这样才能提高组织智商、收获组织红利。所以，企业家和经理人要把关注点从宏观机会的把握转变为企业内部团队的建设，从而回归企业经营管理的原点，重新认识人性化管理的价值。

《笑着离开惠普》修订版增加了一些过去这些年我在媒体上发表过的非常受欢迎的新文章、新观点，不管是老朋友还是新粉丝，相信对大家会有启发。在此也感谢那些多年来给予我认同、始终追随我的粉丝，祝愿大家在新时代取得更大的成功。

2023 年元旦于北京

序

PREFACE

德州仪器公司在1998年曾委托麦肯锡顾问公司做过一个“Top Talent（顶级人才）”的研究。在这项研究中，德州仪器公司发现，这些顶级人才几乎一致地认为他们工作中最重要的一个因素是“老板的质量”。当采取交叉比对来交换条件时，较高的“老板的质量”是最不可能被这些顶级人才所放弃的，即相对于较好的公司薪资福利、工作环境和条件以及企业策略而言。

盖洛普（Gallup）调查公司也曾在20世纪90年代做过一个超过一万名经理人员的调查。调查发现：“拥有优秀的第一线经理”的企业，在企业评比的四个项目中脱颖而出。这四个项目包括了：生产力、利润率、留住人才及客户满意度。

上述两项研究调查都指向同一个结论：优秀的经理人员是一个企业的竞争核心。优秀的经理人能够吸引并留住顶级人才，进而达到企业生产力、利润率及客户满意度的增加。

至于企业如何培养优秀的经理人，高建华的这本书已为企业提供了切实可行的方法。只要企业领导能详读本书并且确实实行，必能与世界知名的跨国企业一争高下。

德州仪器公司亚洲区前总裁

程天纵

中国惠普公司第三任总裁

前言

PREFACE

从 1986 年 3 月到 2005 年 12 月，我加入中国惠普近 20 年。在 17 年的跨国公司职业生涯中，在为国内企业提供管理咨询和管理培训的 8 年实践中，我渐渐地悟出了这样一个道理，那就是：一个企业如果经营得好，可以赚到钱；一个企业如果管理得好，可以很健康；而唯有当一个企业文化好的时候，才会令员工快乐地工作。而惠普就是这样一家集赢利、健康、快乐于一体的卓越企业。

惠普的创始人之一，比尔 · 休利特（Bill Hewlett）生前访华时，在员工沟通会上针对竞争激烈、员工流失的问题回答说：我们不可能阻止员工离开公司，因为人才流动是正常的现象。我的愿望就是：让每一个离开惠普的员工说惠普好。

“让每一个离开惠普的员工说惠普好”，这是一个很朴素的愿望，而要做到这一点，是非常不容易的。中国惠普为此做出了长期不懈的努力，并取得了社会各界的认同，从 2001 年中国开始有“最受人尊敬的企业”评选活动起，惠普就一直榜上有名，后来又相继成为中国的“最佳雇主”和“最佳企业公民”。

多年来，曾经在中国惠普工作过，又离开中国惠普的人少说也有上千人，但是这些人都把惠普当作是自己人生经历当中值得骄傲、值得自豪的一站，很少听到离开惠普的人说惠普的坏话，尤其是那些在惠普工作过三年以上的员工。在北京，由曾经在中国惠普工作过、后来又离开惠普的员工组成了一个“惠友俱乐部”，目前有几百名会员。2005 年 6 月 18 日，惠友俱乐部举办了中国惠普成立 20 周年的庆典活动，共有 300 多人出席，其中包括中国惠普的两任董事长和三任总裁，盛况空前，本人作为会员之一也出席了这次大会。大家在一起回顾 20 年的历程，欣赏着过去的老照片，感慨万千。

惠普为什么能让每一位离开的员工说公司好？秘诀是什么？我认为最关键的一点就是得益于惠普的人性化管理。我想，惠普能让离职的员工这样地爱戴、眷恋公司，这是任何一家外资企业、国有企业和民营企业都无可比拟的。这是惠普坚持人性化管理、真正实施人性化管理的必然结果。这也是包括我在内的员工能够笑着离开惠普的根本原因。本人在 17 年的时间里曾经三进三出惠普，可能也是在其他企业无法想象的。

那些注重实效的人可能会提出这样的问题：注重人性化管理，如果没有效率，那又有什么用呢?

我认为，高效率不一定是基于人性化管理，因为靠压力，靠严格的制度，甚至残酷的剥削都能达到高效率，但真正的人性化管理一定会带来高效率。如果没有产生高效率，那是人性化管理实施不到位的结果。以倡导人性化管理的中国惠普公司为例，1985 年成立时，只有 2000 多万美元的年营业额，但是到了 2005 年，公司的年营业额达到了 20 多亿美元（200 多亿人民币），实现了百倍以上的增长。在这种基数上能实现这么高速的增长，人性化管理无疑起着不可替代的作用。

从发展的角度来看，人性化管理是企业管理的必然趋势，因为漠视人性的公司必将被无情地淘汰出局。靠压力式管理可以带来短暂的繁荣，靠高薪也能吸引人才，但是却很难得到员工发自内心的认同和忠诚。员工在打工者的心态驱使下，不可能追求卓越，精益求精，更不会体现出主人翁精神。因为对于白领员工来说，受到尊重、受到信任，比金钱更重要。

我在惠普公司，从助理工程师到高级工程师，从市场部经理到市场总监，从助理总裁到首席知识官，到公司决策委员会成员，成为为数不多的进入大型跨国公司中国区高层的本地管理人员之一，有幸感受到惠普公司高效而又人性化的管理。我能有今天，应该感谢惠普对我的培养和关怀，感谢那个令人快乐的工作环境。我希望把这些亲身经历与大家分享；希望惠普的成功经验能给大家一些启发，能帮助国内企业从成功到成熟、从有钱到健康，让更多的人经由快乐而进入高效工作的行列。

2005 年是中国惠普成立 20 周年，2006 年 3 月是我加入惠普 20 周年，特撰写本书以示纪念。

高建华

目录 CONTENTS

1 第一部分

发现惠普 /001

2 第二部分

员工成长之路 /025

3 第三部分 领导艺术与人才培养 /053

4 第四部分 善待离职的员工 /089

5
第五部分

人性化管理的典范 /115

6
第六部分

合理的薪酬与专业的培训 /147

7
第七部分

让员工理解战略与执行的关系 /179

PART. 01

第一部分

发现惠普

1 初次进入惠普

1982年大学毕业后，我没有按照事先的设想回到山东，而是在北京留校当了老师，因为那时候师资匮乏，我们这些本科生一毕业就不得不担任助教，教起了与我们年龄相仿（有些年龄比我们还大）的大学生，继续享受着学校的氛围，过着既舒适又简朴的生活。

几个学期过后，对这种轻松又缺乏挑战的工作渐渐地失去了兴趣，总觉得这样下去不是办法，会虚度了年华。因为在大学当老师有充足的学习时间，我就开始学习英语、学习经济学和管理学的一些知识。

为了检验自己学习的结果，我从1985年开始去参加一些公司的招聘考试。当时并没有想好要去哪里，只不过想看一下自己学习的知识与外面公司的要求有多大差距。

因为当初最热门的工作是外贸公司和一些涉外机构，所以我就把目光投向了那些机构，可是当我笔试过关后参加面试的时候才发现，我学的英文根本用不上，只会写、会背，真正要说的时候却张不开嘴，于是我开始听英文广播。

1985年6月20日，中国惠普成立了，不久就在报纸上刊登了招聘员工的广告，于是我就报了名，并于同年9月参加了笔试。因为那一次是招聘工程师，是把英文和技术结合在一起的考卷，所以我很容易地顺利过关了，之后就开始了几次面试。

以今天人们的眼光来看，去外企是不需要犹豫的，甚至很多人挤破了脑袋都想进外企，但是那个时候并没有什么人愿意去外企，因为当时跨国公司在中国并没有什么名气，很多人都没有听说过惠普公司，而且在外资企业工作毕竟不是“铁饭碗”，随时可能被解雇，很多东西都是未知数，要冒很大的风险，况且那时候外企的工资并不高，基本上没有什么特别的吸引力。

记得当时学校的很多老师和领导都劝我要想好了，出去了可就回不来了，在学校工作毕竟是稳定的职业，而且每年有两个假期，要论单位时间的收入，并不比跨国公司低。那时在学校每月收入80元，但是我们一周只需要上6个小时的课，而在跨国公司每周工作40小时，每月收入150多元。这样算的话，在学校工作收入还要高一些，而且其他时间都是自由的。在很多人心目中，给资本家打工可不是闹着玩的，这可是关系到前途命运的大事。

为了获得应聘成功，我在去惠普参加面试前做了精心的准备，把可能问到的所有问题统统列出来，然后想好答案后用英文写出来，接着就是反复练习，直到可以流利地用口语表达为止。另外，我找到了很多参考书，希望多了解一些惠普公司的情况，并有幸买到了一本名为《追求卓越》的书，书上对惠普的两位创始人和惠普公司的管理赞誉有加，使我更坚定了加入惠普的信心，而其中一位市场开发工程师的故事给我印象特别深刻，让我觉得做这样一名市场开发工程师非常自豪。

我的精心准备换来了成功，两个月之后，中国惠普通知我基本上决定录取我了，但是公司这边还要办一些手续，要我耐心等待，可是一等就是几个月，我也不知道发生了什么事情，直到 1986 年 2 月份，惠普才通知我内部手续办完了，还有一道手续，即到学校来看一下我的档案就可以发录取通知书了。1986 年 3 月，我终于等到了期待已久的录取通知书。在学校办完了离职手续后，学校派车把我送到了中国惠普当时的员工宿舍，从此开始了我的惠普生涯。

“不想当将军的士兵才是好士兵”，作为一名普通员工，不要好高骛远，应当脚踏实地，一步一个脚印地往前走。

2 选人就如同是选钻石

进入惠普之后，我才逐渐地了解到，惠普特别重视选拔人才的工作，并在人才的招聘和选拔方面凝练了独到的原则和严密的制度。

可以说，选人是各级管理者最重要、也最容易被忽视的工作。很多公司老总常说，我没有工夫去面试应聘者，一年要招那么多人，我哪有时间去做这些事情，让人力资源部门去做就好了，因为我太忙了。其实，一个人说自己没有时间，是因为他不重视某件事情，当他不重视或者不愿意做某件事情的时候，就会找各种各样的借口去推托；而当他重视某件事情的时候，他的时间自然就安排出来了。尽管很多管理者经常把“以人为本”挂在嘴上，但是一到关键时刻就抛到脑后去了。

惠普一直认为：优秀员工是公司最重要的资产，一家公司要想持续健康地发展，在选拔人才方面必须下大力气。所以，与许多公司不同，惠普的管理层总是把招聘人这件事排在所有事务之前，把选拔人才当作头等大事，不但重视，甚至渴望发现人才。

我的前任上司、中国惠普总裁孙振耀曾把招聘新员工比喻为去挑选一件珍贵的物品。以前，在公司规模还不是很大的时候，他都要亲自与新员工面谈，后来公司规模大了，时间上不允许了，不可能每个新员工都要通过他这一关，但招聘经理级的员工和关键岗位的员工时，都少不了要和他面谈这一环节。有一次在沈阳，一个应聘销售人员的人对孙振耀亲自面试自己感到大惑不解，他说："我只是应聘一个小小的 sales（销售员），用得着堂堂的中国区总裁亲自出马吗？"

然而，孙振耀却不这么看，他的解释是："如果你要去买一件非常珍贵的东西，你会托付别人去买吗？比如说一颗钻石，它的价值可能是你一辈子的积蓄，你肯定会自己亲自去挑选。"

正是基于这样的认知，惠普各级管理人员都要拿出足够的时间参与面试，因为这是管理者最重要的一项工作。管理者不仅要面试本部门招聘的员工，还要作为面试小组成员参与其他部门招聘新员工的面试工作。

一个人说自己没有时间做某件事，是因为他不重视或者不愿意做，因此才找出各种各样的借口去推托。

3 标准化的招聘流程

和绝大多数跨国公司一样，**惠普相信制度的力量，从不认为依靠自觉和侥幸可以蒙混过关。**本着这一思想，惠普在其60多年的成长历程中，在复杂的跨国经营实践中，对其公司各项规章制度不断锤炼和完善，形成了现在这一套复杂而又简约、深奥而又操作简便的制度体系，而人才的选拔和管理制度是其中最重要的部分之一。

我们先来看看它的招聘制度与流程。

在惠普，招聘的要求是由谁提出来的呢？是用人部门提出来的。当用人部门某些职位出现空缺时，首先会向上级业务部门申请，在得到上级业务部门的批准后，就会招人。在与人力资源部沟通之前，用人部门一般要先考虑清楚：所需要的职员在公司的人力资源架构里面有没有相应的岗位。如果说有这样的岗位，有现成的岗位描述，我们可以依葫芦画瓢，按照这个岗位的要求去招人。如果说人力资源架构里面没有某个岗位，而用人部门又的确需要这种岗位的员工，那么用人部门可以新创造一个岗位。

这时候用人部门要先准备一份岗位描述，其内容包括为什么要设置这么一个岗位，这个岗位的主要职责是什么，岗位业绩怎么衡量等；另外因为这还牵涉到岗位待遇问题，用人部门还要确定这个岗位属于什么级别。在岗位描述被接受后，人力资源部会将该岗位描述添加到公司的人力资源架构中去，以后再招类似的员工就不用重新写岗位描述了，因为在整个公司的人力资源体系里面已经有这个岗位了。

接下来，用人部门需要填写招聘申请书，发给人力资源部。在申请书中，用人部门应注明对应聘者在专业、学历、工作经验、特殊技能等方面的要求。人力资源部按照这些要求，首先在公司的资料库里（在这个数据库里包含了历年来所有直接或间接投向惠普公司的简历）去寻找合适的人选，看有哪些人符合这些基本要求，如果数据库里没有合格候选人，人力资源部会进行社会公开招聘，或通过外部的服务机构（如猎头公司）去推荐人才。

如果公司需要招聘一个人的话，一般来说，初选的时候会从内部数据库、社会招聘中的应聘者和猎头公司提供的名单中挑出 8 ～ 10 个符合基本要求（也就是满足上面几个硬指标）的候选人参加笔试，然后人力资源部把笔试合格的候选人简历转给用人部门。

下一步的工作由用人部门来进行。在初选合格的名单中，用人部门会根据一些软指标再淘汰大部分人，并选出大约 3 ～ 5 个人参加最后的面试。关于如何面试员工，后面还会详细介绍。

在现代企业里，任何事情都要靠制度，而不是靠自觉，所以招聘必须有标准化的流程，这样才能保证招到优秀的员工。

4 如何避免招聘走后门

惠普一直认为，任人唯亲是高效的组织所必须杜绝的现象，公司内部一旦形成了具有裙带关系的利益团体，就会导致公司利益和小团体利益的冲突，内部监督机制也会失效，进而严重破坏组织和谐的文化氛围和公平的竞争环境，降低组织的效率和竞争力，并且成倍增加管理的难度。

因此，要在制度设计上防范这个问题的发生，需要从每一个细节上遏制这种可能性。

比如我们都曾经遇到过这样的难题，某位大领导或重要客户的子弟想进入公司，就通过关系找到各级管理人员，有时候也会直接找到老总，希望我们能像国内其他企业一样看在某个人的面子上帮帮忙，把人招进来。

对于这一类的事情，我们有这样一个基本的原则，那就是同等条件优先。

任何一个管理人员都可以推荐人，而且要在简历上注明是谁推荐的，万一该员工进来后出现重大问题，而推荐人隐瞒了真相，还可以反过头来去追究推荐人的责任，从而对推荐人形成一定的制约。

这样做保证了大家在同一个平台上竞争，任何人要想进来，不管是谁推荐的，都必须先通过笔试，包括英语和专业知识的考评，合格后才有资格参与面试。

通常推荐人只能在公司人员需求信息上提供一些帮助，并告诉候选人公司的考评标准是什么，可以让他们有所准备。

仅此而已。

在面试方面，公司有着严格的规定和流程，因为面试比笔试更重要。面试的具体规定包括以下方面。

首先，用人部门的经理必须担任面试小组的组长，承担最重要的责任。

面试小组的成员是与面试小组组长同级别的另外两个相关部门的部门经理。

这一规定是没有回旋余地的，用人部门的经理不能找自己的上级来当面试小组成员，也不能找自己的下级经理，面试小组的成员必须是和他同级别的其他部门的经理。

为什么呢？它可以对用人部门的经理形成一种监督和制约。

如果面试小组的成员都是与这个经理有着利害关系，甚至共同利益的人，如我们刚才说的有上下级关系的人，那么面试过程的公平就得不到保障，这时招进来的可能不是能人，而是一些关系户、亲戚朋友，或是一些溜须拍马者。

当面试小组成员之间既没有上下级关系，又没有利益关系时，走后门的可能性就很小了（尽管不能100%地避免），因为要同时说服两个与自己级别相同、没有利害关系、又要遵守公司制度和职业操守的人，使他们对自己的走后门行为视而不见、守口如瓶，恐怕比登天还要难，而且要冒很大的风险——一旦被人揭发就完蛋了。

这样做就等于把自己的命运交给了别人，因而没有人会干这种傻事。所以，有了其他两个部门的经理人作为监督者，基本上就没有人敢做这种违规的事了。

我们认为，只要理顺了关系，使责任、权利、义务落实到人，世界上没有制度堵不上的漏洞。

其次，用人部门在招聘中的主导地位也是杜绝关系户的有力手段之一。

在招聘过程中，除硬指标的考核（技能考试和英语考试）外，所有的决策权都在用人部门。因为用人部门经理对应聘者的工作能力是最在意的，要是招来一帮走后门的人，只拿钱不干事，经理的业绩就岌岌可危了，所以用人部门当然希望找最能干的人。

为什么不允许人力资源部干预呢？因为员工表现好坏，跟人力资源部没有利害关系，人力资源部也不清楚各用人部门到底需要什么样的人。它要是干预的话，必然是外行指导内行，损害招聘过程的公正性。

反观国内的很多企业，在招聘面试的人员组成上缺乏制度约束，而且人力资源部权力太大，有意无意地方便了某些当权者将与自己有各种裙带关系的人招进公司。

久而久之，导致公司内部派系林立、钩心斗角、效率低下、闲人过多，出现溜须拍马者大行其道，而才华出众者被淘汰出局的“逆选择”现象。到头来公司内部充斥着有各种“关系”的人员，一个部门经理要想开除一名不称职的下级员工是非常困难的一件事（甚至是不可能的事）——除非这个员工是没有任何后台的人。

这样做的结果是，留下来的员工都是有后台、有门路的人，谁也动不得。

任人唯亲是高效组织必须杜绝的，公司内部一旦形成了具有裙带关系的利益团体，就会导致公司利益和小团体利益的冲突，内部监督机制也会失效。

5 人事部门不是权力部门

在惠普的整个招聘流程中，用人部门和人力资源部有着完全不同的定位和角色：用人部门是主导，重要的决策都由他们来做，因为人员招进来后，最终是由用人部门来使用，人才质量的高低与用人部门的切身利益直接相关。人力资源部处于辅助位置，是服务部门，是协助用人部门按照公司的标准流程和规定完成人员招聘，替用人部门把关，所以是一个服务性的角色。

在招聘过程中，惠普对应聘人员的考核包括对硬指标和软指标的综合考核。

在招聘之初，人力资源部根据用人部门的要求考核候选人是否符合各项硬指标，方法包括笔试和英语口试。在中国惠普早期，一般由公司自己来承担这些任务，但后来公司规模大了，一次招聘几十个，没有办法自己做了，就委托社会上的专业机构去进行人员测试，测试完了以后把合格的人员推荐给惠普，用人部门仅从那些笔试和英语口试均合格的人当中选出合适的人员进行面试。

惠普的招聘考试主要是专业知识与技能笔试、英语笔试、英语口试三个部分。专业知识与技能的测试排在前面，因为惠普大多数岗位都是专业技术类的岗位，所以先考专业的知识，看你是否有能力、具备基本的知识背景做某项工作。惠普希望应聘者在学校里已经掌握了基础知识，接受过相关的专业教育，或者有某方面的实践经验，而到公司之后再加以培训，提高在惠普的实践操作能力。

英语笔试是专业知识和技能测试完毕之后的第二步。笔试过关后就进入英语口语的测试环节，如果笔试不过关就没有资格参加英语口语的测试。有时候英语口语测试算不上是什么考试，就是聊天。这种方式是非常有效的，因为应聘者很难事先准备，所以基本上可以比较真实地反映出应聘者的水平。当然，像我当初应聘时那样花了很多时间去准备的人并不多。

与国内大多数公司不同的是，**在惠普，人力资源部门不是权力部门，只是一个服务机构，只有否决权，而没有决策权，即只可以说不要谁**（因为不符合公司的硬性要求），**而不可以说要谁**。比如，人力资源部只能说这个人不符合我们的哪项硬指标，所以不能要。人力资源部就像专家似的，替用人部门把关，按照事先拟定好的硬指标去衡量应聘者。这不像在国内很多企业，人力资源部门是决定新员工（甚至老员工）去留的权力机构，它说谁不行就不行，说谁行就行，这就偏离了人力资源部门的角色定位。

在现代企业里，用人部门决定要什么样的人，人力资源部是服务部门，是替用人部门把关的，不应当成为权力部门。

6 招聘是一场理性的婚姻

相对于很多国内企业，惠普对待招聘的严肃态度足以令人肃然起敬。惠普一直认为，轻率的招聘既是对员工的不负责，也是对公司的不负责。**惠普坚持一个信念：“招聘是一场理性的婚姻。”**这句话有两层含义：一方面，要找到真正适合公司文化和职位要求的人才，就必须在招聘中将理性进行到底；另一方面，招聘要像对待婚姻一样慎重，因为就像不幸的婚姻一样，招错人的结果是两败俱伤，公司和个人都是痛苦的。

那么，惠普在招聘中是如何慎重地贯彻理性的呢？首先是硬指标的考核，然后就进入软指标的考核。软指标的考核主要通过面试来实现。所谓软指标，它不同于人的技能、知识、教育背景、工作经验等因素，而是指人的发展潜力、性格特征、价值观念等方面的情况。根据软指标去看一个人，更多的是靠管理者的眼睛去观察，因而在这个环节，如何杜绝评判者的主观偏差，从而做出理性的决策，就显得尤为关键。

上文我们已讲过面试小组人员构成的原则，这一原则不仅能在很大程度上杜绝走后门的现象，而且也是慎重原则的体现。由岗位不同、知识背景不同、经历不同的三个人来参与面试，从不同的角度观察候选人，就大大地降低了鉴人失察的概率。某一位经理的“看走眼”会在讨论和交流中得到纠正。相对来说，团队做出的决策更科学。

我们还沿用上面提到的例子，如果要招聘一个人的话，进入面试阶段时，将有3位部门经理对3～5名候选人进行面试。面试是怎么进行的呢?

我们在面试时，有一个基本的原则，那就是：“面试不能仅凭感觉。”为了具备相应的知识，参与面试的管理者都必须参加面试技巧的培训，在掌握了面试技巧之后才有资格参与面试工作，就像上岗需要合格证一样。通过严格的面试技巧培训，管理者学会了如何通过特定的问题挖掘自己想了解的信息，如何观察候选人，如何判断候选人所反馈的信息的真伪，如何从不同的角度进行交叉对比和验证等。

同时，在招聘问题的设计上，惠普也采用业界普遍采用的行为面试法。从应聘者的角度看，面试的问题完全是随机的，而且问题的着眼点都是候选人过去发生过的行为。

有些企业的面试官喜欢问一些很通俗的问题，比如下列问题。

你过去做过什么?

你喜欢做什么?

你是否愿意努力工作?

你是否愿意按照上司的意图去做事?

这些问题谁都会问，但是答案的真伪很难识别。

在惠普，我们通常不这么问，不问你能做什么，而是问诸如这样的问题。

你所做过的工作当中最值得你自豪的一件事是什么?

是什么时间做的?

怎么做的?

为什么值得你自豪？

这时候应聘者事先准备的问题就可能用不上了，想在现场编故事肯定也来不及，他只能实事求是地讲真话，否则很容易露馅。

比如，有时候我们会问这样的问题。

你最不喜欢的同事是谁？

你为什么不喜欢他／她？

这个问题并没有标准的答案，我们只是通过知道应聘者喜欢跟什么样的人合作，不喜欢跟什么样的人合作，从中了解他喜欢什么样的工作氛围，以及在他／她心目中好人是什么样的。

惠普会在应聘者的工作能力、工作态度、工作动机、稳定性等多方面进行考察，如果一个人频繁调动工作，我们就会问：为什么在过去几年当中换了那么多工作，原因何在？如果应聘者没有充足的理由去解释，就可能被淘汰了。像我第一次离开惠普时已经在惠普干了八年半了，对方在这个问题上毫不怀疑我的稳定性，他们会认为你这个人是坐得住的。如果应聘者一年换一个工作，那么这个人一定有问题，来了也不会待下去。

总之，**面试的问题一定要科学设计，才有助于发现事实的真相。**“你如果成为公司的一员，你会怎样对待工作？”这样的问题一定不要问，因为这种问题问不出任何实质性的内容，应聘者一定会慷慨激昂地表决心，一定会表示努力工作，请上司放心。所以这一类有标准答案的问题不要问，要问那些应聘者曾经经历过的事情、曾经做过的事情，这些问题并没有标准答案，也没有对错之分，所以更容易考察一个人。应聘者在回答这些问题时，他的行为准则、价值观念就会从中体现出来。

面试小组最终将从 3 ～ 5 名候选人中挑出两个合格者。然后面试小组的 3 个人再对两个候选者的各项素质进行比较、讨论，就谁更适合某职位达成共识，但是这还不是结束。这 3 位部门经理还必须把这两个人的资料和面试记录交由其上级审核，并且不能透露3人已经达成的结论，即不能告诉上级自己选定了哪一个，其目的是避免上级在取舍时有先入为主的意见。如果上级通过资料和面试记录传递的信息做出了谁更胜任的结论，接着4个人将召开一个碰头会，上级选中的人如果跟3个部门经理选中的是同一个人，那么招聘过程就算完成了；如果上级选中的跟这3个人选的不一样，那么4个人就要交换意见：为什么你们选了A，为什么他选了B。这时候大家把所有的理由摆出来，看谁能说服谁。上级说的不一定是对的，因为他只见到两个人的资料，而这3个部门经理可能与5个候选人都进行了面对面的交流。有时候这3个人说服了上级，也有可能上级考虑问题的角度不一样，他把这3个人说服了。总之，这4个人最后一定要达成共识，特殊情况还可以安排上级经理对应聘者直接面试。

然后，面试小组的组长要写一份面试总结，说明经过面试以后，所发现的应聘者的优点和缺点分别是什么，有什么潜在的问题，该应聘者的动机与公司提供的岗位是否吻合，该岗位未来的发展前景跟应聘者的期望是否吻合，选定这个人的理由是什么，这个人有什么值得看重的地方，这个人在哪些方面是可塑之材，在哪些方面还有欠缺，这个人最令人担心的地方在哪里等，这些信息要非常详细地记入面试总结。

可以说，**惠普在录用一个人之前，基本上已经对这个人有了初步的结论了，以后要做的只是去验证这个结论。**这一安排对管理者来说，是一种决策——反馈——比对——提升的过程。

对于一些重要岗位的关键员工来说，还有一种调查方法叫参考检查（reference check）。公司（或委托的猎头公司）会要求候选人提供原来工作单位的两名上司的姓名和电话、两个平级同事的姓名和电话、两个部下的姓名和电话，然后公司派人与这些人进行电话沟通，目的就是想知道这三个层次的人怎么看这个候选人。

问题的设计是很有技巧的，比如下列这些问题。

你觉得这个人最能干的地方是什么？

你觉得这个人最需要改进的地方是什么？

这个人在沟通方面、在领导力方面有哪些问题？

你对这个人总体上怎么看？如何形容他？

当这六个人从不同的角度谈了自己的看法后，公司（或猎头公司）会总结出一份文件，供用人部门参考，从专业的角度提供咨询建议。如果候选人推荐的人都是事先打了招呼的，只说优点不提缺点，那么这次沟通就不算数，还要重新换人进行调查，直到大家公正地谈到了这个人的优缺点之后，这次调查才算完成。当然，这些被调查者一般来说，都不会对候选人有过于激烈的言辞，毕竟是候选人自己推荐的人选，但是公司（或猎头公司）的本领，就是能在这些言辞里面找到这个人的优点和弱点。这种参考检查可以弥补只看档案造成的信息失真。

透过上面整个招聘过程的介绍，对于惠普在招聘问题上的慎重和理性，我们可以窥见一斑。一家企业草率地把人招进来，发现不好再辞退这个人，这就像两个人匆匆结婚，过了没多久又离婚一样，双方的损失都很惨重。为了避免这类问题的发生，惠普招聘的时候，审核工作非常严格。当年我进入惠普工作的时候，从参加第一次笔试到成为惠普的一员，差不多用了半年的时间，经历了很多环节，甚至可以说是费尽周折后才得以录用。所以我们认为：**选人是管理者最重要的一项工作，这个工作没做好的话，后面出问题是必然的。**

招聘员工要像对待婚姻一样慎重，因为不幸的婚姻带来的结果是两败俱伤，对公司和个人都是痛苦的。

7 优秀员工是公司的优质资产

对于优秀员工的离职，惠普有一套特定的处理办法。惠普认为，优秀的员工是企业优质的资产。当优质资产流失时，就会引起公司的高度关注。

那么谁是优秀员工呢？惠普的定义是：业绩综合考评分数在 4 分和 5 分的员工属于优秀员工。4 分以上的员工的离职率被称为优秀员工离职率，这是惠普高度关注的一项人力资源指标。当优秀员工提出离职时，人力资源部必须找他 / 她谈话，了解离职的动机和原因，并想办法留住他 / 她，但是人力资源部不会强留员工，而是站在专业人士的立场上帮助员工设计未来，避免员工因一时激动做出不理性的选择。本人的一段经历可以充分说明这一点。

1988 年，中国惠普当时也像很多国内企业一样，进行“先进员工”的评选活动，每个季度各大职能部门和事业部均要评选出一名先进员工，全公司大概十几位。我在第一季度、第三季度都被评选为先进员工，并成为公司年度的先进员工，是当年唯一获得过三块奖牌的先进员工，得到了一笔奖金，一套量身定制的羊绒西装和衬衣，还有几天的假期。换句话说，我在加入中国惠普两年半以后通过自己的努力证明了自己的价值，得到了公司的认同，从而奠定了良好的发展基础。

惠普先进员工奖牌

但是在中国惠普这样一家以销售为主的公司里，销售部是公司的核心部门。我所在的市场部是向销售部提供支持服务的辅助性部门，处于一种配角的地位。尽管我在市场部的发展比较顺利，只用了不到三年的时间就从助理工程师到工程师，再到高级工程师，但是内心里还是有点不甘心当配角，因为那个时候我自认为自己很能干，也很努力，所以希望得到更大的施展空间，面对一个配角的角色不免有些茫然。在1989年秋天，我的上司（一个中国香港籍的经理）调回去工作了，本以为我能接任，但是公司让另外一位销售经理暂时兼任，因为按计划他下一年要去美国工作，言外之意，我可能还要等一年。那时正好有一家外资公司的北京代表处找到我，希望我加盟他们的公司去做销售工作，我想尝试一下。在基本谈妥之后，我就去找当时的事业部总经理陈升河向他表达了去意。

我解释了想要离职的原因：主要是在市场部工作看不到很确定的发展前景，可能会影响我个人事业的发展，况且市场部是一个配角，我也想尝试着去当主角。在我说话的过程中，他一直认真地听，一言不发。这时，电话突然响了，是总裁秘书打来的，通知他到了开总裁办公会（要求各事业部总经理和各职能总监都必须参加）的时间了。这位总经理立刻让对方转告总裁：他现在有非常重要的事情要处理，不能参加总裁办公会，过后他将亲自向总裁解释。这些话当时让我非常感动。他为了挽留一个普通员工，竟然在总裁办公会与我之间做出了令我惊讶的选择。等我们谈完了以后，他马上向总裁解释了事情的缘由，并希望当时的总裁俞新昌能亲自和我谈话，然后又安排公司的人力资源部总监跟我谈话，那两位高管人员都是美籍华人。在两位高管与我的谈话中，总裁谈的更多的是公司的未来发展和愿景，希望我留下来，而人力资源部的总监则是站在一个旁观者的角度，客观地分析了销售工作和市场工作的发展前景。他的一番话令我真正地改变了主意。

他先问我是否还记得市场营销里的供求关系原理，我说当然记得。他继续说道，一件产品值钱与否，不取决于它的绝对价值，而是看供求关系，物以稀为贵，你说对不对？我当然无法反驳他的说法。然后他问了我两组数字：第一，全中国外企中做销售的人员大约有多少？我想了想，算了算，当时中国惠普公司大概有六七十个人做销售，而 1989 年中国可能有上千家外资企业，推算出的销售人员至少有几万人，多则几十万人。第二，全中国外企中做市场营销的人员大约有多少？因为中国惠普的市场部那时候只有七八个人，而很多小的外资公司代表处市场部人员就更少，推算起来当时在华外企的市场营销人员不过数千人。他给我分析道，你有两个选择：一是加入销售大军里面去，与那几万人、几十万人去竞争；二是接着做市场营销，与那几千人竞争。如果你觉得从头开始去做销售工作更容易成功，公司尊重你的选择；如果你认为做市场营销更容易成功的话，那么公司希望你三思。

这次谈话后，我选择了留在惠普。而这样一个简单的供求关系从根本上改变了我以后的思维模式，使我学会了逆向思考、换位思考，从而奠定了后来的“换个方向就是第一”“做一个反方向游的鱼”的基本思路。

现在回过头来看，如果当时选择去做销售，可能就淹没在那几万、几十万人的销售队伍里面了，正是因为我从那以后十五年如一日地、坚定不移地做市场营销工作，用传统的“十年磨一剑”的心态去探索，经过十五年的磨炼，总算把市场营销的理论搞清楚、搞透彻了，并在实践中积累了丰富的经验，也才有了今天在中国市场营销领域的地位。从那位人力资源总监的角度，他是希望保住公司优质的资产，但是他的做法不是强制我留下来，也不是用各种限制条款阻止我离开，而是让我自己说服了自己，觉得留下来是正确的选择。

这就是“以人为本”理念在企业运作中的具体体现。**管理者要站在员工的立场上看问题，而不是站在公司的立场上看问题，唯有这样才能让员工对公司管理层多一份信任，多一份感情**，你会感到他们做事不是为自己考虑，也不仅仅是为公司考虑，他们是在为员工考虑，慢慢地你对公司的管理团队就越来越信任了。当然这需要公司所有管理人员常年不懈的努力和坚持，而一个企业的信誉就这样慢慢地积累起来了，管理文化也就形成了。

> 优秀的员工是企业优质的资产，各级管理人员有义务保住公司优质的资产，让员工对公司管理层多一份信任，多一份感情。

PART. 02

第二部分

员工成长之路

1 从普通员工到管理者

1990 年秋天，也就是我第一次萌生去意而被管理层说服后留下来之后的一年，我被晋升为市场部经理，如愿以偿地进入了跨国公司的管理层，成为当时为数不多的、在跨国公司成长起来的中方员工。这在今天看来好像并没有什么，可在那个年代是非常困难、非常难得的机会，因为那时候绝大多数部门的管理人员都是外方人员，而本土员工进入管理层的第一道门槛非常高。

成为管理者之后，自然就有资格参加很多管理方面的培训，而在所有管理培训中，给我印象最深的莫过于成为管理者后不久参加的新经理培训（因为新经理面临着角色的转换）。当时被安排住在阜成门附近的金都假日酒店，集中培训三天。由中国惠普公司的第三任总裁程天纵亲自为我们授课，而且下课后他还留在酒店里与我们聊天，一直聊到很晚。他说：如果一个人加入惠普公司后没有做到管理层就离开了是非常可惜的，因为惠普最博大精深的地方就是它的管理，只有进入管理层之后才有机会接触这些管理理念、管理实践，体会惠普之道的魅力。

在那次培训上，我们知道了作为管理者，有几个必须遵循的基本原则。

一是管人比管事更重要，管理者需要拿出足够的时间去管人；

二是作为一个管理者，要把员工当作自己的内部客户，树立“没有满意的员工，就没有满意的客户”的意识；

三是要学会站在公司的立场上看问题，不要总盯着自己部门的小利益。

这些原则对我一生都有重大的影响，使我理解了管理者的角色和定位，以及作为管理者应当关注什么。

> **作为一个管理者，要把员工当作自己的内部客户，树立“没有满意的员工，就没有满意的客户”的意识。**

2 员工的业绩评估是管理者最重要的工作

在惠普，无论是老员工，还是新招进来的员工，都会有一份非常清晰的岗位责任书。

岗位责任书是参照岗位描述制定的。岗位描述是一份框架性的文件，是针对某一类工作设计的，而岗位责任书的内容则要具体到特定的人和这个人下一年在特定部门要做的工作。比如说，所有的市场工程师都有同样的岗位描述，但是具体到某一个工程师而言，就不同了，要看他在哪个部门从事什么具体的工作，部门经理希望他下一年重点做什么。这就是岗位责任书，总的说来，前者是通用的，后者是专用的。

岗位责任书的主要内容包括几个大的方面：某人下一年的主要职责是什么，衡量标准是什么，也就是说，不光告诉员工要干什么，还要写清楚：干到什么程度能得 5 分，干到什么程度能得 4 分。这样员工对于自己的表现和相应的评估结果就会做到心中有数。另外一个关键的因素是考评人。可能包括其他部门的同级员工，还有比该员工级别高的管理人员。对于管理层的员工来说，评估人还包括部下。考评人的组成决定了员工对什么人负责，如果员工的考评人是他的直接上司，他只要把这个上司搞定就可以了。但在惠普不是这样，考评人是由上级、下级、同级相关部门的人员共同组成。比如说员工满意度的评分，就是由下级评估上级的，在员工满意度评估中，大约有 10 来条是与上级领导有关的问题，比如你的上司是否公平公正地对待部下，你的上司是否与你保持良好的沟通……

与此类似，衡量一个管理人员的团队合作精神时，考评人就是相关部门的经理和员工，比如前端市场部是为销售部服务的，需要两个部门密切配合，那么市场部做得好不好，就由销售部来参与考评。如果市场部提供的销售工具、宣传资料不够水平，或者组织的相关促销活动效果不好，销售部就可以提出异议，而市场部人员的表现就不再是顶头上司说了算，而必须由接受服务的销售部来参与评价。换句话说，你给谁提供服务，就由谁来评估你，类似于一种内部客户管理制度。

有了这样一份岗位责任书，员工马上就明白了：我不能仅对自己的上司负责，还要对很多人负责。在这样的制度约束下，每个人就会逐渐明白：**帮别人其实就是帮自己，因为你不知道哪块云彩会下雨。**这样团队合作就成了员工自觉的行为，大家都会好好配合，把每一件事情做好了，才能得到大家的认同，评估时才能得高分，员工的心思就不会用在歪门邪道、投机钻营上了。

可以说，综合业绩评估不仅仅是工作业绩的考评。新员工考评 6 个月做一次，对照岗位责任书进行评估。之后每年做一次评估，具体的评估过程就是把员工的岗位责任书拿出来，由具体的考评人对其中每一条的表现打分。分值最高 5 分，最低 1 分，最后得出一个总的加权平均分，总分 5 分就是超群，在整个公司里所占的比例不能超过 5%。

我在惠普工作前后加起来差不多有 15 年，一共只得到过两次 5 分，更多情况下是 4 分和 3 分，因为一旦晋升到新的级别，通常要回到 2 分或 3 分。因为各个级别得 5 分的标准是不同的，级别越高要求也越高，这种评分方法能起到不断鞭策优秀员工的作用。当一个员工晋升到一线经理，或者一线经理晋升到二线经理的时候，他在之后的两年内很难得到 5 分，得 4 分就不错了，如果一个员工表现出色，每两年晋升一级，那得 5 分的机会就非常小。因为新的岗位有着新的、更高的要求，这是很正常的：公司支付的薪水高了，员工也就必须表现出相应的水平来，如果做不到，分数就会下降。这样一来，员工必须不断充实自己，提升各方面的能力，在新的岗位上发挥出水平才行，否则级别上去了，综合评估的分数下来了，工资未必能提升。

让员工明白自己的岗位职责是管理者的首要工作，根据岗位责任书每年给员工做业绩评估是管理者的天职。

3 管理者必须按时完成员工业绩评估报告

综合业绩评估结束后，每个员工都会得到一份书面文件——业绩评估报告（Performance Evaluation）。这个业绩评估报告由员工的直接上司来写。公司允许每一个管理者每年可以抽出一天来，专门为一个下属写业绩评估报告，如果一位经理管着 10 个部下，那么他一年有 10 天的时间专门来写这 10 份报告，既可以在办公室写，也可以在家里写。因为这是各级管理者非常重要的工作，需要拿出专门的时间去做。在惠普看来，如果管理者不认真地写这个报告，员工就会有被忽视和被愚弄的感觉，就会认为上司是应付公事。

根据工作性质不同，员工评估分成三大类，即普通员工、销售人员和管理人员，因为不同岗位的要求是不一样的，但是这几种评估都会涉及工作技能、工作态度、工作质量、员工办公环境的整洁、安全、卫生、团队合作等方面。

管理者给部下写考评时，不能用一些含糊的语言来表示，必须举出实际的例子来证明员工表现出了某种技能，表现了怎样的态度和热情，如某位员工某年某月某日做了什么事情，表现出了某种水平；或者某员工某年某月某日做了什么事情，证明在某个方面还有欠缺。如果上司对员工观察不细，就很难在一天内写出这份评估报告，或者即使能写出来，员工可能也会觉得你的报告针对性不强——他出色的地方你没有写出来，他薄弱的地方你也没有写出来，即没法使员工心服口服。因此，在惠普，员工做的很多事情，管理者平常都要做到心中有数，今天谁做了一件什么好事，今天谁犯了一个什么错误，在给员工明确指出来的同时，还要记下来，作为将来评估该员工的素材。所以管理者平常一定要认真观察，详细记录，到时候做这个功课就不难了，否则一天之内抓耳挠腮也写不出来。久而久之，惠普的管理者都养成了随时观察员工行为并作记录的习惯。员工业绩评估表如表 2-1 所示。

在惠普，管理者必须亲自撰写并及时提交这份评估报告，比如说某个员工是今年 5 月进入公司的，那么一过 6 个月即 11 月份，其上司就必须交出该员工的第一份业绩评估报告，迟一天这位管理者的名字就会上黑名单，而上黑名单后，管理者的奖金和晋升都会受到影响。所以通过这种制度将按时完成报告和管理者的利益挂钩，保证了这项工作不是可做可不做的，而是必须按时做的，晚一天公司都不容许。惠普认为，既然公司的文化是提倡以人为本、以员工为本，那这项工作就是这一理念最基本的体现。

业绩评估报告写好后一般复印两份，员工一份，上司一份，人力资源部则保留原件存档备案。

当然，这份业绩评估报告是管理者对其部下的一种主观评价，不可能做到 100% 的客观，所以在每一份业绩评估表上都要注明：本评估是你的直接上司对你过去一年来业绩的主观评价。既然是主观评价，就可能有偏差，就允许有偏差。

表 2-1　员工业绩评估表（摘选）

	打印姓名	签字	日期
员工姓名			
评估人姓名			
检查者姓名			

工作目标与结果：

工作目标：

完成情况：

考评参数（分成三档）：达到或超过了公司要求，需要改进，完全没有达标

计划与组织能力

领导力

人员管理与培养

用户满意度

公平公正性

工作效率

工作质量

团队合作

判断力

工作环境

员工业绩总结：

员工个人发展计划：

员工意见：

那么如何避免上司在对员工进行考评时滥用职权、以偏概全、任意发挥呢？当然不能靠自觉，需要有制度。

在业绩评估报告的最后一页有员工意见栏，员工如果同意或基本同

意上司做出的评估，一般会写上：我同意上司给出的评估报告。如果员工不同意上司做出的评估，可以在该栏目里写明为什么不同意上司的评估，自己有什么想法和意见。

但是仅有让员工发表意见的地方还不行，必须有一种力量来制约各级管理人员，那就是所有的员工评估都必须经过上一级领导的审核，即由评估人的上级领导签字。上级领导在签字前都会认真地看一遍评估报告，尤其是员工意见栏，如果员工不接受或者不认同这份报告，这个上级就可能会启动越级申诉的程序，直接找这个员工谈话。

因此，一般来说，在没有和部下就业绩评估报告达成共识之前，评估人是不会强行让员工签字的。通常，评估报告的初稿写完以后，评估人会将报告交给当事人，给他一天的时间阅读报告，然后就报告里的每一个方面与员工面对面地沟通。这个过程可能要花两个小时的时间，以了解员工的想法。员工如认为上司哪方面写得不合适、不准确，哪些好的地方没有写出来，哪些不足的地方没有写清楚，会把意见反馈给上司，评估人将根据员工的意见以及自己的判断把报告再修改一遍，甚至几遍，直到员工基本满意了，大家才签字认同，然后再交给上级看。

极个别的情况下，评估人再怎么改，员工都不同意、不认同，这时就可以启动越级申诉的程序。评估人的上级在听取了两方面的意见后会形成一个主观的结论，然后与两个当事人沟通，并把自己的意见写在上面。这样，评估人就会受到双向的制约，尽管是主观评价，似乎可以随便写，但只要这个员工不接受，评估人就要被放到“被告席”上去，接受上司的质询。如果评估人不秉公办事的话，如果多个部下都不满意该上司的评估的话，这个人在上级领导心目中的形象就大打折扣了。同时，真正有问题的员工也只能适可而止，见好就收。这样环环相扣，谁也不敢越雷池一步。

员工业绩评估表的最后一项是个人发展计划，也就是员工个人职业生涯设计，由员工提出基本的思路，在得到上司的认同后写进去。

个人发展计划侧重于员工职业生涯的长期规划，即未来几年员工希望往哪个方向发展？

下一个职业目标是什么？

想做到什么职位？

目前自己的水平、知识、技能离目标岗位的要求有多远？

自己希望通过几年的努力来提高自己的水平？

这一切将成为未来几年该员工参加什么培训、参与什么活动、请什么老师的依据。有了这个员工个人发展计划，就很容易把公司的目标与个人的目标挂钩，成为员工激励的有效工具，从此员工努力工作，首先是为自己，然后才是为公司。这就是人们常说的：主观为自己，客观为别人。如果一个企业不能把公司的利益与个人的利益挂钩，而一味地希望员工奉献，是不现实的，甚至是违背人性的。因为**每个岗位的人都必须回答这样一个简单的问题：我为什么要努力工作？干好干坏有什么不同？**

个人发展计划可以说是公司帮助员工个人实现其理想或计划的一种方式。对于员工来说，个人发展计划是撇开你当年的短期目标，让员工自己设计希望往哪个方向发展，职业生涯的追求是什么。公司将根据你的个人发展计划，来为你提供相应的帮助。一般采取这样的方式：上司与员工坐下来共同探讨，看看作为上司，能为员工提供什么样的便利，比如员工要去读 EMBA，如果双方同意了，觉得读 EMBA 对这个员工的工作有帮助，那么上司就可以为他安排时间去读。当然，参加任何培训，都是跟每个人的职业生涯设计挂钩，不是说什么内容、什么地点的培训都可以参加，而要根据员工自己的想法和公司的要求来确定，比如这一年重点想突破什么，想提高什么，希望公司帮自己什么等，都需要在个人发展计划上体现出来。在这一年当中，公司会尽量在这方面协助员工、支持员工，提供必要的便利条件，使员工能够达到目标。

公司帮助员工是基于一种长远的考虑，比如说，有人觉得待在一个岗位上太久了，要求换岗，公司就会在可能的情况下尽量给员工提供机会，因为从更长远的角度来看，让员工觉得有奔头，愿意在这个公司里长期工作下去才是最有意义的。

按时完成员工的业绩评估是“以人为本”的具体体现。如果管理者不认真完成这项工作，员工就会有被忽视和被愚弄的感觉。

4 员工业绩评估与工资调整挂钩

业绩评估所得分数是员工下一年调薪的依据，关系到所有人的利益，所以马虎不得。在每年的薪资调整之前，人力资源部都会根据市场状况对各项硬指标进行调整，并在公布前征求管理团队的意见，召开管理人员大会，解释本次调薪的原则，出示相关的数据，以得到管理层所有人员的认同。

这里涉及以下几组参数。

第一，对公司内的级别设置进行调整。中国惠普在过去相当长的一段时间里（据我所知现在已经改变了），都是采用16级模式，行政部门员工和非专业技术岗位人员通常在1～6级，工程技术人员和其他专业岗位人员在7～9级，销售人员在7.5～9.5级（比其他岗位高半级），一线管理人员在10～11级，二线管理人员在12～13级，高层管理人员在14～16级。每一级都有明确的薪资下限和上限，比如对一个特定级别的工程师，它会规定该级别的员工薪资最高可能是多少，最低可能是多少。既不能高于最高值，也不能低于最低值。

第二，对每一个级别，按照 1 ~ 5 分的业绩评估结果和该员工目前的薪资在薪资结构中的位置，设定相应的薪酬调整比例，形成一个工资调整矩阵。员工下一年薪酬的涨幅取决于他本次考评的分数以及他目前在该级别薪资档位的位置。在同一个级别里，所在的档位越低（即接近下限时），而本次评估的分数越好，那么薪酬涨幅越大。如果一个人的薪酬已经接近该级别的上限，那么他本次业绩评估即使得了 5 分，薪资调整额也非常有限，甚至根本没有调薪的机会，不过这种情况极少出现，因为如果一个员工表现好的话（比如连续两年考评分数都得了 5 分），每年的薪资调整都比较大，即使这样，也很难在两年中从下限上升到上限，一般要 3 ~ 4 年才会从下限上升到上限。而连续两年得 5 分的人通常已经晋升到下一个级别，又可能处于新的高级别的下限。

第三，在考评得分和所处位置确定后，就会找到一个员工工资调整的比例范围，比如 5% ~ 8%，10% ~ 13%，14% ~ 17% 等。每年人力资源部都会做这么一个表出来，作为各级管理人员给部下做薪资调整的依据。管理人员在规定的范围内可以任选下限或上限，这是管理人员的权力，但是却不能超出规定的范围。这样一来各级管理人员的工作就变得很简单。

第四，各级别工资范围的上下限每年会根据公司的经营状况、市场环境的变化、物价上涨的幅度、各种岗位人才的供求关系，以及竞争状况进行调整。比如某个岗位今年是 5000 ~ 10000 元，明年可能变成 5500 ~ 11000 元了。当然，不同岗位的上下限调整比例可以不一样，有的级别调整大，有的级别调整小，没有必要一刀切。

为了说明问题，我们不妨用示意图来说明这个问题，如表 2-2 所示。

假如一个员工是 8 级工程师，该级别的下限是 5000，上限是 10000，这是纵轴的两端，横轴是考评的分数，从 5 分到 1 分。

第一种情况：如果该员工目前的薪资是 6500 元，本次评估的得分如果是 5 分的话，按照表格中的比例可以得到 13% ～ 18% 调整；如果本次评估的分数是 4 分的话，按照表格中的比例可以得到 9% ～ 13% 的调整；如果本次评估的得分是 3 分的话，按照表格中的比例可以得到 5% ～ 9% 的调整；如果本次评估的得分是 2 分的话，按照表格中的比例可以得到 0 ～ 5% 的调整；如果本次评估的得分是 1 分的话，就没有资格调薪。

表 2-2 工资调整矩阵表

工资水平						
上限	0~5%					
	5%~9%	0~5%				
中间值	9%~13%	5%~9%	0~5%			
	13%~18%	9%~13%	5%~9%	0~5%		
	18%~25%	13%~18%	9%~13%	5%~9%	0	
下限	5 分	4 分	3 分	2 分	1 分	考评得分

第二种情况：如果该员工目前的薪资是 8100 元，本次评估的得分如果是 5 分的话，按照表格中的比例可以得到 5% ～ 9% 的调整；如果本次评估的分数是 4 分的话，按照表格中的比例可以得到 0 ～ 5% 的调整；如果本次评估的得分如果是 3 分、2 分或 1 分的话，就没有资格调薪。因为目前的薪资水平在档位中所处位置越高，公司对该员工的要求也越高，得分低的话就没有调薪。

第三种情况：如果该员工目前的薪资是 9800 元，本次评估的得分即使是 5 分的话，按照表格中的比例可以得到 0 ～ 5% 的调整，4 分以下均没有资格调薪。

当然最后一种情况极少出现，经常得 5 分的人很容易升迁，不会停留在低级别上。以我本人为例，入职时相当于 7 级，离职前 3 年一直保持在 14 级，平均下来基本上是每两年升一级。不过需要说明的是，升级与升职是两个概念，一名工程师可以是 7 级，也可以是 8 级或 9 级，同样，一名一线经理可以是 10 级，也可以是 11 级，特殊情况甚至可以到达 12 级。

只有把员工的业绩评估与工资调整挂钩，管理者和员工才会重视，才会形成互相制约的机制，管理者的责权利才能平衡。

5 德才兼备，德为先

“德才兼备，德为先”是惠普的用人原则，即考核一个人的标准，一个是“德”，一个是“才”。

惠普（以及与它差不多的大多数老牌跨国公司）在经营过程中，非常注重“德”。**在跨国公司，“德才兼备”绝对不是一个象征意义的口号，而是有很多具体的指标和要求。**

第一，体现在重用什么人，提拔什么人上面，如果企业重用的，提拔的都是德才兼备的人，其他人就会努力往这个方向走。

第二，必须有一套制度来检查结果与过程。一个人可能业绩完成得不错，但是如果过程不达标，照样不是好员工，因为公司希望员工按照公司的规章制度和流程办事。

第三，员工在经营活动中必须时刻牢记公司的职业道德规范（业务经营准则），不能急功近利、不择手段，否则即使完成了任务，也可能以牺牲客户的利益为代价，或者对竞争对手不公平。我们认为一个出色的员工不仅要得到自己公司的认同，也应当受到用户和竞争对手的尊重。

说起德才兼备，可能大多数人都觉得自己明白它的意思，但是如果被问到什么叫“德”，能解释明白的人就不多了，或者答案非常离散，各有各的看法。可见，德这个词的含义具有一定的模糊性，在社会上并未达成共识，但是在一家公司里面，“德”必须有明确的定义。

惠普是这样对“德”进行定义的：“德”就是企业提倡的价值观念。价值观念的背后就是对好坏、对错、善恶的评判，比如，惠普认为，在经营过程当中，即使是为了公司的利益，也不可以牺牲正直，也不可以违法，这就是惠普的基本价值观念，员工必须认同这种观念。比如惠普的价值观里强调相信员工、尊重员工，认为每一个人都应该平等待人，如果一个管理者一天到晚喜欢发号施令，公司就会认为他没有德，员工也会认为他没有德，因为他的行为方式与公司的价值观不一致。比如惠普鼓励团队合作，不鼓励个人英雄主义，自己非常能干的管理者不被认为是优秀的管理者；而能带好一个团队，悉心培养部下，最大程度地发挥团队力量的人，才被认为是真正优秀的管理者。还有一条可能是惠普特色，那就是，惠普认为，真正优秀的管理者一定是愿意与大家分享自己的知识和经验的人，而不是把持知识、控制信息的人。

很多国内企业都觉得：衡量员工是否按照公司的价值观念去做事是一件很难的事情，不知道怎么下手，由于没有具体的衡量标准和奖惩条例，公司的文化和价值观念慢慢地就变成了一纸空文、一个美好的愿望或者是一种诉求。那么，惠普是怎么实践这些理念的呢？

举例来说，1999 年底，我被集团的总经理（全球高级副总裁）提名选派去参加一个在美国举行的针对惠普 / 安捷伦全球高级管理人员后备人才的集训，叫作加速成长项目（ADP，即 Accelerated Development Program）。在我参加 ADP 培训的那段时间，惠普和安捷伦还没有彻底分开，两家公司都处于战略调整期。我过去一直自认为自己的战略思维很出色，能够很好地把握市场、把握未来，尽管我的上司普遍认同这一点，可是我的部下却不这么认同。这个问题就在综合评价反馈表上反映出来了。

我的部下认为：在以前的很长一段时间里，我的确在这方面不错，但是在公司的变革时期，我却没有像以前那样经常与员工沟通公司的发展方向，员工在我们这个部门的职业前景如何，大家需要在哪些方面做好准备等问题没有答案，所以他们觉得有点理不清头绪了，有些茫然，按照他们的理解，那就是我的战略思维不清晰了。当然在那段时间我自己的确很迷茫，面对未知的变革，自己也很难适应，非常不理解惠普和安捷伦为什么要这样折腾，为什么不采用更稳妥、更温和的方式去革新，非要选择革命式的变革？可以说，大家的眼睛是雪亮的，在这件事情上，我的部下与我的上司观点是不相同的，他就使我从中发现了自己的问题。

我们说，**一个人的品质好坏、水平高低，不能由自己来评价，而是要靠别人来判断，这样得出的结论才是真实的、客观的。**在英文里有这么一句话，别人怎么看你才是真实的（perception is truth）。所以ADP项目的目的就是让我们认清自己。记得第一次集训时，有10多位著名的心理咨询师一对一地向我们提供服务。他们观察我们在整个培训过程中的一举一动，根据我们处理问题的优先级，做练习时的态度，处理问题的方式等方面进行综合考评，最后给我们提出建议——对我们每个人擅长做什么类型的工作，适合做什么类型的工作提出建议。

另外一次集训时，组织者让我们参观美国的希望工程，看他们是如何吸引一大批志愿者为贫穷地区的人们服务的，还参加了为“五保户”送食物的活动，希望培养我们的爱心。还有一次，组织者邀请了已经退休的美国特种部队总司令给我们上课，从军队的角度谈领导艺术、变革管理，令我们这些学员大开眼界。

谈完了“德”之后，我们再来简单地探讨一下“才”的问题。

这个问题，似乎不难回答，因为很多企业都有考评体系，但是“才”的问题，需要从根本上入手。比如，一般说来，经理级人员在晋升前都要参加一次特别的考试，老总及其他部门的相关人员都会参加，因为这关系到公司管理团队的整体素质问题。在这个考试会上，候选经理要向大家介绍如果他/她被晋升为管理人员的话，自己打算如何做，为什么我能管理好一个团队，为什么我能完成公司交给的任务，有哪些具体的计划。这个考试会不是表决心、说大话的场合，比如“你们放心吧，我一定会好好干，一定能完成上级交给的任务！”这样的话谁都会说，但是说了等于没说，在我们没有看到具体的计划前，没有人敢放心，只有知道了他的具体计划、方法以及完成任务的依据，才能让人放心。

在一个企业里，“德”就是企业提倡的价值观念，即对好坏、对错、善恶的评判。能力再强的员工只要不认同企业的价值观，就不是好员工。

6
管理者要站在公司的角度看问题

像许多美国的大型跨国公司一样，惠普公司的架构也是公司下面设有若干个集团（group），而不像国内企业那样是集团下面设有若干个公司。跨国公司的集团下面设有若干个分部（division），各分部研制、生产、经营不同类型的产品，是公司的后端机构，同时在全球总部，每个大区、每个国家都有负责某个集团（分部）产品销售与服务的前端机构，这些员工属于销售体系的人员。前端机构与后端机构有点类似于代理的关系，前端可以有选择地推广不同分部的产品，所以在后端各分部之间会形成友好竞争，看谁给前端提供的服务好，看谁的产品更好卖。一般情况下，各集团的总经理和负责全球销售业务的总经理都是惠普的全球高级副总裁，其地位非常高，属于公司的“官员”（of-ficer）。这些官员都是由董事会投票选出来的，会享受终身的福利待遇。

记得多年前，一位集团的总经理（公司的全球高级副总裁）在当选后不久与我们谈起过他的成长经历：他原来曾经是一个非常大的分部的总经理，当时他很年轻，业绩也很出色，晋升到集团总经理的呼声很高，但是有一天，公司将他从这个大分部调到了一个中等规模的分部担任总经理。这时候外界就传说，这个人可能犯了什么错误了吧，或者不得志了，所以从一个大分部调到一个中等分部了，因为跨国公司中各级管理人员的权力、级别、薪酬是与他的业务规模挂钩的，职位头衔并不重要，关键看你对公司的贡献和影响，如果负责的业务规模变小，薪酬和级别也可能相应下调，至少是失去了提薪的机会。又过了一年多，公司又把他从那个中等规模的分部调到一个小分部去了，他又二话不说服从了安排。上任之后，他的情绪非常好，没有人们想象的那种挫折感。在那期间，我去他所在的分部看他的时候，他谈笑风生，非常愉快，依然是十分努力地去做他的工作。他在这个小分部干了不到两年，他的上司，也就是集团的总经理退休了，在董事会的投票中，他被选为集团的总经理，成为惠普的全球高级副总裁。

其实按照普通人的理解，在当时可能的继任者中，很多人的业绩都比他好，掌管的业务规模也比他大，但他却获得了晋升，这个结果使很多人大跌眼镜。在聊天的时候，我们问他为什么董事会选择了他，这背后的道理是什么？他说：其实道理很简单，他每次接到“调令”的时候，都是站在公司的立场上看问题，而不是考虑个人的利益，只为个人利益着想的人肯定不愿意离开大分部，而他愿意牺牲暂时的个人利益以换取公司的利益，于是公司叫他去干什么他就去干什么。当他被调往小分部的时候，短期上看是他的级别、薪资的下调，但是当他成为集团的总经理，公司的高级副总裁之后，所有暂时的损失都显得微不足道。

我讲这个故事是想说明两点。

第一，惠普特别强调管理者的“德”，越是级别高的官员，惠普越关注他能不能无私地站在公司的立场上去看问题，替公司利益着想。

第二，能不能做到顾全大局、能屈能伸是衡量管理者的重要的指标。

如果你只顾个人利益，你就不适合坐到为公司谋利益的高位上，只有那些能为公司的利益愿意牺牲暂时的个人利益的人，才会被惠普认为是有“德”的人，所以也是最容易得到提升的人。这样就形成了一种风气，公司重用的管理者未必是业绩最突出的人（当然一定是优秀者之一）。在普通人看来，公司一定会提升那些业绩最好的员工，其实不然，对于管理者来说，达到公司的业绩要求只是前提或必要条件，但是要得到晋升，一定要全面发展，就像我们小时候评选三好学生一样，不能仅是学习成绩好。

为了让管理者树立全局观念，需要有意识地进行轮岗，以便让管理者在不同的岗位上学到不同的东西，因为对于一个管理者来说，位置变了，看问题的角度就变了，如果管理者能接触不同性质、不同岗位的工作，可以开阔眼界，从而使大家学会换位思考，否则你就会总是站在自己部门的角度看问题，不善于顾全大局。这一点，我自己也深有体会。

学会站在公司的角度看问题可不是一日之功。我做管理者之后，给我印象最深的就是：上司开会的时候总是强调，你说的这个事，你提的这个意见，是对公司好，还是对你们部门好。时间一长，大家慢慢地就知道了不能只顾自己部门的利益，否则老为本部门谋利益，就会在大家面前显得很自私、很没面子、是不光彩的，而且上司说了，如果只为自己的部门谋利益，你就可能永远只待在这个位置上，什么时候你能站在我这个角度看问题了，你才有希望坐在我这个位置上。如果你不站在我这个位置上考虑问题，就不是一个合格的领导者。有了这样一种氛围，大家在开会或处理冲突时，就不会争得面红耳赤，因为大家都认同这样的标准——那就是怎么做对公司最有益，不是说你或我，而是说我们。

轮岗不是一个硬性的规定（因为不能硬性地规定），而是一种软性的文化，所以各级管理人员在给部下做职业生涯设计的时候，都会考虑到这个问题：部下将来怎么发展，他们还欠缺什么，如何能补上相关的知识和技能，这在员工业绩评估最后的那一部分，即员工发展计划里会体现出来。记得有一次给我做评估的时候，我就向上司提出来：如果我想做到你这个位置上，您认为我还缺什么？他说你仅做市场营销工作不行，还需要熟悉销售工作，需要有战略眼光。那我当即就提出来，你能不能给我创造一些条件让我去做这两方面的工作？后来，我的上司果然把我安排到业务发展部做战略规划，做渠道设计，然后又调到销售部做渠道销售经理。尽管那次调整对公司来说是一个短期的损失，因为相互换岗，双方都是新手，会降低工作效率，但是从长远来说对公司的发展是有利的。这需要高层管理人员具有博大的胸怀，能从长计议。

好的管理者总是站在公司的立场上去看问题，能做到顾全大局，能屈能伸，而不是只考虑个人或部门利益。

7 员工晋升不能一个人说了算

企业里如果采用“一把手说了算”，那么员工的命运就把持在某个领导人手里，如此一来，有些人就只对上级领导一个人负责，即使部下反感，同事不服，也没关系，照样晋升。

归根到底，在这种制度里，在整个晋升程序里少了一个环节：在晋升之前，没有征求相关部门人员的意见。在惠普，为了避免这种情况发生，通常在一个人提拔之前，都要做类似360°评估的调查工作。

360°评估又称为多渠道评估，是指通过收集与受评者（主要是管理者）**有密切工作关系的来自不同层面的人员的反馈意见，来全方位地评估受评者的工作能力、行为准则与合作精神。**

大家知道，20世纪70年代初，360°评估制度盛行于以色列军方，之后，这一方法传入企业界，并在现代管理中逐渐生根、发芽。迄今为止，包括惠普在内的大多数“世界500强”（确切地讲是“世界500大”）的企业，都已采用360°评估这个工具。

事实上，360°评估的流行并不限于大公司，据一项对美国企业的大规模调查显示，在2000年，65%以上的公司采用了这种多渠道评估体系，比1995年的调查结果上升了25%。

360°评估与我国传统的上司评定下属的绩效评估方法截然不同。它的作用有点类似于英美法系庭审中的陪审团。

我们在许多香港电视剧中经常可以看到，在案件诉讼中，不是法官一个人作判决，陪审团的地位非常重要，对犯罪事实的认定大多取决于陪审团的意见，往往是由陪审团认定被告人的罪名成不成立，然后由法官量刑。

360°评估在企业管理中扮演着类似的角色，它使对某位员工的评价不依赖于某一个人的判断，给那些真正每天与该员工打交道的人提供了一个评判该员工的机会。这些人由企业内部和外部的客户组成，**内部客户包括：其他相关部门的上级管理者、本部门的下属、其他部门有密切合作关系的同事等。外部客户则包括：客户、供应商、合作伙伴等机构的人员。**

一般说来，管理者经过相当长时间的考察，才能对要晋升的人有相当的了解，而且基本上有了一个结论：即员工哪些方面比较好，哪些方面欠缺，但是仅凭自己的主观判断不见得公正、公平，所以要用不同的视角来看这个人，这样可以减少晋升决策的失误率。

管理者通常会先征求部下的意见：如果我把某个人提拔起来，其他人心理上是否平衡，能不能服他；然后是征求有合作关系的其他部门经理的意见，看他们愿不愿与这个人合作共事，过去跟这个人合作是否愉快，这个人有没有一些别人不喜欢的工作方法、习惯等。通过这种方式，可以避免把一些别人都非常反感的人提拔到管理岗位上。最后一个程序才是征求其他部门上级管理者的意见。

不管怎么说，360°评估仅是辅助的工具，上级管理者要对结果承担责任，如果某个人提拔到管理岗位后与其他人配合不好，直接影响了工作质量或进度，当事人要承担责任。只有这样，才能形成一个链条，每个人都对自己的决策负责。如果重用的人很能干，大家互相之间能配合好，上级领导的工作才会轻松，业绩才会好。

除了 360° 评估，我们还会创造机会让多名候选人之间展开善意的竞争，即人们常说的：是骡子是马，拉出来遛遛，给每一个希望升迁的人提供公平竞争的机会。

其实，并不是每一个人都适合做管理岗位的工作，为了让大家自己说服自己，我在惠普的时候，曾经做过这样一件事。

让几位有愿望升迁的候选人进行比赛，让他们每个人在那一年都要讲一门课；讲什么题目，什么时间讲，由他们自己设定，决定后告诉我，然后我就通知大家。

这样每个季度搞一次培训，让这些有希望晋升的老员工讲课，然后让听课的员工给这些人打分，讲得好的人自然得分高，讲得不好的人自然得分低。

如果某个人志在必得，就会精心准备，如果讲得很成功，就可能得高分；而那些准备不足的人，自然就得低分。这样他们就会在心里为自己打分，也能客观地做横向比较，知道自己在哪方面不如人家，是理论功底差，还是表达能力差，或者对行业、对市场的理解不够深刻等。

这样得分高的人如果得到晋升，其他人在心理上就很容易接受。因为通过比赛大家会自己排队，谁排在自己的前面，谁排在自己的后面，大家心里都很明白。

晋升什么样的员工，就决定了企业能吸引、留住什么样的人才，而“一把手说了算”的制度很容易导致腐败和任人唯亲。

PART. 03

第三部分

领导艺术与人才培养

1 对领导者来说“管人”比“管事”更重要

在惠普，关于领导者的定位有一个很基本的原则，那就是管理者是教练而不是老板。老板可以发号施令，而教练却不同，因为衡量一个教练的水平高低不是看他自己多么能干，而是看他带的团队水平如何。

比如联赛中的足球教练，球队的整体素质、赢球的场次和最终的排名就代表了教练的水平高低。因此，作为管理者，首先要完成从自己做事到指导别人做事的转变。一件事情，管理者自己做的话，可能 1 小时就能做完；教别人做的话，却要花 3 个小时，但是**作为管理者，我们别无选择，必须花时间去教别人；因为只有教会了别人，管理者才是称职的教练。**

同时，教练必须容忍部下做某些事情时比上司差，很多地方肯定不如上司，如果部下在各方面都比上司能干，那他就不应该是部下，而应该是上司。有了这种心态，管理者就会有足够的耐心来领导、提升整个团队的水平了。

总的来说，管理者的主要工作包括管人与管事两大类，初级管理者以管事为主，管人为辅；级别越高，管人的比重就越大；到了中国区的高管层，绝大多数时间都应该是管人，只有少数时间在做事。

记得在我刚成为管理者之后不久参加的新经理培训课上，培训老师（公司的高管人员）问过我们这样一个问题。

想一想你自己在过去一周里，有多少时间是在做事，有多少时间在管人？所谓做事就是自己干活，而管人就是跟员工谈话，指导员工做事，或给员工做示范，或者给他做评估等，总之是跟管人有关的工作。

于是我把上周五天当中具体的工作和所花的时间列了出来，并把各项工作对号入座，粗略算了算，我的比例大概是百分之十几的时间在管人，百分之八十多的时间在做事，在自己干活。

当时老师就说了，希望你们参加了这个培训以后，有意识地调整你们的工作时间安排，**作为一个合格的基层经理，你至少要做到30%的时间在管人，70%的时间在做事。**

以前我没有接触过这个概念，所以在工作中没有意识，不知道怎么做算对，怎么做算错，但是当听了老师的指点后，我就有意识地在管理中增加管人的比重，比如每个星期都会一对一地找员工聊天，了解他们的工作情况，及时发现各种问题，帮助他们解决工作上的困惑，辅导他们用正确的心态去工作。

按照老师提出来的标准，**中层管理者应当一半时间用于管人，一半时间用于做事；而高层管理者应当有80%的时间在管人，20%的时间在做事。你如果摆脱不了做事，或喜欢自己做事，觉得那样做有成就感的话，就永远也升不上去，因为你不适合做管人的管理者。**

此外，为了团队的利益和公平，管理者有时候必须勇于做“坏人”，对表现不好的人不能姑息，该批评时就得批评，该开除时就得开除，否则不好好工作的人没有受到应有的批评和处罚，或者没有被开除，那好好干的人会觉得不公平，结果是一个坏的员工就把其他人的积极性打消了，甚至带坏了，公司的风气就被毁了。在这种情况下，管理者必须学会做“坏人”。

在十多年的管理工作中，我曾先后开除过 2 个人，降级使用过一个人，通知过十几个人被解雇。对我们这些在跨国公司成长起来的本地经理人来说，在这方面明显地不如来自其他国家和地区的职业经理人。我自己也一样，每次做业绩评估的时候，这个问题都是我的弱点。

管理者是教练而不是老板，衡量一个教练的水平高低不是看他自己多么能干，而是看他带的团队水平如何。

2 管理者的角色：造钟而不是报时

惠普认为，管理者的角色是“造钟”而不是“报时”。什么意思呢？我举一个例子来说明。如果我问你现在几点了，大多数人都会看看表告诉我一个时间，这就叫报时。那什么叫造钟呢？如果有人问你几点了，你可以告诉他，要想知道几点了，有以下几个办法。

第一，去买一块手表或者买一个挂钟自己看；

第二，自制一个沙漏；

第三，根据天空中太阳的位置推测时间等。

从而启发问话人自己寻找解决问题的途径，提高解决问题的能力。这就是我们所说的“造钟”。当然，并不是说所有的人来问我们问题，都这样回答人家，只是讲这样一个道理而已。

记得20年前刚加入惠普的时候，有一次我曾经遇到过一个难题，一时想不出什么好办法，就去找当时的市场部经理。我把事情陈述了一下，就问他，您看怎么办？这在其他企业里是很正常的一件事，但是我的上司并没直接回答我。他看了我一会儿，就反问我："你说该怎么办？"我一下子就懵了，心想："我跑来问你，正是自己想不出来怎么办，你怎么给我顶回来了？"于是我说，自己想不出什么好办法，才来征求领导的意见。他让我回去好好想一想，等想出什么建议或方法了再来找他。

我回去以后，一开始心里挺不舒服——这里的人怎么这样呢？我找他帮忙，他一句话不说就把我打发回来了。对他来说，这件事情肯定是很简单的事情，告诉我一声不就完了吗？无奈之下，我只好自己挖空心思地想办法，结果还真想出来一个方案。第二天我又去找他，把我想出来的方案给他讲了一下。他静静地听我说完，盯着我问道："就这一个办法？"得到我肯定的答复后，他又说："回去再好好想想，看能不能多想几个办法解决这个问题。"

经他这么一逼，我只好再回去仔细琢磨，还真的发现有更多的解决问题的办法和思路。当我拿着三个方案再度找他时，这一次他非常认真地接待了我，听我讲完每一个解决方案的思路后，他帮我分析了不同方案的优点和缺点。分析完了以后，他对我说："我只是帮助你分析方案的利弊，具体用哪个方案还是由你自己决策，我不替你下结论。这就是为什么你第一次、第二次来找我，我没有马上告诉你答案的原因，因为公司请你来，不是要我告诉你该怎么办，而是要你告诉我该怎么办。"

这次对话给了我强烈的心理冲击。就人的本性来说，每个人都喜欢在自己擅长的领域展示自己，遇到自己的强项都有露一手的冲动，即使是很谦虚、很内向的人也不例外。

正是由于人的这种本性，国内很多企业的管理者一般都喜欢显示自己解决问题的能力，通过展现这种能力的过程来换取成就感。因为我们过去衡量一个管理者的水平高低，是看这个人能不能办事，遇到难题能不能想出好办法去解决。在这种标准下提升为管理者的人，都是个人能力很强的人，他们在指导下属时也习惯于亲自上阵。这样做解决问题的速度最快，管理者在第一时间告诉员工答案，员工回去一试，果然见效，立竿见影。

但是当员工再次出现问题时，他还是不知道该怎么办，只好又跑来求助上司，久而久之就成了习惯，遇到难题找领导。管理者解决一个部下的问题很容易，如果有十个部下怎么办？如果每个部下都有问题的话，上司就成了救火队员。

况且，在很多国内企业里，还存在越级管理的问题。很多情况下，所有的员工都是公司第一把手的部下（在跨国公司不是这样的，通常一个管理者所管理的人数不能超过 15 个人，而且不可越级管理），如果有 100 个带着问题来的下属，可想而知，老总的时间肯定不够用，甚至一天到晚不睡觉也应付不了，因为所有的事都等着他给答案。

这种情况在开始时老总可能会觉得很有成就感，但是坚持不了多久就会感到焦头烂额，叫苦不迭了，而且老总会觉得部下都是无能之辈，根本没有解决问题的能力。

其实，这与溺爱孩子的家长一样，当孩子长大了却什么也不会做的时候，不要责怪他们，是家长没有给他们锻炼的机会，什么事情都替他们包办了。

在跨国公司里面，衡量一个管理者有没有本事，不是看他自己能不能解决问题，而是看他能不能教会部下解决问题，让部下具备解决问题的能力，这是一个原则性的问题。

公司请任何一个员工来，绝不是为了让他天天坐在那儿等着上司布置工作，也不是上级说怎么办就怎么办。否则的话，企业培养出来的是一批只有躯体没有脑袋、没有主动性和积极性、不会思考的“机器人”。

我们所提倡的“造钟”，就是要教会员工做事情和思考问题的方法，而不是直接给出答案。在跨国公司里，会“造钟”的管理者才算是好的管理者。一个问题，我教会你如何思考了，就可以一劳永逸，员工就不会再回来问下一次了。

短期看，这样做付出了很大的代价——明明 5 分钟就能说清楚的事情却花了好几天时间。

但从长期看，员工的思维方式和工作方法慢慢地扭转过来了，组织效率也就提高了。这才是一个好的管理者应该做的事——造钟而不是报时。

管理者的角色是“造钟”而不是“报时”，即启发部下找到解决问题的途径和方法，而不是简单地告诉部下如何去做。

3 分享知识是管理者的美德

惠普认为，一个好的管理者必须是一个好的老师，必须会讲课才行。大家都知道老师是干什么的："师者，所以传道授业解惑也。"老师的职责就是分享知识。**在惠普，只要你当了管理者，一个非常基本的要求就是要讲课，给员工作培训。**

如果能把你学会的东西，把你掌握的知识和技能跟别人分享，而且是手把手地教会别人，你就是一个好的老师，也才是一个合格的管理者。

惠普在全公司范围内鼓励这种行为，所以经常讲课的人自然晋升得快，因为在公司价值观和员工观念中，这样的管理者是一个好人。

作为惠普的管理者，我们已经习惯了毫无保留地跟别人分享我们的知识和经验。在离开惠普以后，我为国内企业做过很多咨询项目，我的许多客户都有这样的感慨。

我与其他咨询师最大的区别，就是我对所有的问题都是有问必答——不管是否与咨询项目有关，只要是我知道的，就尽我所能地去帮助他们。

当然，不是说我生来就是这样的人，而是因为在惠普这个环境里待得久了，就习惯于去分享知识，帮助他人进步。不只是我一个人，我相信大多数惠普的管理人员都能做到这一点，具备这一素质。

惠普认为，只要有好老师，就能把普通人变成训练有素的职业经理人和专业人士。

当然，分享知识的背后要有一个价值观念上的认同和制度上的保障，那就是企业中共享人性善的价值观，让分享知识者得到合理的回报，不会出现“教会徒弟饿死师傅”的局面。

一个好的管理者必须是一个好的老师，“师者，所以传道授业解惑也”，所以管理者必须学会分享知识，带好徒弟。

4 管理者必须以身作则

领导者的另一个特质就是，各级管理者必须以身作则。凡是自己做不到的事情，不能要求别人去做。作为一个经理人，这是非常重要的原则。

在惠普，各级管理人员，不管什么级别的，都没有独立的办公室，大家坐在一起，平等相待。而且在这样一个环境当中，大家直呼其名，同事叫我建华或者小高，我们也以这样的方式称呼别人，即使级别再高的管理者，我们都直接叫他的名字。这样让人感觉很亲切，体现出一种平等的同事关系。如果老总某天上班忘记了带胸牌，同样他也要像普通员工一样戴一个临时的胸牌。因此不管是谁，你只要没有带胸牌上班，保安就不会让你进去，保安不会因为你是老总就放行，这是严格的制度。**老总只有以身作则，处处做出表率，才有资格去要求员工。**

其实这是很简单的事情，但在很多公司都难以做到。为什么呢？从本性上讲，每个人都希望自己有特权，制定的规章制度最好是用来约束别人的，而不愿意约束自己，而惠普是能够做到这一点的为数不多的公司之一。各级管理者首先要约束自己，当革命革到自己头上来的时候，要坦然地接受。在中国惠普成立初期，为了适应中国的国情，破例为两位老总设立了独立的办公室，但是墙和门都是透明玻璃的，到后来，连这种办公室也取消了。现在，你如果去参观惠普办公室的话，你找不到老总的办公室，因为老总跟大家坐在一起了，老总的特权象征没有了。我第三次离开惠普之前，我、孙振耀和我们的秘书通常坐在一起，办公桌是 120° 分割的，我们三个人之间的直线距离也就一米多。这样打什么电话、说什么话都是公开的、透明的。

对管理者来说，凡是自己做不到的事情，不能要求别人去做。否则就不会赢得部下的尊重和信任。

5 管理者要成为“立地顶天”的人

我从 1997 年开始担任职能经理（属于跨国公司中国区的高层管理人员）。当时正值公司经营状况不好，为了节省成本，公司正式宣布，所有职能经理及以上的管理人员，在未来的 6 个月中要扣 10%的工资，半年后如果公司的经营状况没有好转，就再扣半年。

因为从全世界范围看，惠普在这个层次以上的管理人员是很大的一个群体，而且这些人都是相对高薪的，他们减 10%的工资，比一般员工减一半的工资所节省的成本都可能多。

我在进入高层管理队伍后的几年里，曾经先后两次被减工资，每次都是半年时间。

依照**惠普的处事原则，公司经营状况不好，不是员工的错，因为员工已经在本职岗位上尽心尽力了，不能让员工承担这个责任。而高层管理者应当为公司的经营状况负责，所以要让高级别的管理人员减薪。**

这就是人们常说的“天塌下来个子高的顶着”，而普通员工的工资丝毫不受影响。

这种做法得到了广大员工的认同。当员工们都知道他们的上司减薪之后，大家都会好好干，希望让他们的上司尽快恢复正常的薪水。

在员工看来，公司有困难的时候，不是让他们这些基层员工来承担责任，而是由他们的上司承担责任，让高管们替我们扛着，这种做法换来的是员工发自内心的、更加努力的工作，员工和管理者之间的关系也变得很融洽。

我自己很赞同这种理念，尽管我为此付出了代价。因为在这种时刻，我们站出来扛着是在履行一个管理者的义务。

与此相反，有些企业的中高层管理者，遇到经营不善或者上司的压力时，就做二传手，把上边的压力直接转嫁到了下面，比如自己挨上司骂了，回去就可能在员工面前发脾气，这是典型的不称职的管理者。

而在惠普，如果上司批评你了，你必须心平气和地接受，不要找各种理由去推托，或者千方百计地去解释，错了就是错了。

管理者要敢于为自己及所在部门的失误或过错承担责任。当面对自己的部下时尽管不可能兴高采烈，但也不至于垂头丧气。

作为管理者，不能在部下面前流露出无辜、无奈的表情，否则员工一看：你都没有冲劲了，他们还有什么劲头儿工作呢？

所以工作上不管有什么压力，管理者都得扛着，这是管理者的义务。

管理者要成为公司内部压力和困难的缓冲器。

也就是说，处在管理者的位置上，享受管理者的待遇，管理者就有义务作为缓冲器，把公司的压力在自己这个层面上化解；一旦管理者扛不住了，员工的士气肯定会受很大的影响——他们会认为：上司不行了，扛不住了，跟这样的人干没什么希望！

当公司有困难的时候，不能让基层员工来承担责任，而是由各级管理者来承担责任，管理者要成为公司内部压力和困难的缓冲器。

6 管理者的才能体现在花小钱办大事

“花小钱办大事”，这是我过去的上司曾经说过的一句话。他说：当上级给你分派任务的时候，不要先想到要人要钱，好像不增加资源就办不成事，因为这是大多数人的工作习惯。他说：**一个优秀的管理者，就是要在不增加人力，不增加额外资金的情况下，把一项艰巨的工作做好，而效果却不会因此逊色，这才是展示你的能力和出色表现的时候。**我第一次听到这句话的时候，觉得有点不可思议：那不是开玩笑吗？又要马儿跑，又不给马儿吃草，那怎么行，你不给我人不给我钱，我怎么做事？但是后来仔细想想，也许还有其他办法可以做到不花钱或者少花钱。思维方式改了，很多办法其实都会想出来，因为做什么事情都靠增加人力和财力的话，谁都能把事情办好，那还要我们这些所谓的精英管理人员做什么呢？从那以后，我的思维方式改变了：凡事先想一下，能不能不花钱做到？实在不行，那花小钱能否做到？

这个理念对做市场营销的人来说至关重要，因为很多做市场营销的人首先想到的就是花钱，而且是花大钱，比如广告，在所有的宣传手段当中，广告是最昂贵的，尤其是电视广告，但是花钱做市场营销最容易，因为钱不是自己的，当然多花点钱容易见成效。

自从我接受了少花钱多办事这个理念之后，我做很多事情，都尽量按照不花钱或少花钱的原则。所以我自己出来做咨询公司之后，从不花钱去做广告，因为我们出去讲课本身就是做广告，只要把每一次讲课都当作是第一次，投入足够的精力去做，就会令听众满意，而满意的听众必然带来口碑效应。做咨询项目也一样，当我们努力地把每一个项目都做成成功的案例时，我们的客户就会给我们作宣传、作推广、替我们介绍客户。所以与其花钱做广告，还不如把我们的每一项工作做到家，把钱花在刀刃上，这一切都是受“花小钱办大事”理念的启发。所以我给企业作咨询时，也把这种理念介绍给客户，希望他们奉行这样一个理念：能不花钱就尽量不花钱做市场，能花小钱做到的，就绝不花大钱。这样做才能让企业赚到钱，因为花钱做事谁都能行，不花钱做事才看出你的水平，或者花小钱办大事才是真正的本事所在。

一个优秀的管理者，就是要在不增加人力，不增加额外资金的情况下，把一项艰巨的工作完成好，实现“花小钱办大事”的目标。

7 如何使部下欣然受命：“拍卖会”式的任务布置

让部下欣然受命就是让部下主动抢着要任务。1996 年回到惠普后，我当时的上司——Ken Lodge，在我们开例会时，他都会很有技巧地布置任务。

开会时，大家首先把要做的事情列出来，可能有 10 条或者 20 条，然后他不是把这些任务直接分配下去，而是拿出来一个任务，问大家：“各位，谁愿意负责这件事？”

之后，他就开始用眼睛看大家一圈，看谁主动请缨；如果没有人说话或者表示愿意去做的话，他就再看一圈，直到有人说话为止。

因为大家知道，这 10 项或 20 项任务中，肯定每个人都有份，遇到自己擅长，或者估计应该是由自己负责的事情，就会有人出来接任务，就这样所有的任务很快就分配完了。当然，每项任务都有一个完成日期。

这种布置工作的方式确实很有学问。管理者不是把任务硬塞给你，而是让你主动抢任务，因为被动地接受一些你不爱干的、不擅长的工作，更不合算，还不如主动一点，把自己擅长的、能干的工作先领到手。另外，为了让员工全力以赴地去工作，在布置工作的时候，出色的管理人员会告诉部下两件事情。

第一，做这件事情会对公司有什么价值、有什么贡献或者有什么重大的影响，以强调这项工作的重要性；

第二，强调做这件事情你能从中学到些什么，能补充什么经验、什么知识、什么技能，把工作任务变成员工成长的锻炼机会，从而启发员工的主人翁精神。

这样员工不再想着是为公司做事，而是想着为自己做事。

比如在惠普康柏合并案正式对外公布的前夕，我的顶头上司、惠普中国区总裁孙振耀给我打电话：我想让你做负责兼并整合办公室的头，你觉得怎么样？他大致地给我讲了讲工作任务是什么，然后重点讲到了两个意思：首先，这件事情是公司未来一年的头等大事，对我们中国惠普来说，使合并顺利完成，是一项很艰巨的工作，因此是下一年的重中之重，只能成功不能失败；如果你做得不好，整个中国惠普就麻烦了。其次，他告诉我：这件事他也帮不了我什么忙，因为他自己也没有这方面的经验，但是这是一个难得的学习机会。如果你能把这件艰巨的任务完成好，你会学到很多东西，你会掌握一门技能，也许有朝一日你的这段经历、这些经验就会体现出价值来，毕竟没有太多人有这样的机会。我一听，马上说：“好，我来干，没问题！”就这样欣然答应了。

事实证明，这段经历对我来讲确实受益匪浅，尽管最开始的3个月很茫然、很痛苦，但是我咬牙挺过来了，而且非常出色地完成了任务，得到了惠普亚太区上级领导的表彰，使中国成为全亚太地区兼并与整合做得最好的国家。

布置任务就是这么简单的两个原则：一个是让员工知道这个任务对公司有多么重要，一个是让他知道你做这件事情能学到点什么。一旦这两个原则表达清楚了，员工的主人翁精神自然就出来了。

我们一直在谈主人翁精神，那什么叫主人翁精神呢？无非就是让每个员工从心底里认为他所做的一切是为了他自己的事业，是为自己的发展铺路，让员工认为公司交给自己的每件事情，都是锻炼的机会、学习的机会。这样一来，员工为了他们自己的事业、为了他们的未来而努力工作就变得非常简单。这就是我们所提倡的主人翁精神。

管理者不要把工作任务硬塞给员工，要让部下明白：做某件事情对公司有什么价值，对自己有什么好处，员工能从中学到什么知识和技能。

8 优秀的管理者懂得如何发问

在国内很多企业里，当员工遇到什么问题时，一般都会去问上司或老板。如果上司或老板知道答案的话，他就会告诉你这件事情该怎么做。这时员工会觉得这个上司或老板很不错，很有水平，什么事情都难不倒他，所以当员工拿不定主意的时候，一定是让上司或老板拍板说怎么办，员工只是去执行即可。

但是，我们在前面已经说过“报时”与“造钟”的差别。

惠普经过培训后的各级管理人员都知道：简单地告诉员工做什么并不好。当我们习惯了这种工作方式之后，凡是遇到来征求意见的员工，都会先问他们：你认为这件事情应该怎么办？然后让前来提问的员工想出两三个可能的解决方案，并说明每个方案的优缺点，最后采用哪个方案，决定权留给员工。即使非要告诉员工答案，管理者也会告诉员工为什么这样做，背后的道理是什么，这样可以帮助员工进步，让他们学会思考。作为管理者就是能提出恰当的问题，启发员工从不同的角度看问题，让他们具备分析问题、解决问题的能力，而管理者的角色就是把好关。

其实，这里涉及很多“规定动作”的问题：如果大家做事都是自选动作的话，作为上级领导的管理者是很难考评的，甚至说不出什么有水平的话来，毕竟员工最了解市场、最了解用户、最了解技术。当员工提出来的建议都是非常艺术化的时候，上级管理者很难判断，只有“规定动作”才有统一的衡量标准，而且管理者以前也可能做过，或者经历过类似的问题，所以就很容易提供参考意见。

另外管理者更需要的是把握好流程，看员工做事的流程对不对，比如这件事你为什么这么做，用了什么方法做，按照什么流程做。通过这些问题，上级管理者可以及时发现员工做的事情什么地方对，什么地方不对。我接触过很多惠普的高管人员。他们每年都会来检查工作，每次听完我们的介绍和汇报后，他们都能从中发现问题，越是我们不想说的地方，他们越问，越是不愿意详细讲的方面他们越是刨根问底儿，由此可见，**一个出色的管理人员能从复杂多变的信息中找到最敏感的地方。**通常情况下，管理人员的级别越高，发问的能力也越强。

好的管理者知道问什么样的问题，知道部下怕问什么，能从部下的回答中发现问题，然后给部下提出建设性的意见。

9 管理者的耳朵比嘴巴更重要

惠普文化认为，一个好的管理者，他的耳朵比嘴巴更重要，一个好的领导者必须善于倾听。但是反观国内的很多企业管理者，都是嘴巴占主导地位，希望别人接受他的理念，接受他的思想，或者按照他的思路去做事情。

深受惠普文化的影响，我现在出去做咨询项目时，一个很重要的原则就是用耳朵倾听。比如，在为一家照明器材公司做咨询顾问、为其解决经销商渠道的问题时，我的第一项工作就是亲自走访经销商，听取他们的意见。根据6个经销商的反馈意见，对该企业在经销商管理上存在的问题做出详细的分析，在得到经销商的认同后才去做整改方案。

最近，在为一家服装企业做咨询时，也是按照这样一个流程，先听老板怎么说，然后与8家经销商进行访谈，请经销商的老总谈他们对这个企业的看法，同时还走访了企业内部两个高层管理人员，两个中层管理人员，两个基层员工。尽管在做咨询项目之前老总已经给我介绍过企业的一些相关背景资料了，但是我还是坚持要用自己的眼睛去看，用自己的耳朵去听。只要给客户和员工充分表达思想的机会，就不难发现其实客户和员工都很聪明，很多问题他们看得很透彻，只要把各个方面的意见综合在一起就能把核心问题找出来。

所以说，做事千万不要“想当然”，以为自己明白了就非常主观地下结论，再找一些数据和资料来证明自己的判断是对的。就像很多管理理念一样，不管是执行还是战略，不管是末位淘汰还是绩效考评，很多企业都是在没有接受过正规培训、不知道如何做的时候，就“摸着石头过河”，按照自己的理解去做了。其实，任何一个管理理念、管理制度都有其局限性和约束条件，不是可以随便生搬硬套的，必须掌握了要领以后才能实施。

一个好的领导者必须善于倾听，所以说管理者的“耳朵”比“嘴巴”更重要。善于倾听可以避免“想当然”地作判断，下结论。

10 管理者要从本色演员上升到职业演员

很多管理者从事管理工作时都是靠天赋来表演——自己擅长什么、喜欢什么就做什么，我们称这一类人为“本色演员”。

也就是说，如果你是一个温柔的人，只要演温柔的角色就能表演得很好，但是让你演一个恶狠狠的角色就不会了，因为你超脱不了自己。

而跨国公司培养的管理者是“职业演员”，是掌握了管理者必须具备的基本功之后，知道管理者该干什么的专业人士，对于某项工作或某个领域的“规定动作”有着深刻的理解，懂得按游戏规则出牌。

这就像一个“职业演员”一样，能够根据剧本的要求把人性的各个方面都能淋漓尽致地表现出来，可以扮演跨度很大的角色：今天可以演一个很坏的人，明天可以演一个很好的人，这就是好的“职业演员”。

按照这样一个标准去衡量的话，我认为，国内很多企业的经理人都还处于“本色演员”的阶段，还没有达到“职业演员”的水准，因为没有经历过严格的正规训练，不熟悉市场经济和企业管理的“规定动作”。

他们在经营上往往都有自己的一套，因为经过常年的摸爬滚打，已经摸索出了一些道理，所以都属于经验型的经理人。他们信奉的理论是“摸着石头过河”，所以在管理上还没有成熟的体系，企业的发展具有很大的不确定性。

正是基于“职业演员”这样一个要求，跨国公司一直努力地培养和造就职业经理人，通过严格的职业培训，让经理人熟悉企业管理的“规定动作”，学会用科学的、规范的工作方式去分析问题、解决问题；在没有对经理人进行培训前，不允许他们按照自己的想法去做事情，否则很容易跑偏。

就像很多自学成才的业余球类运动员来说，一旦形成了不好的习惯或打法，即使聘请高手当教练也不管用，因为动作已经成型了，不容易改了。

所以，**惠普的员工在成为管理者之后，必须先参加各种基础培训。**

比如在招聘员工前要参加面试技巧的培训，学会问什么问题能考察出一个人的水平和诚实度，掌握面试的各种技巧；比如我们在公开场合作演讲之前，都要参加如何作演讲的培训，通过两天的培训掌握论述性、辩论性、说服性发言的技巧，最后是即兴发言的技巧；比如给员工作辅导，给员工做年度业绩评估，都不是我们自己想怎么做就怎么做，而是按照公司的要求，经过严格的训练之后才能进行。

这样做，一来可以避免大家“想当然”地做事情，二来可以避免经理人犯小儿科的错误，三来可以减少大家走弯路、交学费的过程。

经过严格训练出来的经理人就成为我们所说的“职业演员”。这些管理者可以在不同的行业、不同的岗位、不同的国家或地区，游刃有余地扮演不同的角色，适应各种管理工作岗位的要求。

管理者应该是“职业演员”，而不是“本色演员”，必须掌握好各种“规定动作”，懂得按游戏规则出牌，不要“摸着石头过河”。

11 学会开会是领导者的必修课

说起开会，参加过工作的中国人没有人会陌生，大家一定参加过各种各样的会议。表面上看，似乎每个人都会开会，但其实很多企业的会议开得并没有成效。

根据我的了解，很多企业开会时都是领导先发言，像作报告似地讲一大堆道理，其他人基本上扮演着听众的角色，尽管在会议过程中也会请参加会议的其他人员发言，但是由于领导在开始讲话时已经定好调了，大方向明确了，其他人一般都只能顺着说。

在一个单位内部，很少有人不怕得罪领导，敢于讲真话，敢于质疑领导的意图，因为每个人都知道在企业里的生存之道，怕说多了出问题，给自己招来“杀身之祸”。结果呢？必然是领导喜欢听什么，大家就顺着说什么。

这样做当领导的一定很开心，因为领导很容易产生一种错觉：看我多么英明，所有人都赞成我的意见，权威性自然树立起来了，自己的意图得到了大家的支持，接下来大家按照老板说的去做就行了。

但是这种会议不会有什么好的效果，因为大家不能各抒己见，畅所欲言，所以不可能群策群力。

这种情况下企业的组织智商就等于老板的个体智商，如果老板感觉好，判断正确，企业就健康发展；如果老板一时糊涂，企业就很容易犯错误，甚至“翻船”。

另一方面，由于整个决策是老板建议、“集体决策”的产物，很多决策一旦失误，没有人出来承担责任，后果和风险只好由老板一个人承担。即使领导想追究部下的责任也很难，因为没有一个合适的环境让大家参与决策。各级员工嘴上不说，心里也理直气壮：开会时领导都下结论了，谁还敢说？

我这么说的目的，不是要员工与领导分担责任，而是说开会具有一定的操作技巧，一旦本末倒置，就会失去会议应有的意义。

记得有一次，我为国内一家企业做战略规划咨询的时候，我们事先把会议制度写出来，贴在墙上，其中一条就是：在场的企业最高领导者不得在战略规划会议中做结论性发言。

他可以提出问题，也可以要求别人解释清楚，但是自己不可轻易下结论。会议进行到一半时，大家讨论得热火朝天，不同的想法发生了碰撞，很多想法与企业原来的做法开始不一致，这时候老板实在憋不住了，想说话。尽管我努力想阻止他，他还是忍不住地说：你们说的不对，我在这个行业做了那么多年，这个事情我很清楚，我认为应该这样……

他的话一说完，整个会议室立即安静下来，大家都不说话了。看到这种情况，我只好说：那咱们先休息一会儿，15分钟后会议继续进行。

休息过后，大家已经不像会议开始时那样踊跃发言了。会后一个经理对我说：既然老板明白，既然他已经想好了，我们还开这个会干什么？我们发表意见还有什么意义？我对他说：你们先不要这样想，过会儿我会再提醒老板，希望以后不再出现这种情况。还好，从那以后老板在会议上基本上没有再做结论性发言，会议的气氛逐步恢复正常。

那么，公司开会的时候，最高领导者的角色应该是怎样的呢？既然不能做结论性发言，那么应该做什么？

在惠普看来，领导者在会议上应当扮演一个聆听者、观察者的角色。

通过倾听各个部门经理的发言、甚至是相互辩论，启发自己思考，继而做出初步的判断，然后在大家充分发表意见之后再站出来，表明自己支持哪一种观点，赞成谁的意见。这样被老总采纳了意见的管理人员就会感觉非常好——老总支持我的想法，证明我的意见是正确的。

接下来自然由提出这个意见的人去推动执行，因为既然是他提出来的建议，执行起来自然会不遗余力，希望用事实证明自己的建议和想法是正确的。这种会议方式因为老板事先没有定调，所以与会者没有人知道老板的想法。大家可以就一个具体的问题争论，每个人都可以充分地表达自己的看法，这样便于进行智慧的碰撞，是非自然越辩越明。

在各种会议中，级别最高的领导者要能耐得住寂寞，最后一个发言，这样才能听到真话，否则听到的更多是奉承和假话。

12 畅所欲言：会议不能以保留意见为结局

记得有一次，我为另外一家公司做咨询的时候，为了提高该公司的管理水平和决策质量，我帮他们公司成立了决策委员会。各职能部门的经理都是决策委员会的成员，这些人每个月开一次会，就公司范围内的重大事情做出决策，而决策委员会的成员在会上不是提问题，而是提建议，尤其是针对跨部门的事情进行讨论。

决策委员会在成立之初就要求大家在决策委员会上可以发表自己的意见，可以畅所欲言，但是在会后不得将决策委员会的讨论过程外传，也不能说自己并不同意公司的某项决策，以便通过这种方式讨好员工，推脱责任。就这么简单的一个要求，在这家国内企业里就很难实施。很多人开会时不愿说，会后却到处散布流言蜚语，搬弄是非。

在下一次会议上，我重申了会议要求，希望大家都谈一下自己的看法，其中一位经理硬是不发言，他不时地看着老板。因为我们有言在先，老板在大家没有发言前不做结论性发言，要等到最后才说话，所以那位经理很不适应。轮到他发言时，他还是不想说。我问他为什么。

他说我不习惯这种开会方式，问我能不能保留意见。我说不能。他马上说：我是党员，在党的会议上我是可以保留意见的。我对他说：对不起，我们这是在开公司的决策委员会会议，你没有保留意见的权利，你必须明确地表达你的看法。他看着我说：如果我不说呢？我毫不客气地对他说：你可以选择不说，那就只有一个选择，离开这个房间。从那以后，这个人就退出了决策委员会。

之所以讲这样一个故事，是因为我想强调会议的游戏规则。作为一个咨询顾问，尽管我没有决策权，但是我有建议权，所以我在给企业做咨询的时候，是把自己放在企业的立场上看问题，而不是站在旁观者的立场上看问题，所以态度该坚决的时候，我一点都不会迁就。尽管我的客户在初次接触跨国公司的这套管理作风时不习惯，但是经过一段时间的努力，他们还是能适应的。因为我坚信跨国公司总结了几十年的这些管理经验是经过实践检验的，是科学的体系，是值得国内企业借鉴学习的，干吗非要“摸着石头过河”？非要交足了学费才能明白？

在企业的决策层开会时，不能以保留意见为结局，在会上可以畅所欲言，一旦形成决策，就必须无条件地执行。

13 开会不能议而不决

有很多国内公司，开会时谈了很多事情，大家也都踊跃发言，都谈了看法，却没有结论。很多事情自然不了了之，要不就是这次谈完了，下个月开会还接着谈。但事实是，问题始终在那里，没有任何进展。为什么呢？就是因为开会是议而不决。就算有的事情很难达成共识，也可以用投票表决的方式，让少数服从多数，但不管怎么样，议而不决的会议是没有任何意义的。

为了让会议更有成效，必须制订相应的制度。在惠普，召开决策委员会的会议时，一旦达成共识，所有的工作任务都必须按照统一的格式定下来，然后分派下去，明确谁来负责执行某项任务、什么时候完成、评估人是谁、评估标准是什么，然后在会后一天之内把会议记录整理出来发给与会的所有人员。每个人把分配给自己的任务标示出来，贴在自己工作时最方便看到的位置上。如果第七项工作责任人是我，我就按照会议记录要求，把这一项用红色的笔标注一下。这就是惠普员工通常采用的工作方式，大家只关注自己负责的项目，并在规定的时间内完成即可。具体的表格如表 3-1 所示。

表 3-1 会议任务分配跟踪检查表

工作任务	责任人	完成时间	评估标准	执行状况	备注

下次开会的时候，第一件工作就是检查上个月的工作任务进展情况，看大家是否高质量地完成了任务，会议秘书逐项地去问每项工作完成的情况。如果完成得很好，就标绿色圆圈并在对应栏目下画“√”；如果完成得不好或没完成，就标红色圆圈并在对应栏目下画“√”，并在备注栏里做出解释。“执行状况”标志为红色时，责任人除了做出解释之外，还要拿出整改方案，在大家的参与下确定下一步如何做，可以让该项工作变成“绿色”。

在开会讨论的时候可以发扬“民主”，各抒己见，但是一旦形成决策就必须“独裁”，没有商量的余地，这才是真正的民主集中制。

14

领导者要学会照镜子

在惠普，有一项针对管理者的领导力水平调查。这个调查一般针对一个分支机构的管理团队，对比检查每个管理者在各个方面的相对表现。这个表现不是跟竞争者比，而是在公司内部某个大部门里的某些人进行横向比较。调查办法是让员工在整个分部或者一个分公司里面，无论是否了解这些被调查的管理人员，都可以根据自己的感觉和意愿给各级管理者打分。每一个被调查的管理者都知道评分的结果，目的是让这些被调查者知道，公司内员工怎么看你。有时，你可能觉得自己某方面很强，但员工却不这么认为。这项工作由质量管理部门的经理负责，他会就调查结果与每个被调查人进行沟通，比如，在所有被调查的人里面，你哪几项得分最高，哪几项得分最低，每一项得分是在平均分之上还是在平均分之下。每个被调查的管理者都会得到一个结论，但不知道每个具体接受调查的员工是怎么说的。这就像是一面镜子，让管理者可以看到自己在员工心目中的形象。

我当时也是接受调查的管理人员之一。

领导力调查与前面我们曾经提到过员工满意度调查不同。员工满意度调查基本上是由下属员工给自己的上司打分，对管理者来说，因为评分人是自己的部下，相互接触很多，彼此比较了解，所以可以做得很细。而在此项领导力调查中，参加评分的人很多不是自己的直接部下，只是跟自己在一个大的分部，或者在一个分公司里面，有些员工相互之间并不熟悉，只是隐约地知道。这个时候员工的评分，与部下直接给自己评分就不一样了。

那么这个调查有什么用呢？这对于选拔管理人员非常有好处。因为更高层的管理者一看到这个调查结果，就知道谁的平均分最高，谁在哪些方面在员工心目中的地位高，就可以初步断定谁是好管理者。这为以后选拔管理人员奠定了基础。

其实，这项调查与现在很多公示制度一样，不同的是这种调查是在公示之前进行，与具体的项目无关，所以可以做得比较客观，公示时就心中有数。所以领导力调查其实考核的是管理者的群众基础。

当然，员工满意度调查，也可以给各级管理人员提供参考意见，而且员工满意度调查涉及的问题更广泛，包括员工对公司的看法，这家公司是否给自己提供了一个好的工作环境，在这里干活是否愉快，是否感到有前途，是否感到有发展机会等。

一个好的管理者要学会经常照镜子，让周围的人给自己打分，这样才能看清自己在员工心目中真实的形象。

PART. 04

第四部分

善待离职的员工

1 第一次离开惠普

1994年秋天，我已经在中国惠普部门经理的位置上做了4年，本来计划在渠道销售经理的位置上干两年，然后再看在惠普内部有没有更好的位置。

但是，苹果电脑委托的猎头公司找到我，希望我去担任他们的中国区市场总监。猎头公司的代表向我谈了苹果公司未来几年的发展计划以及在中国的投资计划等，的确是很有吸引力、很有挑战性的一个工作。

因为那时候苹果电脑在中国的市场份额仅有1%，而苹果电脑希望能再现他们在日本市场的辉煌，用5年的时间把市场份额从1%提高到10%。

因为那家猎头公司的工作很专业，对我进行了详细的职业生涯评估和分析，给我留下了很好的印象，所以我就有点动心了。

因为在没有谈妥之前不想让别人知道此事，所以我刻意选在那年国庆节的时候经过马来西亚转机去了香港（因为来不及办去香港的手续，而我手上正好有马来西亚的签证），在香港与苹果电脑亚太区的所有高管们面谈之后，他们就决定录用我，于是在 1994 年 10 月底，我第一次离开了惠普公司，加入了苹果电脑公司，成为当时在“世界 500 强”（确切地讲是“世界 500 大”）中的跨国公司里做到总监级的为数不多的中方员工。

其实一开始的时候，我并没有当真，只是抱着一种开放的心态去谈谈、去试试，结果在不知不觉中就被“拉下水”了，逐渐对苹果为我提供的中国区市场总监这个岗位产生了兴趣。因为我在惠普从事的是工业品的市场营销和销售工作，而苹果电脑的产品属于耐用消费品，对我来说是新领域，可以学到很多东西，加上电脑市场的竞争非常激烈，工作的挑战性会更大，更有利于自己进步，所以我就决定加盟苹果电脑公司。在我向直接上司——当时的事业部总经理万廷荣提出离职申请时，他非常意外，因为事先没有什么迹象，我也很安心本职工作，怎么突然想走？他努力想挽留我，但我没有被说服。

最后，他看留不住我了，就把我要离职的事情告诉了他的上司——惠普仪器事业部亚洲区的总经理詹文寅，希望他出面挽留我。詹先生那时正好从香港来北京开会，就亲自找我谈话，希望能说服我回心转意。他对我说：如果你不改变主意决定留下来，我就不回香港了，你走到哪，我就跟到哪。我说：你别这样说，让我太为难了。我已经想好了，也答应人家了，你就让我走吧。他问：是什么因素打动了你，这么坚决？我讲了自己的想法，同时告诉他，人家在香港为我订的酒店是行政楼层，不管我去还是不去，他们出钱让我去香港面试，而且对我提出的工资要求没有任何讨价还价，马上就答应了，对我真的很够意思。于是他说：如果你能留下来，做什么样的工作我们都可以谈。如果你想去香港工作（我们以前曾经探讨过有朝一日派我去惠普的亚太市场中心工作），我可以给你安排。你可以带着太太去香港先看一下。他甚至开玩笑地说：如果需要看他的诚意的话，他可以在香港用红地毯铺地迎接我。尽管他说得很诚恳，但是我觉得如果在这种条件下留下来，得到的任何东西都不合理，对其他人不公平，所以我就对他说自己去意已定，就别劝我了。

在第一次离开惠普前，我的最后一项工作就是带着惠普当时的执行副总裁（惠普分拆后的安捷伦科技的CEO，也是中国惠普的董事之一）Ned Banhold和其他公司高管人员，去邮电部拜访当时的电信总局局长，我作为翻译全程随同（惠普高层来华，一般都请自己的管理人员担任翻译，因为他们知道说话的分寸，对公司非常了解）。在完成了这项工作后，我的上司告诉了Ned我要离职的事情。因为我们以前就接触过几次，彼此并不陌生，所以Ned就把我叫到一边，单独与我交流，希望说服我留下来。他说：惠普在中国有很多发展计划，对你来说一定有很多机会，不久我们就会在中国成立一些新的机构，需要你这样的人才。我知道他对中国很有感情，他的话一定是真的，但是我还是决定离开。我在表示感谢后对他说：如果将来有什么新的机会的话，我一定会回来的，这一次就让我出去锻炼一下吧！他知道挽留不住，不好强求，于是就祝我好运。这就是惠普！我当时只是一个最普通的基层经理，而为了留住我，惠普公司的执行副总裁都亲自出面。这一点在其他企业很少能见到！可见惠普对人才的重视，对人才的渴望。

于是，我在错综复杂的心情中离开了已经工作了八年半的惠普，开始了新的旅程。

在惠普，有这样一个传统：对于那些无法挽留的优秀员工，在员工离职时公司都会举办一个离职欢送会。欢送会一般由员工的直接上司召集，邀请与该员工同级别的人参加，一方面增进感情交流，另一方面希望听离职者的真实感受，因为这个时候离职者说话是没有顾忌的（尤其是几杯酒下肚，胆子就更大了），而上司和其他与会者也会很坦然地面对这些问题。在那次欢送会上，我当时的上司万廷荣说：实在没有办法，我留不住你了，但我给你最后一个Offer（工作机会）：只要你想回来，给我打个电话，你马上就可以回来。我知道你为了个人的事业想去闯荡、去尝试，我尊重你的选择，但是你在外面闯荡是件很不确定的事，如果在外面干得不顺心，随时可以回来。这话令包括我在内的每一个人都很感动，也使我至今难忘。这就是我为什么能笑着离开惠普，也是其他员工能够笑着离开惠普的原因，因为我们得到了惠普那样的理解和尊重。在惠普这种人性化的文化氛围里，员工以及各级管理者是那样地真诚，那样地善良，你不能不为他们的真诚所感动。

我的部下在得知我要离职后，尽管非常伤感（因为我走了对他们很不利），但是他们还是理解我的决定，并以聚会的形式为我送行。我们一起到北京十三陵的一家高尔夫俱乐部住了两天，在那里为我办欢送会。因为我第一天晚上吃饭时酒喝得多了点，到晚上大家在一起聊天时，我已经处于半睡半醒的状态，倒在沙发上好像睡着了，但又隐隐约约地听到他们在谈论我的功过得失，所以我打起精神努力地不让自己睡着，幸好脑子还是清醒的，所以他们说的很多话我还能听到。他们对我的评价真的令我很感动，很多话都是他们不会直接告诉我的客观评价。能有这样一批部下应该知足了。在那次欢送会上，他们送给我一本精心制作的影集，上面有很多过去几年来大家在一起时的照片，很多人还写了一些感言和祝福的话，使我感受到了惠普大家庭的温暖。当然这一切美好的回忆都成为我后来又回到惠普的原动力，因为在苹果电脑找不到这种大家庭的感觉，员工相互之间根本没有这种感情，下了班就各走各的路。在苹果电脑我体会到的是完全不同的企业文化，接触的人也是完全不同类型的人。

离开惠普之后，我还经常参加惠普同事们的聚会活动，因为与惠普员工还住在同一个宿舍楼里（我走之前的1994年夏天，惠普进行了房改，把原先分配的房子以优惠价格卖给了员工），所以交流起来很方便，下班之后还经常在一起玩，与惠普始终保持着密切的联系。而我离职时的上司，即惠普仪器事业部的总经理万廷荣，每个季度都给我打个电话，约我一起出去吃顿饭，见面聊聊天，询问我在新公司的工作和生活情况。我不知道还有哪家公司能像惠普这样对待一个已经离职的员工。她让**员工觉得惠普像是一个家：员工长大了，愿意出去闯的话是需要鼓励和支持的，万一在外面受了什么挫折，还可以回家。**

而惠普的那些高层管理人员，为人处世的态度更让人佩服，因为晋升到高管位置的惠普员工已经深受惠普文化的浸润，体现出一种醇厚的正直与宽容。这种文化代代相传，已经成为一种常态。所以后来，当一个员工（包括我在内）想要离职的时候，一般都会主动去问上司：面对外面的某个机会，是否应该去。这个时候上司也会非常真诚地站在一个朋友的立场上帮助员工做决策，而不是一味地强留。而当我与媒体谈起此事时，他们大多认为不可思议。

一个人想跳槽的时候一定要明确自己想要什么？在新的工作岗位上能否得到自己最想要的东西，最好在做出离职决定前征求现任上司的意见。

2
员工主动离职不是背叛

在绝大多数国内企业看来，员工主动离开都是对公司的一种背叛行为，但惠普却不这样看。**惠普的五大核心价值观之一就是：尊重员工、信任员工。**惠普认为，每个人都是主观为自己，客观为他人，每个人都有选择自己发展方向的权力，员工对自己的事业的关心肯定排在对公司的忠诚前面。

惠普相信，员工离开公司，是为了个人的事业得到更好的发展，而不是对公司的背叛。公司应当为员工着想，而不是只为公司利益着想，或者为某些领导者的利益着想。背叛这个字眼意味着当事双方的彻底决裂，背叛者再也不能回到原来的公司，双方有可能因此结下深仇大恨，老死不相往来。正是因为**惠普不把员工主动离职当作背叛，所以惠普的大门就永远向这些人敞开，离开的员工还可以再回来。**

可以说，惠普在实践它所倡导的价值观的时候都有制度上和组织上的保障，而不是空喊口号。那么怎么保障那些离职者愿意回来，而不会担心什么？

首先，惠普的每一位员工都拥有一个唯一的员工号，就像身份证号码一样。某位员工离职后，其员工号就永远空置，如果他再回到惠普，还继续用原来的号码。

其次，工龄累计的方法对离职员工没有歧视。那些离职后又回到惠普的员工，其惠普工龄采取累计的方法计算，即扣除员上离廾的那段时间，按前面的工龄接着算。假定某员工在惠普工作了 5 年后，跳槽去了其他公司，3 年后又回到了惠普，那么该员工回来工作 1 年后的工龄就是 6 年。在惠普，工龄在带薪休假方面起重要作用：工龄在 5 年以内时，每年有 10 天的休假，5 ～ 10 年有 15 天休假，10 ～ 15 年有 20 天休假，15 年以上有 25 天休假，而且休假可以分开用，还不包括周末的时间，某年如果没用完，还可以延续到下一年用。

每个人都是主观为自己，客观为别人，所以企业不应当要求员工为了公司的利益而牺牲个人的利益，必须找到这两者的结合点，员工离职不是背叛。

3
公司可以辞退一个人，但不可以否定一个人

在惠普，辞退员工有两种不同的情况。

第一种就是公司的战略调整。

比如公司把某个产品线砍掉了，或者从某个市场上退出了，或者是与某家公司合并了等，不管是哪种情况，公司都可能会裁减一些员工，包括那些非常优秀、工作业绩非常好的员工。

在处理这种情况时，一般分成几步走：首先，对于那些得 4 分和 5 分的员工来说，公司会尽量给他们安排新的工作，调到其他部门去，因为这部分人是公司的优质资产，绝对不希望流失。

其次，对于 3 分或部分 2 分的员工（因为刚刚晋升到下一个级别后，第一次业绩评估可能得 2 分），如果他们自己能在内部找到工作，也可以让他们在内部流动。

不过，如果有些员工不愿意换到其他部门，愿意拿了补偿金离开，公司也会尊重他们的意见。因为不管是哪种情况，公司都会承担主要责任，毕竟战略调整不是员工的原因导致的，所以战略调整带来的裁员，

公司给被裁员工的补偿一般都比较高。

另一种情况是员工表现不好、业绩评估为1分（这部分人不得超过员工总数的5%，实际情况通常都低于这个数）**的极少数人。**

员工在业绩评估时一旦得1分，他自己是心中有数的。因为在这种情况下，上司在与员工沟通时会很明确地告诉员工，在未来的几个月里有几条路可以选择：一是在规定的时间内改变工作态度、工作方式或有重大问题的方面，使工作能达到公司的基本要求；二是改换部门，如果员工认为是跟上司合不来，或者与本部门同事合不来，可以调换到其他部门去；三是降级使用，当员工觉得现有的岗位要求太高，而自己无法达到要求时（或者某段时间自己有其他事情，比如正在利用业余时间进修），可以选择低级别岗位，因为岗位越低，要求自然也越低。不管走哪条路，员工都要表现出认真的态度，承认目前存在的问题，愿意按照公司的要求去改变自己。如果经过一段时间后，员工的表现还是跟以前一样，让管理者和周围的人看不到什么希望，该员工就有可能进入被末位淘汰的行列。

所以，惠普对两种不同类型的裁员是区别对待的，如果是公司战略调整而导致的裁员，责任不在员工身上，而应该由公司承担主要责任，所以公司就要为此付出代价，给员工更多的补偿；同时要承认这是公司的错误，向员工道歉，并想尽办法帮助被裁减的员工：一是帮助他找到更好的工作，二是给员工高于预期的补偿，三是给予他复职的优先权，也就是说，只要公司再招聘相关的职位，该员工有优先权回到公司。这样员工在感情上就容易接受，也会理解：**任何公司的经营肯定有周期性，有潮起潮落的时候，公司经营不好的时候只能采取一些迫不得已的措施，惠普也不能幸免。但是制度无情人有情，对惠普来说，裁人的决策是无情的，是非做不可的，但是处理方式可以是委婉的，让员工觉得公司很有人情味，觉得自己受到了尊重。**

我本人就目睹过惠普的一次战略性裁员，即在惠普宣布兼并康柏之后。当时我是中国区兼并与整合办公室的主任。

2002年5月，惠普正式对外宣布兼并康柏，随之而来的是组织结构的调整和裁员。为了让部分关键岗位的员工留下来做一段时间，以便顺利地交接工作，我们设计了一套延期离职流程，对于那些按照公司的要求在未来半年或一年内离职的员工发放额外补偿金。这样被裁员工就会愿意多做一段时间，自己也有充足的时间慢慢地找工作；而对于那些马上被辞退的员工，在接到裁员通知后的一个月内，员工可以带薪求职，即在这一个月当中员工不必来公司上班，但工资照发、电子邮箱照用、门卡照用，可以随时进出公司，私人物品随时可以拿走，对员工给予充分的信任。因为只要员工没有走，他还是公司的正式员工，公司必须像对待正式员工那样对待他们，绝不把被裁的员工假定为会蓄意报复的人或者会偷窃公司财物的人。

对于类似的战略调整导致的裁员，惠普的补偿通常会远远超过国家制定的标准。国家规定员工每工作满一年，公司应补偿一个月薪酬，但是惠普在国家规定的基础上，会多补偿2～4个月的薪酬，最多的时候曾经有加6个月薪酬的，而且，惠普的工龄计算方法是进一法，也就是说，如果某员工在惠普工作366天，那么离职时计算补偿金的时间依据就是两年。假定某员工在惠普工作了一年零一个月，同时公司的补偿标准是在国家规定基础上加3个月薪酬，那么这个员工离职时可以拿到相当于5个月薪酬的补偿金。之所以这么做，是因为公司认为战略调整是公司的责任，公司要对此负责。这样员工心理上就会舒畅，知道公司已经仁至义尽了。况且，这些人一般都不难找工作，一般的情况是，这边手续一办完，马上就去另外一家公司上班了。

作为中国公司的高管之一，我也曾经见识过一次末位淘汰的情形。

大概是在 2001 年的秋天，惠普公司进行了一次末位淘汰。末位淘汰的程序一般是这样的：在被裁员工的名单出来后，被裁员工的顶头上司先告诉他第二天上午（或下午）与公司的某位高管有一个会议，具体谈什么去了才知道（其实很多人事先可能已经预料到了）。与此同时，人力资源部已经做好了充分的准备：每个员工都会在面谈时收到一套文件，包括裁员通知，包括补偿金的计算，包括公司给他们提供的各种机会和各种服务内容。到了第二天，几组人员同时处理此事，分布在几个会议室里，一般每个小组三个人，两个是人力资源部的经理，一个是公司的高层管理人员。

我作为公司的高管负责其中的一个小组。员工进来后，我们按照人力资源部的标准流程、标准说法与员工沟通，首先我们要肯定员工的工作以及为公司做出的贡献，然后告知员工他被列入裁员的范围，接下来就是听取员工的意见。给我印象最深的有两个员工，一个员工在接到裁员通知后正好赶上客户打电话到他的手机上，谈论生意上的事。这位员工说：他正在开会，明天上午一定会把报价单发过去，等对方收到报价后再电话沟通。我当时想，一个已经被辞退的员工还在想着为公司做生意，不管怎么说，这种敬业精神，这种对客户负责的服务态度都无可挑剔。另外一位员工在接到裁员通知后，情绪非常激动。他对我们说：我的业绩不好是事实，我没有什么可说的，可是在过去的两年里，我换了三位上司，每个上司都有不同的要求，我刚适应了这一个人，就又换人了，难道责任都是我的吗？我当时只能表示理解，因为遇到这样的情况的确不能全怪员工，但是，跨国公司是以结果论英雄的，不管什么原因得了 1 分都是有问题的。

为了以防万一，人力资源部在进行末位淘汰时事先已经通知公司的医务室，让他们做好准备，以防有些人心理上接受不了，身体上发生紧急情况。另外，公司还花钱请来了心理医生，专门为那些想不开的被裁员工进行心理辅导。这两项安排都是为了预防可能出现的问题。

公司在末位淘汰时，还有一项服务措施。为了帮助员工尽快找到新的工作，公司邀请猎头公司进驻公司一周，在一个会议室里为被裁员工提供咨询服务。被裁员工可以立即去猎头公司那儿挂号，猎头公司也会向每个人提供一对一的服务，教他们怎么写简历，并把他们掌握的市场上的空缺职位信息与该员工交流，甚至帮他们介绍新的工作。这样员工就能在比较平静的心态下接受事实，并且知道自己下一步应该做什么。这样做的结果是没有一个人在离职后发表对惠普不利的言论，大家都在平静的气氛中离开了惠普。

众所周知，在2004年，国内一家著名的企业也曾经进行了战略性裁员。过后，业界流传着一个说法：“哭着离开 ××，笑着离开惠普。”有一位 ×× 公司的员工在历经了整个裁员过程后，在网上发表了题为《×× 不是我的家》的匿名文章，透露了该公司裁员时的一些细节。

“……

昨天晚上，研究院秘密召开紧急会议，有20多位“责任经理”参加，我才清楚了整个裁员过程。3月6日启动计划，7日讨论名单，8日提交名单，9～10日HR审核，并办理手续，11日面谈。整个过程一气呵成。

今天就是面谈日。在B座一层的两个小会议室。进去的人，领导首先肯定他过去的成绩，然后解释战略裁员的意思，然后告知支付的补偿金数额，然后递上所有已经办好的材料，然后让他在解除劳动关系合同上签字。平均每个人20分钟。

被裁的员工事先都完全不知情。在面谈之前，他们的一切手续公司都已经办完，等他们被叫到会议室的同时，邮箱、人力地图、IC卡全部被注销，当他们知道消息以后，两个小时之内必须离开公司。

所有这一切，都是在高度保密的过程中进行的。

……”

就这样，那些被裁掉的员工在悲愤的气氛中吞下了公司战略调整带来的苦果，而这一切本来不是他们的错。这样的做法让一些人在痛苦中，甚至是在仇恨中离开了该公司。

尽管很多国内企业都在谈“以人为本”，甚至把“以人为本”当作企业的核心理念和信条，但是到了真正实践“以人为本”的时候就不是那么回事了。当然导致这个问题的原因可能是大家对“以人为本”的内涵理解不一样，从上述这种对比中，我们不难看出惠普公司是如何实践人性化管理的。

我一直认为，与跨国公司比较起来，国内企业因为更了解中国的国情，知道在中国这样一个特殊的市场环境中如何生存与发展，所以在经营上都非常出色，在很多方面都超越了国外同行，所以经营水平成为国内企业在中国成功的关键。但是在管理上，国内企业普遍重视不够，还停留在初级阶段，没有建立起规范化的制度和体系来，结果是“规定动作”太少，“自选动作”太多，所以当一些企业试图国际化的时候，问题就开始暴露出来了。因为在规范化的世界市场上，经营模式与中国完全不同，中国经验无法复制到世界市场，而要想在国际市场上取得成功，管理水平就成了关键所在，这是国内知名企业必须面对的挑战。

所以，在我看来，“以人为本”的经营理念，喊起来很容易，但落实到行动上就非常难。其实，**“以人为本”最重要的就是体谅别人的心，能够换位思考，学会站在对方的立场上看问题。在我所接触过的那些已经离开惠普的老员工那里，从来没有听到有人骂惠普，而是到什么地方都说惠普好，这可不是简单的事情。之所以能创造这样的“奇迹”，就**

是因为惠普背后根深蒂固的企业文化。惠普善待员工，因此员工也善待惠普，这就是“以人为本”的结果。

> 人才是一个相对的概念，在一个企业不合格的员工换个地方就可能是优秀员工。所以企业可以辞退一个人，但是不能否定一个人。

4 慎重实施末位淘汰

前面我们谈到了末位淘汰，现在我们谈一下末位淘汰的价值和负面影响。

就像一个人身上如果长了肿瘤，有两种处理办法：一种是立即切掉——尽管这样做当时很痛苦，但是有希望治好；另一种是拖延，可以免受暂时的痛苦，但是拖延的结果有可能导致病情越来越严重，甚至从良性变成恶性，最后会腐蚀整个肌体。同样，一家公司里面最可怕的事情，就是有人不好好工作却照样拿工资，导致其他人产生不平，最后相互攀比，形成“负激励”，谁也不愿意当冤大头，结果必然是有好处大家都来抢，遇到艰巨的工作相互推诿，整个公司就会这样慢慢地烂掉。

其实，人们很多时候看重的不是待遇方面的绝对数字，更重要的是相对的公平，所以为了公司的长远健康，一定要果断地切除那些“肿瘤”。**在惠普看来，末位淘汰不能过于频繁，要间隔相当长的周期**（大多数跨国公司3～5年才做一次，我在惠普15年，只听说过两次比较大规模的末位淘汰，其他时间都是偶尔有几个人而已），**过于频繁的末位淘汰**

会使每个人都有严重的危机感，导致员工不安其位，人人自危。而国内一些企业引入末位淘汰的制度时，却过于草率，在没有真正理解其含义，也没有掌握其要领的情况下，凭着自己的感觉，想当然地按照自己的理解去做，所以有些企业年年搞，有些企业打击面过大，失去了末位淘汰的意义。如果企业没有严格的、规范的考评体系（比如正态分布的员工考评体系），如果企业没有完善的监督约束机制，如果企业的管理人员没有接受过末位淘汰的培训，那么轻易地采用末位淘汰就可能带来灾难。

记得几年前我参加中央电视台的一个节目，与另外一位嘉宾探讨末位淘汰的话题。当我谈起惠普的末位淘汰制度时，我的辩论对手认为这根本不可能，太理想化了，因为他没有在跨国公司工作过，也没有认真地考察过跨国公司的管理体系，所以结论是末位淘汰不公平、不可行。事后，中央电视台把几次节目的内容编辑成书（书名叫《立场》）出版了，同时上面还刊发了一位观众来信。以下是观众来信的部分内容。

末位淘汰制是一种初听起来很合理，实际并不可行的一种管理方式（如果称制度，应是一种比较成形并合理的一种管理方式），它还不够科学，不够合理。

所谓不科学，是其衡量的尺度不准确，不好把握，合理性受到质疑。实行末位淘汰，我们不可能用考试得分的那种方式，来判断一个员工是否胜任。能力是多方面的，一个司机可能试卷得分很高，但他的驾驶技能可能会很差；一个汽车修理工可能文字水平很差，但能熟练修理多种汽车，所以对中小学生我们提倡的是素质教育，而不是分数教育。

如果说依照岗位责任衡量（且不说衡量得准不准）出五个级别，按理应是五分之一优，五分之一良，当然有五分之一最差，如果末位淘汰3%，而20%的人处于同一名次，如何从20个人中选出3个人来淘汰，是不是一次一次的考试？（考试的次数、处理的方式、试题的保密性都值得重视，那可是关系升级的大事）倘或是如此却又变成为淘汰而淘汰！

我们都知道一个非常熟练的工人次品概率为2%～3%。我们可以设想每一个工人对于做零件的活都是很胜任的，但因某一次的次品他可能被淘汰，而下一次又不知是哪个倒霉蛋被淘汰，而管理层还想当然地认为“嗯，被淘汰的100人当中，可能会有3个人是冤枉的，但这是不可避免的”。其实他淘汰的可能个个都是好员工，而充实进来的“新鲜血液”真的好用吗？首先，他要熟悉环境，学会同其他同事融洽地相处，以获得相互合作的最高的工作效率。其次，他对工作的胜任程度有一个由浅入深的过程。而这些都需要时间的积累，而或许还没等他积累到就被淘汰了，“血液”就这样还没被利用就又被排出了。

从这位观众的来信，可以反映出一个非常普遍的问题，那就是很多人看问题喜欢“想当然”——在没有做任何市场调查前就下结论。如果那位观众在做结论前能问一下在跨国公司工作过的人，他就会知道什么叫正态分布，就知道得1分和得5分的人比例是多少，就不会有那么多的困惑了。

在跨国公司看来，实施末位淘汰是有原则的。

第一个原则是，只有在迫不得已的时候才能使用，就像人长了肿瘤一样，没有人喜欢做手术，实在是不得已的时候才会做，但是不能经常做，如果经常做大手术，必然大伤元气，病人的性命就难保。

第二个原则是，即使是末位淘汰也要尊重员工。

在惠普看来，人才是相对的，世界上不存在绝对意义上的人才。考上名牌大学的人就是人才吗？不见得！留学归来的人就是人才吗？也未必！人才的概念是相对的，是由他所服务的组织的标准所决定的。一个人在这家公司是人才，换个地方可能就不是人才了。比如一个球星到了惠普是人才吗？肯定不是，他可能什么也不会干。同样，在惠普被末位淘汰的某些人，未必就不能干，他只是不适合惠普的要求而已。所以**惠普可以辞退一个人，但不会否定一个人。惠普在进行末位淘汰时，会让员工明白，被末位淘汰的员工并不一定一无是处，也许换一家公司、换一个岗位就会非常成功。因此被淘汰的员工在离开惠普的时候，心理上没有任何压力，没有觉得是被踢出去，而是被礼貌地请出去。这就是惠普以人为本理念的具体表现，也是惠普比许多企业聪明的地方。**

惠普的末位淘汰制度有着严格的程序，不是谁想做就可以做的，以避免某些管理人员滥用职权。当我们发现一个员工的工作做得不够好，觉得他有问题时，首先必须按照规定给予口头警告，同时启动 3 个月的观察期，在这 3 个月之内一般不采取任何进一步的措施，如果该员工 3 个月后没有明显的改进，该员工的顶头上司会给予该员工书面警告，并通知人力资源部备案。书面警告的观察期也是 3 个月，如果期满时员工还是没有任何改进，那么他就离解聘不远了。这时我们会给员工 3 个月的试用期，也就是说，该员工还有最后 3 个月的机会改进自己，如果这 3 个月他还依然如故的话，肯定会被辞退。所以惠普在辞退员工之前，给员工多达 3 次机会，让员工有充分的思想准备。

除此之外，惠普还给问题员工一些选择空间，员工在接到口头警告时有 3 种选择。

一种是立即主动辞职。

一种是换岗，也许换一个岗位可能就有不同的表现。

第三种是降级，如果觉得工作压力太大、事务缠身、精力不够，或能力不够，还可以选择降级。

总之，当员工的表现达不到公司要求的时候，惠普会给他几条选择。等到书面警告的时候，问题就比较严重了，人力资源部开始介入。这份书面警告将来可能成为争议仲裁的依据，上面注明了是在哪一年的哪一天给某个员工签发了书面警告，因为按照劳动法的要求，公司不能随意解雇员工。

书面警告由员工的顶头上司发给员工，格式是人力资源部统一设计的，而且要员工签字接收。这一切都是为了按照劳动法的要求去履行公司的义务，所以即使辞退员工有争议，公司也不会有什么法律上的麻烦。

当然，在实施末位淘汰时，还有一个制约机制（也是规定动作）来防止管理者滥用职权，那就是交叉对比大排队（Cross Ranking）。公司要求在50个人以上的大部门（或者事业部等）必须进行交叉对比大排队，即各个部门的经理把本部门得1分（和得5分）的人列出来，供其他部门的经理参与评判，看大家打分的标准是否一致，避免有些部门打分偏高，有些部门打分偏低，以体现公平、公正。整个大部门所有得1分（和得5分）的人员都被公布出来，由大家评议。给员工1分（和5分）的经理必须讲出原因，举出实例来证明自己的判断是正确的，即得1分的员工在哪些方面没有达到公司的要求（或得5分的人在哪些方面表现超群）。同时，整个大部门必须按照正态分布原则，即得1分（和得5分）的员工比例不得超过5%。有了这样一个制度，各级经理在打分时就会有所顾忌，因为他知道自己的评分并不是最终结果，还要经得起大家的评判，从而避免有些经理根据自己的好恶去给自己的部下打分。我就曾经见到过这样的事情，有些得1分的员工经过大家的评议之后被改成了2分，而有些得5分的员工被改成了4分。

另外，在被淘汰的员工离职时，人力资源部会按照一套标准的流程进行离职访谈，了解员工的想法，看员工有没有觉得委屈的地方，并把员工的想法反馈给他的上司，从而对各级管理人员形成约束。遇到重大争议的时候，也可能让再上一级的经理介入，但是这种情况极少发生，毕竟通过交叉对比大排队，在一个大部门里，大家已经达成了共识，对得1分的人都有所了解，一旦启动末位淘汰程序，其他人不会惊讶。可以说，整个末位淘汰程序是一个系统，一环套一环，每做一件事情都是有依据的、有流程的，体现了惠普在这个问题上的慎重态度。

> 末位淘汰绝对不能随便用，因为它类似于“外科手术”，经常搞会使员工有严重的危机感，在未掌握其要领前，不能轻易搞末位淘汰。

5
提倡忠诚不提倡奉献

在国内，包括企业在内的很多单位都提倡奉献，但在惠普，公司提倡员工忠诚，而不提倡奉献。因为市场经济的基本原则之一，就是利益的平等交换，而奉献是利益的不平等交换。

惠普文化认为，员工与上司之间，员工跟公司之间，都应当是平等的利益交换关系：员工付出了劳动，公司就应当给予相应的报酬；当员工主动离职，或者公司要求员工离职时，双方谁也不欠谁的，因为每个月一次的薪金已经结过账了。当然，可能有人不同意这种看法，我们也不会要求所有的人都同意这种看法。但是，按照市场经济的游戏规则，按照人的本性，这个理念就很容易理解。不管是谁，他今天的奉献往往是为了明天的回报，只不过要求回报的周期不一样，形式不一样而已。所以当企业提倡所谓的奉献，而这样做的员工一旦得不到相应的回报时，心里就一定会感到不公平。所以很多企业的员工在公司要求他离职时接受不了，甚至会去闹，因为过去企业提倡奉献，不管某个人是否奉献了，他都可能觉得公司欠他的，一旦没有得到想要的回报，就会鸣不平。所以，包括**惠普在内的大多数跨国公司都不提倡奉献，而提倡忠诚——你只要在这个公司干一天，就要替公司说话，替公司做事，就要维护公司的利益。这才叫忠诚。**

另外，在惠普的职业道德规范（业务经营准则）里面，允许员工从事第二职业，但是有两个条件。

一个就是不能因为从事第二职业而影响在公司的工作，比如你从事第二职业过于疲劳，到公司上班时打瞌睡。

另一个就是，不管员工从事什么样的第二职业，都不能分散对公司的忠诚，做出有损公司利益的事，比如，帮助竞争对手办事，将公司的保密信息提供给竞争对手，或者对自己的本职工作心不在焉等，这就是对公司的不忠诚了，这才是背叛。这种事情一旦发现，当事者就会立即被开除。

我个人对公司的这种理念非常认同，即忠诚比奉献更重要。我在惠普的时候就利用业余时间在外面讲课，既为公司做了宣传，个人也从中受益，同时又不会影响本职工作。不过，每当有企业找我去做管理培训时，我都要核对一下对方与惠普的业务是否有冲突，如果有竞争关系的话，就绝对不能去。我认为，这就是对企业的忠诚。

市场经济存在的本质是利益的平等交换，所以在企业里应当提倡忠诚，而不提倡奉献，因为奉献是利益的不平等交换。

6 员工的忠诚从哪里来

说到员工的忠诚，是每个企业都希望得到的，但是员工的忠诚从哪里来？公司做了哪些事情可以换来员工的忠诚呢？在惠普看来，员工的忠诚来自四个方面的机会。只要公司能够很好地提供这四个方面的机会，员工就会表现出忠诚。

第一，做事的机会。

在惠普，普遍采用目标管理，即作为管理者，负责把任务布置下去，至于员工怎么做、什么时间做，是员工的自由，但管理者在布置任务时，必须把考核的标准以及何时必须完成讲清楚。这样做的原因就是尽量给员工充分的自由。

另外，做事的机会是说，员工可以按照自己的意愿和方法去做，而不是上司叫怎么做，就怎么做；同时员工在做事的时候允许犯错误，只要能从错误中学习，不重复犯同样的错误。

如果员工按照自己的思路去做某件事，而没有做好，上司就批评一顿，那么这个员工就失去了自己做事的动力，凡事先问上司，避免自己承担责任。

我们每个人都是在错误中学习长大的，这叫做事的机会。

这样一来，目标管理就变得非常简单实用，员工领到任务后，可以自己安排时间，按照自己的工作方式去做。当然，这样做的背后是基于对员工的充分信任。

第二，学习的机会。

我们每个人都希望进步，都有上进心，所以公司要给员工学习的机会。在这方面，惠普可以说是业界的典范，甚至可以说是 IT 界的黄埔军校，有关惠普的培训我们后面会详细探讨。除了公司组织的正规培训外，学习的机会还包括向同事学、向上司学，只有当大家友好相处，愿意把自己的知识和经验与别人分享的时候，大家才能互相学习，才能有一个学习的氛围。

当一个员工感到在惠普能学到东西时，自然愿意留下来。在惠普，一个员工要想把所有的培训课程参加一遍的话，可能要 8 年左右的时间。

第三，赚钱的机会。

任何一个人在企业里工作，其中的一个目的就是为了赚钱，能得到相对合理的报酬，使自己过上比较好的生活。

在惠普，有一个基本的原则，那就是薪酬标准处于同行业领先者当中（Among the leaders），既不以最优厚的薪资吸引人，也不会因为薪资而失去优秀的员工。

一般说来，只要在同行中属于中等偏上，人们就会有优越感。这种优越感往往来自对比，比如跟同学比、跟朋友比、跟周围的人比。所以在中国大家觉得年薪 10 万人民币已经很不错了，但是到了美国，年薪 10 万美元也不算什么，只是一个普通的中产阶级而已。

因为人的满足感是相对的，看你处在什么环境。对于员工来讲，只要有一个相对比较高的待遇就行了。

第四，晋升的机会，也就是员工发展的空间。

如果一家企业的管理人员都是靠实力晋升的，每个人都会觉得，只要自己有实力就有机会晋升，就会有奔头。因为大家知道，只要表现优秀，公司发展壮大了，自己就会有机会。

按照传统做法，惠普是不从外面招聘空降兵（但是进入卡莉时代后改变了）**做管理人员的，每个人进来都是从头开始，大家都有公平竞争的机会。一旦公司从外面招聘空降兵来担任重要领导岗位，内部员工晋升的路子就给堵死了，希望在惠普长期发展的员工的积极性就会被挫伤。**

像我这种来自外地、毕业后留在北京的年轻人，在北京没有任何关系和背景，单枪匹马，只能靠个人的努力来发展。我很幸运能够进入惠普，因为它有一个非常公平、公正的竞争环境。大家都凭着自己的实力晋升，只要做得好，对公司的贡献大，自然会晋升。所以，大家都一心一意做业绩，而不用费尽心思搞关系、找背景、走后门。

员工对企业是否忠诚要看企业是否给员工提供了四个机会：做事的机会，学习的机会，赚钱的机会，晋升的机会。

PART. 05

第五部分

人性化管理的典范

1 假定人性善的惠普价值观

惠普的创建人之一比尔·休利特曾经说过：“惠普的所有政策和措施都是来自一种信念，那就是我们相信每一个员工都有把工作做好的愿望。只要公司能给他们提供一个合适的舞台和环境，员工必定全力以赴。”这就是著名的惠普之道的内涵和出发点。

正是基于这样一个人性善的假定，惠普才建立起了独特的企业文化，制定了一系列与之配套的管理制度和规范，所以在惠普传统的五大核心价值观里，第一条就是：“我们相信与尊重员工”。

惠普公司对员工的信任并不是停留在喊口号的层面上，而是在很多方面都能够表现出来。

例如，在各个分部的实验室里，所有的备件库（存放各种电子部件、集成电路的地方）从来不上锁，工程师们不但在工作中可以随意取用，还可以把公司的元器件拿回家去供个人使用！这是因为惠普认为，不管工程师用这些元器件所做的事，是否和他们手头上正在从事的工作项目有关，不管是在工作岗位上还是在家里摆弄这些玩意儿，都能学到一些东西，对公司的产品创新都是有利的。类似的事例还包括文具用品的使用，各种文具用品都是员工自己用多少拿多少，没有人监督，文具柜也不上锁。在中国惠普有一个知识库（小型图书馆），大家凭自己的门卡就可以进去借书、还书，没有人监督，当事人自己在电脑上操作，过了还书日期，就自动交罚款。如果你借书时不在电脑上操作，没有人知道，因为没有安装摄像机，这个知识库一天 24 小时开放。这一切都是因为公司充分相信员工。这样做的结果是让员工感到自己被尊重，是一个被别人视为高尚的人，是值得信赖的人，所以员工才会与公司有福同享、有难同当，才愿意发自内心地为公司做贡献，正应了我们中国的那句老话：人心换人心。

惠普对员工的信任，还表现在充分尊重员工的知情权上面，因为只有相信员工才敢让员工知情。

在一个企业里面，你如果不相信员工，就不敢将公司的“机密信息”告诉员工，什么事情都是尽量捂着盖着，各级管理者以拥有信息为资本，但是惠普不这样想。在惠普看来，员工有知情权，这是尊重员工、信任员工的具体体现，比如，惠普各个分公司每月都要召开一次全体员工大会，通报公司上个月的业绩，按照各个产品线、各个事业部，各个集团等方面分别介绍，同时把公司正在做的事情，以及到目前为止的工作进展情况，上个月员工反馈信息的处理结果等内容与员工沟通。可以说，在这个沟通会上的很多信息都是竞争对手非常想知道的机密信息。如果公司不告诉员工这些机密信息，就意味着公司担心有人会把这些信息告诉竞争对手，而这种担心就是假定人性恶，自然与惠普的假定人性善不一致。

当然，一旦发现有人“不善”的话，惩罚将是极其严厉的，任何人

违背了职业道德规范（业务经营准则）的话，都会立即被开除，公司甚至会追究该员工的法律责任，而且这样做的人在外企这个圈子里就再也混不下去了，因为没有哪个企业愿意重用没有“德”的人。这种人只能被利用一次，就毁了自己的前程。

除此之外，相信员工、尊重员工还体现在惠普的财务管理制度上。在卡莉主政前，公司财务管理的责任和权力下放到最基层，给各级管理者充分的授权，避免了大家都对结果不负责任，拼命到上司那里要资源，希望多给几个人员的名额，希望多一些预算和费用指标，结果是决策者不了解申请者的情况，无法辨别哪些需求是合理的，哪些需求是不合理的，要么采用拖延战术，要么采用平均分配，总之是一种不负责任的做法。而在惠普，在过去相当长的年代里，一直把财务管理的责任下放到最基层的部门经理身上。这样的话，部门经理就有了用人权和财权，责权利就统一起来了。如果一个人没有权力决定招谁，也没有权力决定把钱给谁，怎么花钱，那他就不是真正意义上的管理者。

一个真正的管理者必须具备对财权、用人权的控制。当然，部门经理有了权力之后，不能为所欲为，而是在公司允许的政策范围内，充分地展示自己的领导才能和聪明才智，很好地带领部门员工完成本部门的工作。

只要是预算内、计划内、权限内的花费，部门经理就拥有决策权，没有人再检查，财务部门看到部门经理的签字后就给钱或付账。当然对于预算外、计划外或权限外的花费就需要上级部门介入审核了。

既然公司充分相信员工，给各级管理者授权，那么作为部门经理，就会感到自己的责任重大，每年都要编制本部门的预算计划，根据以往的经验和下年度的计划，制订年度预算，并对财务预算的年度执行情况负责。部门经理每个月都会收到一个财务报表，上面列出了各个科目的花费情况，比如工资、奖金、差旅、培训、办公设备、活动费用、通讯费用等，根据这个报表上显示的偏差（大于100%还是小于100%）去调整下个月（或下个季度）的花费指标，从而保证全年下来总费用基本上控制在100%以内。有了这样一套制度，各部门就不会伸手向上司要人要钱了，如果你想加人的话，那么你这个部门的员工每个人就少花点钱，因为总钱数是固定的。相反，如果在财年的中间减人的话，通常也不会减预算，那么部门里的员工就可以多花点钱。通过这种方式，**惠普把这个权衡利弊的权利给了最基层的管理者，既保证了预算的执行，也让各级管理人员感到被信任、被尊重、有自主权。**

人性善理念的另外一个体现是惠普独特的用工制度。在中国惠普的所有分支机构里，从来不打卡、不考勤。为什么呢？这是惠普的传统，如果公司假定人性善，却又打卡、记考勤，就很难自圆其说，等于就是假定人性恶了。所以要真正落实人性善的理念，可不是件简单的事情，公司整个配套的管理系统也必须是基于人性善去设计的。不过执行这项制度的前提是企业内的大多数人都认同，并且严格要求自己，一旦多数人不认同，这项制度就推行不下去。

我认为，**人性善的假定可以启发员工的善心，把员工往向好、向善的方面引导。其实，每个人都有善的一面，也有恶的一面，关键是如何启发员工的善心，让他们变得越来越善，这就需要营造一个环境。一个企业就是一个小环境，而人会适应环境，环境也会改变人。如果能营造出一个“向善”的环境的话，大家会变得越来越善，人们就不好意思暴露出自己恶的一面来。**

总之，一个人跟高尚的人在一起，就会越来越高尚，因为一旦做了什么不高尚的事情，自己会觉得惭愧。在这样的环境中已经形成了一种无形的场，形成了一种势，会潜移默化地改变每个人。进入惠普以后，我感觉自己比以前善良了，好多坏毛病慢慢地改掉了，这得益于惠普的企业文化和大环境的影响。

惠普之道的精髓："我们相信每一个员工都有把工作做好的愿望。只要公司能给他们提供一个合适的舞台和环境，员工必定全力以赴。"

2 制度不应当惩罚好人

1986年我刚加入惠普的时候，经历过这样一件小事：公司卫生间里放着质量非常好的卫生纸，供员工和来访的客户如厕时使用。这在今天看来没有什么，是很正常的，但是在那个年代，普通家庭是不舍得花钱买那种高档卫生纸的。

但是，有一段时间打扫卫生的人发现，卫生纸消耗得过快，有点不正常。一卷卫生纸放上不久就没了。这种情况持续了一段时间后，大家都觉得这事儿有些蹊跷，显然是有人将卫生纸私自拿走了。

管理层知道这件事后，却对如何处理这件小事感到比较棘手，因为如何处理此事，关系到公司的价值观念和企业文化。按照惠普的理念，设计出来的任何制度都不应当惩罚好人，即不能因为一两个人犯错误就连累大家，就改变正确的做法，显然与初衷不符，也是不合理的，尽管这样的事情在其他单位经常发生。

那个时候，中国惠普成立没多久，这件事对中外双方的管理人员来说，确实是一个挑战：是坚持惠普假定人性善的原则，相信大多数人，还是根据中国的国情做出让步，做出调整?

当时很多人都以为公司可能会取消放置高档卫生纸，而采取其他的替代措施，但是那样做就违背了“制度不应该惩罚好人”的惠普理念，会给广大员工带来麻烦。当然，更重要的是让好人受罚，让大家觉得公司不再信任员工。

但是中国惠普并没有那样做，而是按照原来的做法继续执行。毕竟大多数人是不会偷卫生纸的，拿走公司的卫生纸一定是少数人所为。

随后，公司在大会上向大家通报了这件事情，并强调公司假定人性善，不会因此而让大家受连累，会继续免费供应高档卫生纸，但是偷卫生纸的行为关系到一个人的品德问题，公司不会因为卫生纸价值不大就会听之任之，一旦发现是谁干的，只有一个结果——立即开除。

我估计那个拿卫生纸的人听了以后，知道这个问题闹大了，继续拿的话后果会非常严重，所以从那以后就不敢再拿了。这件小事就这样解决了，尽管这是一件微不足道的小事，但却折射出惠普的一个理念：制度不应当惩罚好人。

各项规章制度不是为了让管理者方便，而是为了公司的健康发展，不能因为极少数员工的不当行为而采用“一刀切”的方式让好人跟着受连累。

3 公正、公平、公开的员工福利制度

惠普强调，管理者做事要公正、公平、公开。这个理念国内很多企业也提倡，但是具体实施起来就没那么容易了。惠普是如何实践这些理念的呢？我们不妨拿当年惠普分房子的案例来说明问题。

在 20 世纪 90 年代初期，中国还没有实行住房的商品化，既没有住房基金，银行也没有按揭贷款，员工根本买不起商品房。为了适应中国的国情，能留住那些训练有素的优秀员工，中国惠普做了很大的努力，终于说服惠普总部，破例在北京盖了一栋 200 套房子的员工宿舍楼。这在惠普的历史上是第一次，因为惠普在任何国家都不负责员工的住房事宜。在当时，也仅有极少数外企这么做，所以在惠普宿舍楼的竣工典礼上，北京市的一位副市长出席，可见其意义重大。对于像我们这些毕业后留在北京的“外地人”来说，一套房子的价值是不言而喻的，所以大家对宿舍楼充满了期待。

宿舍楼是盖好了，但如何分配呢？只要经历过那个时代的人都知道，不管是企业还是机关事业单位，分房子既是好事，也是令大家非常头疼的一件难事，弄不好就会出问题。很多人为了分到自己想要的房子会闹到领导家里去，不解决问题就不走，所以很多领导对分房子都是喜忧参半。但是在惠普，分房子却非常简单，200 套房子，一天全部分完了，没有发生任何争议，大家都高高兴兴地得到了自己的房子。

那么中国惠普是如何做到的呢？

这就涉及惠普做事的方法和流程。

不管做什么事情，先确定目的（为什么要做某件事），**再确定原则**（按照什么原则去做），**再确定方法**（具体如何实施）。

对于分房子这件事来说，目的很明确：就是希望留住经过专业训练的员工，尤其是留住优秀的员工；接下来就是确定原则：按照每个人对公司的贡献大小、所在岗位的级别和在公司服务的年限作为分房子的依据；最后是实施方法，公司要求所有员工在分房子那一天都不要出差，实在做不到的话，必须让家人（或授权委托某个人）代理选房，否则一个人不在，分数排在后面的人就没法选。在上面提到的三个方面中，最重要也是最困难的就是确定分房的原则，有了原则就好办事了。

那么如何衡量一个人对公司的贡献大小呢？首先是员工的业绩得分。惠普认为，员工过去两年的业绩考评分数就代表了对公司的贡献。惠普的业绩考评是从 1 分到 5 分，分房子的时候，只看过去两年的得分，把两年的得分数相加，再乘以加权系数 3，就得出了贡献分。比如某个人去年得了 5 分，前年得了 4 分，两年相加就是 9 分，9 分乘以系数 3，就是 27 分。惠普认为业绩考评是衡量优秀员工最重要的指标，而事实也的确如此。其次是员工的级别分，如果一个员工级别（职位）比较高的话，意味着他对公司的影响就比较大，而且级别（职位）越高，他的不可替代性就越强，所以级别分的加权系数是 2.5，即如果某个员工的级别是 8，那么级别总分就是 20 分。再次是员工在惠普的工龄，工龄越长，代表他为公司服务的年限越长，意味着已经为公司做出了一些贡献，所以工龄分的加权系数是 2，如果一个员工在惠普的工龄是 5 年，那么工龄总得分就是 10 分。因为很多员工都是从外部调入惠普的，所以在惠普的人事制度里，在惠普以外的工龄按每三年折算成一年的标准计入惠普工龄。比如说我，来惠普前在学校做了 3 年半，所以折算成一年的惠普工龄。这样做大家都感到比较公平。

按照这三个参数和加权系数，每个人都能计算出自己是多少分，然后就按照得分高低，安排选房顺序，得分最高的员工第一个选，200 套房子随便挑，随后是第二个、第三个，依此类推，直到最后一套房子分完。

当初在设计这套分配原则的时候，为什么没有把结婚与否和孩子多少这两个当时国内企业（包括事业单位和机关）分房时最重要的参数考虑在内呢？其实，在设计方案时，曾经有人提过建议，认为应当考虑中国国情，考虑国内企业分房子的原则，但是这些建议经过广泛讨论和征求员工意见后没有被采纳，因为这两个参数与分房子的目的不相关——结婚不结婚是员工的自由，有的人可能选择一辈子独身，你不能因此不给他分房子，因为结婚与否不会影响员工对公司的价值。另外，有没有孩子也跟公司无关，有多少个孩子都一样，否则我们就是在鼓励早婚早育、多生多育，与国家的计划生育政策相抵触。所以在那个时代，中国惠普率先打破了国内传统的分房原则，让大家觉得公司在处理这件事情上非常透明，整个过程和结果真正做到了公正、公平、公开。

不管做什么事情，都要先确定目的（为什么要做某件事），**再确定原则**（按照什么原则去做），**最后才是具体方法**（如何实施）。

4 为员工提供一个高标准的工作环境

给员工提供一个高标准的工作环境，员工干起活来自然就心情舒畅；而员工心情愉快了，工作效率就会提高，干出来的活儿才可能漂亮，但那时很多公司并不以为然，或者没有钱把办公室设计装修成很漂亮的环境。员工在一个不够整洁，不够明亮的环境下干活儿，心情可想而知。

在惠普看来，倘若你希望自己的员工做出“五星级标准的工作”，你必须给他们提供“五星级的工作环境”，让员工知道什么叫五星级的标准，五星级与四星级的差别是什么。

在20世纪80年代末期，中国惠普公司曾经更换过一次办公家具——全部是从国外进口的高级家具。当我们听说员工用的办公桌每一个价值一万、每一把椅子价值三千的时候，都大吃一惊。按照当时的物价水平，那可不是一般地贵啊！可以说，当时在国内很难见到这么高级的办公家具，所以当时国内很多需要拍摄现代化办公室的电影电视剧镜头都到惠普办公室去拍。包括国内一些知名的大导演，都去过惠普办公室拍电影。

那么，惠普为什么要花那么大的本钱去进口高档家具呢？一方面那时候国内的家具水平还不像现在这样，与国际标准差距很大，另一方面是惠普的办公设施必须达到国际上通用的 EHS 标准。EHS 这三个字母分别代表“环保”“健康”和“安全”，换句话说，所有家具必须达到发达国家的环保、健康、安全标准。当然今天看来，很多国内的大企业也能做到，但是在 80 年代末期的时候，国内基本上还没有企业这样做。因此在那样的一家公司工作，员工会有一种优越感和安全感。

为什么要执行严格的 EHS 标准呢？按照惠普的理论，公司要对员工的健康负责，比如员工若长久地坐在一个不合适的椅子上，也许会腰疼，也许会得职业病，如果真的得病了的话，对员工的健康有影响，而且公司还要为此承担医疗费用或相关责任。所以，惠普宁可花三千块钱买一把椅子，目的是达到全世界认可的 EHS 标准，这样就把所有可能出问题的地方事先想到并解决了。

除了一流的办公设备外，惠普还为员工提供一流的办公环境，即为员工提供达标的照度。那时候走进惠普的办公室，大家就会有灯火通明的感觉，非常明亮，日光灯的数量比其他公司的办公室多好几倍；晚上亮灯的时候，在外面一看就与其他公司的办公室不同。为什么要这样？因为灯光太暗对员工的健康、对员工的眼睛都不好，必须达到国际上规定的照度，所以任何一个新办公室启用前，会有人专门测照度，看各个角落的照度是否达标。

此外，惠普的办公室的温度和湿度也按照一流的标准来设计。我第二次加入惠普后，所在的分部不在中国惠普大厦里，而是在另外一个地方租的写字楼里办公。当时，大厦的物业管理部门每天都要两次派人来测温度和湿度，办法是这样的：测量人员拿着一张办公室的平面图，选取 20 个点进行测试，然后把每个点的温度跟湿度记录下来，以保证在办公室内的每一个角落都符合惠普的健康标准。如果什么时候你说屋里温度过高或过低，湿度过高或过低，物业部门会拿出具体的检测报告，证明当时的温度和湿度是达到健康标准的，这就是我们所理解的细节。

另外，在我们那个分部里，还有一个定期检查制度，即每周检查一次 EHS。经理人轮流当组长，戴上红箍，每星期检查一次。检查内容包括每个人的工作环境是不是有安全隐患，比如所有的电线必须贴着墙边走；超过人高的柜子，不能单独立着，后面必须弄一个角铁把它固定到墙上；座位底下不能放箱子等杂物，更不能有电线，以免影响员工伸腿，造成疲劳，或者引发触电等。在检查中，如果发现问题，就责令有问题的员工立即改正，并记录下来，下次检查时重点检查这些员工，看是否改正了。公司每周都会评选出几个 EHS 方面表现好的员工，在大会上表扬。这样坚持了几年之后，大家的环保意识、健康意识和安全意识都有了提高，对不环保、不健康、不安全的因素就很敏感了。很多人在自己家里也按照 EHS 标准去做，从内心里认同了 EHS 的价值。

那时候，任何人在办公室里都不许跑，只要有人跑，其他人就会提醒：不许跑，目的是养成安全的工作习惯——再着急的事情也不能以牺牲安全为代价。

防患于未然是安全保障的指导方针，但是仅有要求不行，必须有制度约束，而且制度必须真正得到执行。在国内，很多企业都是出了安全事故以后才进行检查，甚至停业整顿，但是很少企业能长年坚持做预防性的工作。因为很多人都存在着侥幸心理，认为不会出事。

在惠普，检查安全隐患有着详细的制度，而且这些制度都得到了严格的执行。那时候每年都举行消防演习，要求员工在两分钟之内离开大楼，在任何一个楼层，必须有两个以上的出口，出口处绝对不允许放置任何物品。另外，公司每个分部都有由员工组成的业余消防队。这些业余消防队员比普通员工要多接受一些消防知识和相关训练。他们的任务不是救火，而是疏散员工。一旦发生火灾，他们最后离开办公室。因为他们的任务就是要督促办公室内的所有人在最短的时间里离开现场。

受这种防患于未然思想的影响，员工的安全防范意识很强，像我家里就有灭火器——每个拐角都有灭火器，因为我们已经养成这个习惯了，万一出问题的时候，拿来就可以解决问题。

倘若公司希望员工做出“五星级标准的工作”，你必须给他们提供“五星级的工作环境”，让员工知道什么叫五星级的标准。

5 让员工“工作与生活两不误”

在卡莉主政之前的几十年里，惠普一直强调这样一个理念，那就是工作生活两不误，不希望员工因为工作而失去个人生活、家庭生活和个人爱好。

从公司这一方面来说，既不给员工最高的工资，也不给员工施加太大的压力，希望员工在工作的同时兼顾生活。这样做的结果，就是员工能兼顾工作与生活，能够营造和谐的环境。

可以说，惠普的老员工都非常喜欢这种理念。在这种理念的指导下，惠普的工作环境很和谐，因为员工的工作压力不是那么大，大家相互之间比较友好，团队合作、互相帮助就能够成气候，员工之间争吵的机会就很小。

惠普的这种理念是与国内外的很多企业不同的，比如在很多外企里，员工薪水相当丰厚，但工作压力也是相当大的，这样才符合市场经济的利益平等交换原则。

惠普认为，自己提倡的这种理念，会使工作效率更高，比如一个员工今天下午孩子有事，早走一会儿，是允许的；比如某个员工要在上班期间出去一会儿去验车（那时候国内很多机构周末都不上班），如果不让他去，那他坐在办公室会因为惦记这事而没有任何效率，所以惠普不记考勤，没有上下班打卡制度；惠普的员工都有带薪休假，而且基本上想什么时候休假都可以，只要提前跟自己的上司打招呼、不耽误事就可以。

惠普之所以这样做，就是为了尽量兼顾每个人的工作和生活，让员工能够主动地去安排他们的生活。公司并不赞赏那种工作狂，更不希望把每个人都变成工作狂，所以我们很少加班。

惠普希望自己的员工是一群热爱生活的人，而惠普则为大家提供一个非常好的工作环境，大家友好相处。尽管员工的工作强度不大，但是工作难度很大，质量标准很高，希望员工做事情能精益求精，把工作做得很完美。因为惠普是一家靠创新制胜的高科技公司，而创新需要宽松的环境。

惠普认为，员工之间友好相处是公司的福分，因此公司积极配合，鼓励员工开展各种业余活动，鼓励大家友好相处。公司的工会组织很活跃，工会主席一职每年都要竞选。当然工会领导都是业余的，而不是专职的，是在完成了本职工作之后为大家服务的，既没有什么级别上的差别，更没有待遇上的差别，就是一些热心人愿意为大家服务而已。工会的主要工作就是丰富大家的业余生活，当然惠普不向员工发这发那，所有的费用都用在工会组织的各种活动上。比如组织各种俱乐部，如有人喜欢打羽毛球，就组织一个羽毛球俱乐部；如有人喜欢钓鱼，就组织一个钓鱼俱乐部等，目的就是让大家按照自己的兴趣和爱好去娱乐、去休息。在娱乐和休闲中，建立融洽、和谐的员工关系，相互之间沟通起来就很容易了。

为了避免工会花了钱没有人在乎，造成浪费，俱乐部的一部分费用要员工自己出，比如公司出 80%，员工出 20%。另外，公司每年都举办一些大型活动，比如运动会、音乐会、春节联欢会等，目的也是为了增进员工相互间的了解和沟通。

在 20 世纪 90 年代中期程天纵担任中国惠普总裁期间，他曾经提出过这样一个想法：希望公司能营造这样一个环境，让员工早上起来就想往办公室跑，下班后不愿意回家——当然不是靠压力，而是靠吸引力。他希望让员工感觉到公司是一个令人愉快的地方，与同事们在一起是非常快乐的，因此就会不知不觉地喜欢上班，喜欢跟大家在一起，喜欢留在公司。这种理念以及相应的措施，确实起到了相应的效果，以致很多员工下班后宁意跟同事们在一起，也不愿意回家。

通过这种比较轻松的方式，把大家凝聚在一起，在工作中的合作就相当和谐，公司里的氛围非常好。这比整天口头上提倡团队精神来得自然，是一种水到渠成的过程。

对于白领员工为主的企业来说，要提倡创新就要营造一个宽松、和谐的环境，让大家友好相处，在愉快的工作环境中去创造价值。

6 没有满意的员工，就没有满意的客户

惠普一直奉行这种观点：没有满意的员工，就没有满意的客户。所以各级管理人员的工作重点是令员工满意。如果员工对公司不满意，不可能指望员工发自内心地替客户去着想，而为客户着想恰恰就是为公司的长远利益着想，只有那些真正关心客户利益的企业才能长久地生存下去。所以这几件事情有着严格的逻辑关系，尤其是那些以白领员工为主的企业，让员工满意是至关重要的。

在我看来，很多公司出问题，都是出在员工不满意上，因为员工不满意就会造成客户不满意。在惠普，只要一个人成为管理者，他的上司就会告诉他：作为管理者，从今以后员工比客户更重要。为什么呢？因为管理者的客户其实就是部下，这些人是管理者最主要、最直接面对的“内部客户”。让部下满意，就是为公司的利益着想。当然，在国内很多企业里并不认同这种观念，他们认为应该是客户至上（当然更多的是停留在口号上，而没有几个真的去实践），似乎客户比员工更重要。但是要看对谁而言，不能一概而论。

为了了解员工的心声，不断提高员工的满意度，惠普每年都要进行一次员工满意度调查。调查采用问卷方式，用不记名的办法进行。在问卷的设计上，答卷人基本上不用写字，只在相应的答案上涂黑即可；另外仅要求答卷人选择性别和所属的大部门，而不要求写小部门。所以，任何人即使看到某个卷子也不知道是谁答的。这样的话，员工可以把自己真实的情况反映出来，而不用担心答卷被上司看到后给自己穿小鞋。

员工在收到问卷时，同时会收到一个特制的信封。这个信封是专门设计的，封上以后，就无法再打开，一旦打开，就会损坏。员工在答完问卷后，将问卷放在信封里封好交上去，除了专门负责处理的人员以外，任何其他人都不能、也不敢拆开。在公司的人力资源部设置了一个专门的大箱子，员工把信封投递到这个箱子里。人力资源部把这些信封装成大包，直接寄到公司总部负责统计的人员那里。

在惠普，任何统计都不是在本地进行的，因为这些调查内容与本地人员可能有利益冲突，因而就难免会有人为了自己的利益而作弊。在公司总部，有专门负责做这件事的统计人员，按照程序进行统计，并把统计的结果反馈给各个国家和地区。

统计分析报告出来后，都是一些结论性的东西，而且是针对一个分部、一个分公司或一个事业部，并不针对个人。通过这份统计分析报告，很容易看出各机构的管理水平，包括高层、中层和基层管理人员在员工心目中的形象，以及所在机构的战略是否清晰、沟通是否顺畅、管理人员对待员工是否公平、薪资是否有竞争力等。

以前惠普的员工满意度分析都是自己做，最近这些年开始委托外面的专业机构协助去做，这样可以更专业，更客观。

员工满意度调查涉及公司战略、企业文化、决策机制、人际关系、福利待遇等多方面的内容，是一个综合考评，既可以纵向比较（与过去几年自己的得分比），也可以横向比较（以竞争对手作为参照物），所以有些数据是绝对值，有些数据是相对值。如表 5-1 所示。

表 5-1 员工满意度调查表（摘选）

每个问题分 5 档打分
□非常同意 □同意 □一般 □不同意 □非常不同意
关于我的工作
我清楚地知道未来一年的工作目标
我在工作中能充分发挥个人的技能
我得到了充分的培训以帮助我胜任目前的工作
我的薪资是与绩效联系在一起的
关于公司
我能感受到对我个人的尊重和关怀
员工能及时得到与自身相关的公司信息，包括坏消息
公司高层能模范遵循业务经营准则（职业道德规范）
我很自豪在这样一家公司工作
关于所在大部门（事业部）
我对管理团队有信心
我理解本事业部的发展战略
我相信本部门有能力实现目标
我认为我们的产品很有创新
关于我的顶头上司
当我遇到问题时，上司可以给我提供帮助和支持
上司能支持员工兼顾工作与生活
上司给我提供了充分的培训和指导
我经常收到有关我的工作绩效的反馈意见
关于我的职业发展
我和上司对我个人的职业发展达成了共识
我认为在公司能实现我个人的职业目标

续表

我具备了完成本职工作的知识和技能
如果其他公司给我提供报酬和福利相近的职位，我会选择留下来
总的说来，我对工作的满意程度是
□很满意 □满意 □一般 □不满意 □很不满意
我在公司的工作年限是
□ <1 年 □ 1 ～ 2 年 □ 3 ～ 5 年 □ 6 ～ 10 年 □ 10 年以上

对于各级管理者来说，员工满意度调查是衡量管理者水平的一项重要指标，也是监督管理者的一个手段。

从中可以看出你对员工好不好，员工在这儿工作是不是开心，你是否能够公正公平地对待员工，能不能给员工提供知情权，是否与员工之间保持良好的沟通，是否能够主动听取员工的意见，并按照员工的意见改进等。这些内容在员工满意度的调查上都能够充分地体现出来。

每个管理者都知道年年有这么一次调查，而且调查结果会影响到自己的业绩，从而对他们形成一定的约束力。

通过这种方式，惠普可以对管理者形成一种制度上的约束，使他们在责权利几个方面保持平衡，同时也能够掌握员工对公司政策不满意的地方，以便及时做出调整，目的是给大家创造一个良好的工作环境，让员工愉快地工作，而不是停留在打工挣钱的层次上。

如果员工对公司不满意，就不能指望员工发自内心地替客户去着想，而为客户着想恰恰就是为公司的长远利益着想。

7 用动力式管理取代压力式管理

与国内很多企业普遍采用的压力式管理不同，惠普一直推崇用引导的方式去激发员工做好工作的热情，我们称之为“动力式管理”。

8 年前，即 1998 年，我利用业余时间为国内一家企业做咨询项目的时候，看到该公司的办公楼上贴着这样的标语：“今天工作不努力，明天努力找工作”。当时很震惊，因为那是典型的压力式管理的思维，与惠普推行的理念完全不同。当然不同企业所处的环境不同，员工类型不同，管理方式并没有好坏之分。

对于惠普这种以白领员工为主的企业来说，动力式管理比较好使，而对于那些以蓝领员工为主的企业来说，目前阶段采用压力式管理还是必要的，不过有朝一日一定会发生变化。我相信，随着员工在工作机会方面的选择增多，随着员工的工作技能的提高，随着员工讨价还价能力的提高，再用压力式管理就行不通了。

如果企业不善待员工，员工也不会善待企业。

我们来看一下惠普是如何采用动力式管理的。

10多年以前，在程天纵担任中国惠普总裁时期，他曾经提出过这样一个概念："五子登科"，"五子"就是指：房子、车子、票子、妻子、孩子，即在他的任期内，希望中国惠普的每一个员工都能够实现"五子登科"：每个人都能拥有一套房子，每个人都能拥有一部车子，每个人都有足够的票子过上小康生活，每个人都能有妻子，有孩子，建立美好的家庭。在今天看来这些东西并没有什么，可是在20世纪90年代初期敢说这话的老总并不多。他激励大家：只要你们努力，我尽量给大家创造一个好的平台和机会。在担任中国惠普总裁期间，他确实花了很大的力气来改善本地员工的薪酬，大家的薪资水平得到了成倍的提高；公司的宿舍楼也进行了房改，大家总算拥有了属于自己的房子；到了90年代的中后期，中国惠普的很多员工都拥有了私家车，这在那个时期是非常难得的。当然员工的满意和热情换来了公司的高速成长，那几年也正是中国惠普最辉煌的腾飞期。公司管理层努力让员工满意，而员工努力让客户满意，从而实现了良性循环。

对于惠普的各级管理者来说，一个很重要的工作就是启发员工的上进心，让员工为了自己的事业而努力工作，为了大家共同的利益而努力工作。在整个90年代，中国惠普的各个事业部在年初都会制订下一年度的拔高目标（Stretch goal），即比上级认同的业务指标还要高，一旦达到拔高后的目标，整个事业部就会得到额外的奖励：比如可以集体到外地旅游开会。有了这么一个拔高目标之后，大家更是全力以赴地去工作，包括那些没有销售指标的配套服务人员、技术支持人员、商务人员等，因为大家的利益是一致的，自然而然地就形成了一种团队合作的精神；任何一个人如果工作不认真，别人就觉得他在损害大家的利益。通过这种方式，每一个员工都觉得是在为自己的利益而努力，因为他只要想出去玩，就得跟大家一起努力。结果是，那几年我们每年都能超额完成任务，我们所在的那个事业部因此得以去厦门、海南岛、上海、杭州等地去游玩（分成几批人坐飞机旅游），基本上是每年去一个地方，大家玩得很开心，回来以后大家又惦记下一年的旅游目的地。这样，无形中就有了一种内在的动力。

其实，**员工激励并不仅限于金钱，善于表达对员工的尊重，对员工的赏识也是一种激励。**

在惠普，如果某个部门圆满地完成了任务，经理人认为员工有功，都会自己掏腰包请客，以向大家表示感激，因为业绩是大家努力的结果，功劳是大家的。当然不能拿公司的钱做人情，那样员工并不认同，所以如果真要感谢部下的话，就自己掏钱请客。

在 20 世纪 90 年代初期，我当时的上司——事业部总经理陈升河每年都会在春节前邀请我们这些部门经理（他的直接下属）去他家，吃一顿家常饭，表示对大家的感谢。有一年他送给我们每人一瓶威士忌，还有一些其他礼物，下一年送每人一瓶 XO。这都是他自己掏腰包买的。因为在惠普，除了公司规定的奖励以外，管理者是不能拿公司的钱做人情的。任何人要真心实意地感谢部下，就要掏自己的腰包请员工，以真诚地表达感谢。

惠普的这种做法跟国内大多数企业的传统理念和做法不一样。我知道**在国内很多企业里，每当过年过节，都是员工给上级领导送礼，感谢领导对自己的“关心”和“照顾”。而在惠普，到过年的时候，通常是管理者破费的时候，因为要感谢员工一年来对自己的帮助，为公司做出的贡献。所以管理者要请部下到自己家里或到外面吃饭，以表达谢意，而且要给每一个带着孩子来的员工发红包。这种关系看起来很简单，但是却与大多数国内企业的做法截然相反。这背后反映了一种理念上的不同。**

惠普对员工的尊重和感谢还体现在另外一个细节上，那就是在给员工发工资的时候，管理者通常都要感谢员工。记得10年前，每个月发工资的时候，都有一张工资条（当然工资条是密封的），管理者走到员工那里把工资条一对一地交到员工手上，说一声“谢谢你给公司做出的贡献”，然后握个手离开。

在惠普，发工资时，我们不会叫员工过来拿，而是由部门经理亲自走到员工那儿去送，以表示一种诚意、一种感谢，因为**员工的工资和奖金不是公司的施舍，而是员工应得的报酬。**

记得我加入中国惠普不久，有一次我拿了一份额外的奖金，非常高兴，就对我的上司说：“谢谢你！”他马上非常严肃地对我说：“这是你应得的，你不应该说谢谢我。”弄得我当时很尴尬，本来上司给我发奖金，自然非常高兴，按照我们的传统，理应谢谢上司。所以当时弄得我不知道说什么好，因为这是他最直觉、最本能的反应，折射出惠普的管理者对待员工的态度：奖金是员工努力的结果，是员工应得的。

在这样的文化熏陶下，一直到现在我对部下、对员工都会持有一种感激的心理，因为他们在帮我做事。如果管理者心里没有这种意识，无形之中就会表现出来，而当管理者心里有这种意识时，员工一定会感觉出来。

当然，**对员工价值的认同要持续地表达，尤其是员工对公司的贡献和忠诚，对每一个管理者来说都很重要。**

多年来，在惠普每月一次的员工大会上，除了报告公司以及各个部门的业绩外，还有一项非常重要的工作：那就是宣布一些名单，如到这个月在公司服务满一年的有谁，满两年的有谁，这么一直排下去，满10年的有谁，满20年的有谁，满30年的有谁等，当念到10年以上的老员工的时候，被念到名字的员工会站起来，所有人为他鼓掌，向他们表示祝贺。

另外，在惠普每年一度的年终大会上，还有一个特别的奖项：惠普员工工龄满5年的人会发一个带有惠普标识的礼品，礼品有很多种，员工可以看样本自己选；工龄满10年的时候又有一个更高价值的礼品，依此类推；等到为惠普工作满30年的时候，可以得到一个带有惠普标识的钻石戒指，价值非常高，以此来感谢老员工对公司长期的服务和贡献，非常有纪念意义。我在惠普得到过两个礼品，一个是5年的时候，一个是10年的时候。但是这项传统在卡莉上台后基本上停止了。

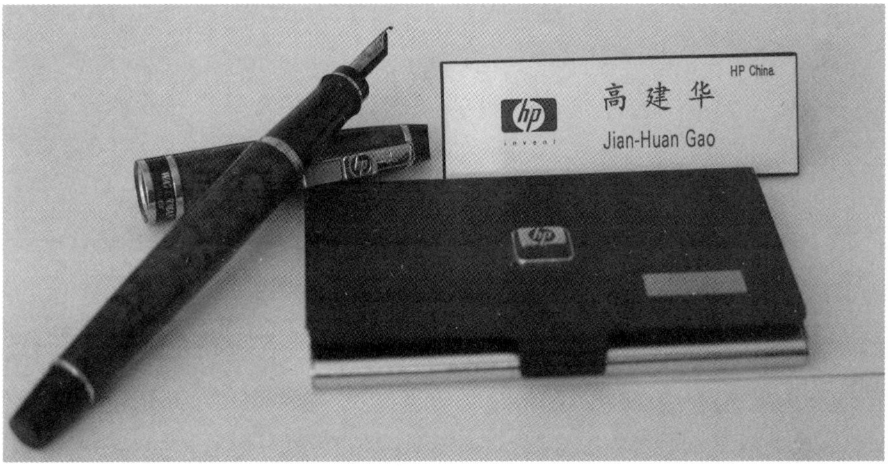

惠普的礼品

在惠普还有一个传统，那就是在惠普工作满10年的员工会得到公司赠送的股票，只要你服务满10年就给10股，尽管数量非常少，但毕竟是一种奖励，带有一定的纪念意义，直到今天我一直保留着这些股票。

这也是我有生以来第一次见到股票长什么样，大家可以参见照片。

自从我们成为公司的小股东（跨国公司从不称股东为股民）之后，公司还真拿我们当回事，每年都会给我们寄来公司的年度报告，凡是有股东大会之类的事情都会通知我们，凡是需要投票的时候，都会给我们寄信，尽管我们是再小不过的小股东，但是还能感受到股东的权益。

惠普股票

> 用引导的方式去激发员工做好工作的热情比用压力和威胁要高明得多，让员工为了自己的利益而努力工作才是上策。

8 危难之中显真情

2003 年春天，北京经历了非典的考验。在那个特殊时期，惠普的很多做法都是从保护员工的身体健康入手，充分体现出了人性化管理的理念。

早在 4 月初，根据公司所掌握的信息和资料，在北京中国惠普立即启动了应急处理机制，采取各种防范措施。

第一，发口罩，每个员工一盒，要求员工上下班途中一律戴口罩，后来疫情严重后，员工进入办公室后也必须戴口罩。据我们了解，惠普可能是全北京第一个发口罩的企业，因为在 4 月初就已经那样做了。

第二，发维生素等保健品，希望提高员工的免疫力，并要求物业公司改善办公室的通风条件，严格检查通风系统的状况，避免病毒通过空调系统传播。

第三，要求所有没有私家车的员工，不许乘坐公共交通工具，改坐出租车，每人每天最多补贴 80 块钱的出租车费，而低于这个数字时则采用实报实销，这项措施一直到非典危机过去为止。

第四，凡是家里没有电脑的员工，公司统一安排组织了一大批 PC 并运送到员工家里去，请 IT 部门协助安装好，希望员工尽量利用网络办公。

第五，如果员工家里还没有安装 ADSL，公司统一协调电信公司，为这些员工家里安装宽带网络，鼓励大家尽量在家办公，减少去公司上班的机会，除非有重要会议，否则希望员工尽量不去办公室，大家轮流值班，但是必须通过网络、电话与公司、同事保持良好的沟通。

第六，公司准备好了备用办公室，万一中国惠普大厦发现了疫情，新办公楼马上可以投入使用，而且在新办公楼里建立起来了 IT 系统、电话总机等，经过试运行，可以实现无缝切换。

第七，建立了一个手机群发的渠道。因为所有的员工基本上都配有手机，建立了这个系统，有什么情况公司可以通过短信以最快的速度通报所有的员工。这样的话可以避免出现混乱，让员工有知情权。

第八，公司准备好了 9 份新闻稿，分别针对媒体、客户和员工，并根据三种不同的情况区别对待：第一种情况是惠普大厦内其他公司有人感染非典，第二种情况是本公司员工家属有人感染，第三种情况是本公司员工有人感染。这样可以把公司的信息及时传递到相关人员，以免错过时机，带来负面影响。当然，这 9 份新闻稿最后一份也没有用上（这也是我们大家都希望的结果），但这是有备无患的具体体现，也是跨国公司应急处理机制中非常重要的一个原则。什么事情都要事先预见到，不能等出了问题再想办法。

第九，公司指定了专门的新闻发言人，负责将公司的新闻稿与外界沟通，其他人一律不得随便接受媒体的采访或者发表自己的意见。公司要求所有员工，一旦发现疫情，必须在第一时间通知公司的高管层，绝对不能等到媒体上报道了，才被动地知道。这一方面是为了信息透明，另一方面也是为了保护其他员工的利益。

第十，采取分散办公策略以降低风险。当时，所有的技术服务人员分成三个地方办公，一部分人在惠普大厦，一部分人在备用办公室，另外一部分人在家。这样三部分人循环，轮流在不同的地方办公，目的是一旦某一个地方出现问题，另外两个地方的员工还可以继续为客户提供服务，以兑现我们给客户的服务承诺，而三个地方同时出问题的概率几乎为零。

从非典期间危机处理的态度和方法，不难看出惠普对员工、对客户的态度。在那个时候，公司管理层主要关注两个问题：一个是员工的健康，一个是客户的利益，而公司为此付出多大的代价反倒成了小事。所以关键时刻更容易看出一个企业对员工、对客户的态度。

> **关键时候更能看出企业关心什么，在乎什么，所谓危难之中显真情就是这个道理，是否把员工利益和客户利益放在首位，对管理者来说是个考验。**

PART. 06

第六部分

合理的薪酬与专业的培训

1
第二次进入惠普

在我刚刚加入苹果电脑的时候，苹果曾经有过短暂的辉煌，因为那时候苹果电脑的多媒体技术在业界是遥遥领先的，所以苹果电脑的员工无论级别高低，无论是国内出差还是国外出差，一律乘坐公务舱旅行，住最好的五星级酒店，这在当时业界是独一无二的。

只不过好景不长，市场的变化打破了苹果电脑在中国市场的如意算盘。

1995 年，微软推出了 Windows 95，从根本上改变了电脑操作系统市场上的竞争格局。而在此之前，在多媒体领域苹果电脑一直是遥遥领先，一枝独秀，几乎没有竞争对手。

尽管 Windows 95 远远不如苹果电脑的 MAC 操作系统更好用、更简单，但是毕竟大多数人用的都是 PC，所以苹果电脑的技术优势被微软的市场优势打败了，之后没多久苹果电脑就出现了连续几个季度的亏损。

而当初吸引我的中国发展计划自然就缩水了，很多项目不得不取消。

恰在这时，惠普公司要在中国建立一个集科研、生产、市场营销为一体的全职能的分部（Division）。该分部总经理 Ken Lodge 盛情邀请我回来，于是我就赶在苹果电脑刚刚走出亏损的那一个季度离开了苹果电脑，于 1996 年 9 月再次回到了惠普公司，在那个分部里担任市场总监。

那时候，大多数在华的跨国公司都是以销售、服务或生产为核心的，很少跨国公司能像惠普那样，在中国成立一个面向世界市场的集产品、市场、研发与生产为一体的综合机构。

这给我们这些本地员工一个开发世界市场、掌握市场营销核心技能的工作机会，所以我在那里一干就是 4 年多，从而掌握了很多后端市场营销的专业知识，知道了一个新产品是怎么被定义出来的，产品创新的流程和思路是怎样的，市场部与研发部门如何有效地配合等。

这些经验和知识对我来说至关重要，因为这些知识和经验是国内企业目前最稀缺、最急需的，也是国内企业与跨国公司差距最大的一个领域。

我们那个分部的总经理 Ken Lodge 是一位来自美国的、在惠普任职多年的资深经理人，曾经担任过惠普亚太地区的市场中心总经理，在中国香港、日本生活了很多年，对亚太地区比较熟悉。

当他被派到中国来建立这个分部的时候，已经有了研发总监和生产总监的人选，就差一位市场总监了，于是他征求了惠普亚太地区很多管理人员的意见，问谁最适合这个工作岗位。

他所询问的所有的人几乎都推荐了我，于是他找到了我。

我们在北京中国大饭店的餐厅里谈了两个多小时，他对我说：找你来不是面试，而是希望说服你加盟。

听他介绍了这个分部的发展前景之后，我对这个工作很感兴趣。

一来自己有机会开拓国际市场，掌管全球业务，把在中国定义、研发、生产出来的产品卖到全世界去，这是大多数外企员工很难得到的工作机会。

二来可以学习后端市场营销（Factory marketing）的知识，弥补过去10年来仅在前端市场营销部门（Field marketing）工作的不足。

因为市场营销最核心的技术和技能是在后端，即产品创新的流程、方法、工具、竞争分析与产品定位，产品定价分析以及市场部与研发部的配合，新产品上市流程、销售队伍的培训等。

但是，我回到惠普唯一的不足是薪水要比在苹果电脑工作时减少了一半。为了长远的发展，我当时毅然决定加盟该分部。

尽管那时候我的上司不能答应马上给我职能经理（Function manager）的级别，只能给我一个比职能经理低一级的级别（**这是惠普通常的做法，不以高职位和高薪吸引人，希望员工看中的是事业机会**），但是他相信我有实力，有能力靠自己的努力去争取到，这样大家口服心服。尽管这样做我的短期利益肯定受损失，但是我还是接受了惠普的加盟邀请。

当然一年后我就晋升到了职能经理的级别，正式进入跨国公司的高管层。公司为我配备了带司机的专车，发给我职能经理专用的公司信用卡，还可以在乘飞机长途旅行时享受公务舱的待遇。

这可是在惠普这样一个讲究平等的企业里职能经理仅有的几项优待，其他方面基本上都与普通员工一样。

回到惠普两年以后，我的薪水又恢复到了当初在苹果电脑工作时的水平，尽管从收入的角度看，这两年是有所损失，但是我这两年的投资换来的是真正理解了以市场为导向的产品是怎么做出来的，成为掌握了市场营销核心技能的为数不多的中国人之一。现在看来这是价值无穷的一项投资。

有舍才有得，为了自己的长远发展，有时候需要后退一步，就像投资一样，要考虑长期回报，而不能总看眼前利益。

2 薪酬设计的基本原则

任何事物都有存在的理由和必然性，薪酬制度也是如此，其根本目的就是用恰当的薪酬留住优秀的员工，让员工有优越感和自豪感，当然要在盈利的前提下实现这一目标。

人才流动是正常的现象，要想留住优秀的员工，一方面要关心员工的成长，给他们创造一个心情舒畅的工作环境，另一方面也必须提供有竞争力的待遇。

因为在市场经济的体系里，人力资源是非常重要的一类资源，是必须用钱去“买”的，只有当出价合理时买方才会接受，双方才会成交。这里涉及市场经济最重要的基本原则，那就是利益的平等交换。换句话说，市场经济是一种利益驱动的经济，任何人都必须正视这个问题，用利益驱动去解决问题，而不是回避这个问题。绕开这个问题，或者否认利益驱动是不对的。市场经济里出现的很多问题，其实都与利益的平等交换有关，一旦某个人认为目前的交换是不平等的，就可能出问题。所以企业必须让员工感到目前提供给员工的薪酬是利益的平等交换，如果你换一个地方，未必能得到相同的回报。

当然薪酬是一个综合的概念，并不仅仅是工资和奖金，还包括很多方面，比如医疗保险、公积金、退休金、休假制度、股票期权、培训制度等。具体说来，薪酬设计有哪些考虑呢？惠普认为可以从三个方面入手。

（1）提供行业领先的薪酬，但不是最高。

惠普一直认为，要想严格地要求员工，就必须提供有吸引力的薪酬，这是相辅相成的，必须同时存在。公司对员工的要求越高，付给员工的报酬也就越高，这样才体现利益的平等交换。否则员工会想：你就给我这么点钱，却要我干那么多活，要求那么高，凭什么？一定有一种不公平的感觉。只有当企业提供的薪酬在市场上有竞争力，让员工舍不得离开的时候，或者离开后不容易找到同等薪水的工作，或者即使能找到同等薪酬的工作，其他方面都是未知数的时候，才有可能引导他们，严格要求他们，因为他们会珍惜目前的工作。员工为了不断提高自己的薪酬，就要努力往上晋升（当然公司要提供这样的空间），而晋升靠的就是业绩（为公司做出的贡献），这样就形成了良性互动。如果一家企业给员工的工资没有竞争力，员工自然不安心，一旦有了本事，就会在利益驱动下想跳槽，而一旦优秀员工或熟练工跳槽，给企业带来的损失，可能是两倍（甚至三倍）的工资都无法换来的，因为企业的沉淀成本非常高。只是大多数企业不知道如何计算这个损失而已，结果形成了恶性循环。

惠普薪酬管理的一个重要原则是：Among the leaders，翻译成中文就是成为行业领先者当中的一员，但是不追求在行业中绝对领先（最高）。

有了这样一个指导原则，还要有具体的措施去保障其实施。

惠普的薪酬设计，首先要确定与谁相比，如果与国内企业相比，那肯定是遥遥领先，但惠普在人才市场上的竞争者不是国内企业，而是其他有相当规模的外企。所以惠普每年都会根据环境的变化，调整参照物的清单（因为不断有新的外企进入中国）。在这份名单里，通常包括摩托罗拉、西门子、IBM、北方电信等与惠普类似的高科技企业，大约 20 个左右。这些企业是最有可能与惠普争夺人才的企业（即人力资源方面的竞争对手）。

其次是进行竞争对手分析，对竞争对手历年来在各个级别上的薪酬范围进行调查，得出最高值、最低值、平均值等数据，以及未来一年这些公司计划调整的范围（提升的百分比）。有了这些数据，就可以对症下药，设计惠普下一年的薪酬标准，提供与这些企业差不多的薪酬。在惠普看来，薪酬最高未必是好事，因为这样做吸引进来的有可能是单纯为钱而来的人，而惠普希望提供一个好的环境和成长机会，人们来这儿是因为更看重事业上的发展机会和学习机会，薪酬方面只要不减分即可。

最后是与管理者沟通。每年调薪前，人力资源部门都要将市场调查的结果与公司管理层的所有经理进行详细的沟通，把市场调查的数据和结果给大家看，只有大家认同这些调查数据，才会接受设计方案。这与跨国公司做产品时坚持的原则一样，做任何事情，必须做市场调查，必须有量化的数据，而这些数据必须经得起推敲，绝对不能拍脑袋做决策。当然，这些数据不是笼统的数据，而是非常具体的数据，按照不同的级别、不同的岗位分别进行对比：工程师跟工程师比，销售人员跟销售人员比，一线经理与一线经理比，高层经理跟高层经理比。绝对不能用平均工资。在国内，时常讲平均工资、平均房价、平均涨幅，这些数字是宏观经济数字，企业不能根据这些数字去做决策，必须把这些数字细化，否则这些数字毫无意义。这样每个级别都会有一个中间线、有一个上限、有一个下限，我们就在这个区间里做出选择，而不会超出这个区间。

薪酬调整是企业之间互动的游戏，就像卖产品一样，一旦某个企业降价，其他企业肯定会跟着降价，因此一旦企业之间在人力资源方面形成恶性竞争，结果可想而知。一个企业如果用高薪吸引人，其他企业别无选择，一定会跟进，会用更高的薪水把人挖走，企业只好再用更高的薪水把人挖回来，最后两败俱伤。所以直到今天，各外企之间始终保持着比较好的默契，没有发生“薪酬战”。当然做到这一点并不难，只要大家坦诚相见，都知道不按照游戏规则出牌的结果，自然会遵守游戏规则，所以这些企业的人力资源部门之间经常交流信息、交换看法、避免误判，带来不必要的麻烦，导致两败俱伤。这与国与国之间的关系类似，需要有制度化的交流，有深度的沟通。

（2）薪酬设计的不可替换性原则。

薪酬设计是为了留住优秀人才和关键岗位的员工，所以一个岗位的可替换性就成为非常重要的一个考虑因素。如果一个岗位的可替换性很强，就意味着某个人离职给公司造成的伤害会相对较低，因为互换性较强的话，公司可以很快找到替代人员。

那么怎样衡量一个岗位的可替换性呢？主要是看人才市场的供求关系，如果能达到某个岗位要求的人员很多，竞争很激烈，公司就很容易找到合适的人选，而且费用非常低，这样一种岗位的薪酬自然就比较低。如果能达到某个岗位要求的人非常少，甚至一将难求，公司找到合适人选的难度就加大，费用自然就高，所以一旦由于人才流失造成这种岗位空缺，公司付出的代价很大，机会成本很高，所以这些岗位的薪酬就要高，以尽量避免这类人才流失。

当然这里存在着博弈关系，企业把员工培养出来了，员工的价值就会提高，来自外面的吸引力就会加大（很多企业可能会来挖人），企业就必须不断提高薪酬水平以留住优秀员工。反过来看，如果企业不培养员工，表面上看可以省钱，还可以阻止员工跳槽，但是这样的结果是员工不出活，或者工作质量达不到公司的要求，问题更严重。

作为职业经理人，我们每个人都希望提高自身的价值，提高自己在公司里面的不可替换性，成为不可或缺的人才，或者是难以替代的人才，这样才有机会与公司讨价还价，加大自己谈判的筹码，不断提高自己的薪酬水平。而要做到这一点，就要靠业绩，靠贡献说话，只有为企业创造了价值，而且掌握了为企业创造价值的技能，企业才会想方设法留住这样的员工。另一方面，公司希望在每个岗位上，都有后备人选，每一个人都能够被替换，避免出现人才空档，因此公司就要不断地培养后备人才，为各个岗位培养“接班人”。这样各级员工都有动力努力工作，希望有朝一日能有机会晋升上去，而各级管理者的工作之一就是培养后备人才，如果没有人接自己的班，自己就晋升不了，从而形成良性互动。

所以我们说，**公司与员工既是一种博弈关系，也是一种制约关系，因为两个方向相反的力相互作用，就形成了一种制约，达成了动态平衡。**

在考虑可替换性的时候，公司会计算各种机会成本，比如招一个人花多少成本（管理人员的时间成本、招聘费用、岗位空缺的经济成本等），培训这个人要花多少成本（各种培训课程，交多少学费，犯多少错误等成本），公司要花多少钱才能使这个人达到离职员工今天的水平等。如果员工掌握很多专业技能，就很难被替换，在这种情况下，公司宁可多给这些员工钱，也不希望因为员工离职而从头再来。比如公司用了 3 年的时间培养一个人，在给他计算薪酬时就要考虑，再找一个新人薪酬可能会低很多，但是如果把培养一个人所花的成本考虑进去，那么对公司来说，这个人还是不走为好。所以企业对员工的培养时间越长，该员工对于公司来讲，其替换成本就越高。

我在为一些民营企业做咨询的时候经常发现这样一个问题，那就是很多老板都对员工离职不重视、不在乎、认为无所谓。他们认为中国那么大，有很多人才。但是就像在 14 亿人当中找一个合适的对象并不容易一样，找到符合企业要求的员工其实很难。企业家可能会为了得到资金、得到设备而四处奔波，但是很少愿意为了得到优秀的员工而下大力气，即使是一些市场上较稀缺的人才，很多老板通常也没有那种如饥似渴的感觉，普遍的态度是：愿意来就来，愿意走就走，谁走都可以，你走了我再招人。也许他们大多都没有认真地算过细账，也许他们没有理解市场经济里的利益驱动原则，也许他们不喜欢员工与自己博弈，总而言之，他们对员工的态度还没有上升到战略资源的高度。我们反复强调市场经济存在的基本原理就是利益的平等交换，既然是交换，就允许讨价还价，双方的地位是平等的。只有达到了平等交换的状态，双方的合作才是稳定的、长期的。

如果老板不舍得给员工好的待遇，员工自然对企业不会有忠诚度。你不善待他们，他们也不善待公司，从而形成恶性循环，到头来哪有好处就往哪跑，其结果是员工的流动性很大，企业人心不稳，很多事情没有连续性，公司因此承受的损失是巨大的。

（3）薪酬设计的决策风险原则。

薪酬设计需要考虑的另外一个因素是决策风险的大小，即某个岗位的员工一旦决策失误（*不管是有意的还是无意的*）会给公司造成多大的伤害？伤害越大、决策风险系数就越大，所以待遇就应当越高。比如，秘书没有签字权，即使判断失误，做错了决策，对公司的伤害可能也不会很大，顶多就是把上司交给的工作搞砸了，或者把某个人得罪了，只能影响到一个人，或几个人。但如果一个拥有一定签字权限的部门经理决策失误（*比如有20万元的签字权限*），对公司的伤害可能就会大很多，而高层经理一旦决策失误有可能给公司带来致命的威胁。

总而言之一句话，**要依据某个岗位决策风险的大小定薪酬。**

比如银行行长，或者掌握信贷权力的中层领导，可以支配上亿元的资金，一旦做出错误的决策，就可能导致贷款收不回来，损失就可能是上亿元。面对这样一个问题，除了加强监管与控制、形成威慑力之外，这一类岗位的薪酬必须有竞争力。只有当薪酬高到一定程度的时候，大家才会珍惜自己的工作，避免出差错，更不愿意去冒险故意犯错。别忘了，在利益驱动下，每个人都能计算出投资回报率。所以一旦决策的风险跟个人的回报不成正比的话，很多人就有动力去打擦边球，愿意用工作失误（甚至丢掉工作）来换取巨额利益，这是很正常的现象。

在现实管理中，很难判断有些决策失误是有意的、还是无意的，就拿银行行长来说吧，如果他有权力向某企业贷款一个亿，但是由于企业经营不善，银行血本无归，大家很难说这个行长就一定是有意识的，因为正常经营的情况下也有可能发生这种问题。这就是说，我们的制度不能保证决策者不与外部人勾结起来挖组织的“墙脚”。如果制度设计是把希望寄托在决策者的自觉上面，其结果往往是决策者和外部人坐地分赃，组织“死”得不明不白，所以只有靠制度来保证这种事不会出现，比如交叉检查、多人签字，比如集体审核，比如定期审计等。

当然我们在这里关心的是薪酬设计的艺术：一方面，组织要加强内外部监督，使以权谋私的风险变得无穷大，甚至以生命为代价；另一方面，组织要给予决策者与其权限相应的薪酬，使以权谋私的额外收益变得微不足道。这就是为什么跨国公司的总裁年薪都是几百万、上千万美金的原因，像通用电气公司前任CEO杰克·韦尔奇，2001年度拿到的全部薪酬达1620万美元，此外他还持有2200万股公司的普通股，价值约8亿美元，如果他做一个错误决策，给公司造成的伤害比他的薪酬要大得多。

当一个管理者处于越轨边缘的时候，决策者会掂量付出的代价和回报，算一算违规决策能带来多少好处，有什么样的风险，风险系数有多大。

> **企业要正视“利益驱动”，因为人力资源是必须用钱去“买”的，只有当出价合理时卖方才会接受，双方才会成交。**

3 薪酬设计与薪酬管理的技巧

惠普在设计薪酬时，考虑到短期、中期、长期相结合。工资是短期的，每个月发一次；奖金和分红可能是一年 1 次，也可能是一年 2 次，属于中期的；而退休金、股票期权等奖励则是长期的。**惠普是在这三者之间找平衡，既保证了员工激励，又降低了运营成本。**

惠普在国内的工资是按月发放，在国外有半月发一次的，也有每周发一次的。惠普的奖金称为“第 13 个月工资”和“第 14 个月工资”，一个是在每年的 1 月份发放，另一个是在每年的 7 月份发放，而分红通常是在 5 月份和 11 月份。这样一来，员工一年当中有好几次额外收入。

之所以把这些奖金分成几次发，是为了避免员工的流失，因为一旦集中发放，很多人可能拿完这笔钱就离开了公司；而分成几次发放，就减少了这方面的问题，因为发完这一次就离下一次不远了，员工就总有一些期待。

所以好年景的时候（利润好了才有分红），惠普员工一年有 4 次额外发钱的机会。

人的本性就是如此，一年的奖金一次领完后就离开公司，会觉得自己赚了，但当想到再多待两三个月就又能拿到钱的时候，会觉得自己现在走，可能就亏了。一个人往往在短暂的犹豫期过后就不想走了。

除了工资和奖金以外，对于优秀员工来讲，另外一大块儿收入就是股票期权。尽管股票期权仅针对部分优秀员工，但是几年下来，表现比较好的员工总会有机会得到一些股票期权。很早以前在公司股票市值一路看好的时候，股票期权确实很好，因为过几年的时间，股票上涨了几十美元或者上百美元，手中有期权的员工可以得到一大笔收入，感觉很爽，分享了公司胜利的成果。当然，股票期权的套现是有滞后效应的，有些规定在未来 4 年里每年可以套现 25%，4 年以后可以全部套现；有些是 3 年内不得套现，3 年后可以全部套现，最长可以等到 10 年时套现，还有很多其他组合，目的就是留住优秀员工，让优秀员工手上每年都有到期的股票期权。员工一旦离职，没有套现的股票期权就成了废纸。我三次离开中国惠普，很多股票期权都作废了。所以有人说，股票期权如同是“金锁”，带上以后，员工就不愿意离开了。有时候为了吸引关键岗位的人员加盟，公司在招聘时也普遍采用提供股票期权的方式，以提高在人才市场上的竞争力。

惠普在发放股票期权时，通常在各个级别上都有名额，既有中高层管理者，又有基层管理者和优秀员工，从整个公司范围内来看，每年得到股票期权的人数大约在 10%。公司分配股票期权的唯一标准就是贡献与价值，员工表现好、对公司的价值大，得到股票期权的可能性就大。自从中国惠普开始发放，我每年都能得到一定数量的股票期权。

在股票期权的发放上，每个事业部和分部都会分到一些指标，事业部或分部总经理通常与中高层管理团队一起协商来决定最后给谁。有些股票期权还可以分配给有特殊贡献的员工，比如我们搞知识管理时，很多积极参与我们活动、乐于与他人分享知识的“知识大师”，都得到了数量不等的股票期权，以表彰他们为公司做出的贡献。作为事业部或分部总经理，他们有权决定把这些期权按照什么样的比例分配，既可以分给少数人、每个人分得多一些，又可以分给更多人、每个人分得少一些，不过分配的结果要报上级机构存档，以形成监督和约束。管理人员必须有充足的理由解释这样分配的原因，以免滥用职权。

薪酬设计要考虑到短期、中期、长期相结合，用短期的高薪诱惑吸引来的人大多是唯利是图、急功近利的人。

4 如何保证员工薪酬不透明

像大多数跨国公司一样，惠普也实行薪酬不透明的管理方式，因为薪酬透明有百害而无一利，是一个没有商量余地的、非常简单的问题。试想一下，如果薪酬透明，谁会高兴？薪酬高的员工觉得自己比其他人就多那么一点，显然不公平！而薪酬低的员工会想：凭什么我比别人低，我不比别人差啊！到头来公司内部没有一个人满意。要知道，没有人认为自己的工资足够高，所有的人都希望得到更高的工资。

在国内企业里，尽管制度要求薪酬不透明，但是实际上很多企业的薪酬都是透明的，所以国内企业的很多管理者都认为薪酬不透明很难做到。我在为一家企业做咨询的时候，同样遇到了这个问题。理论上讲，公司的薪酬是不透明的，可实际上每个人都知道别人的收入，大家私下照样相互打探，最终谁发了多少工资成了公开的秘密，公司的规定成了摆设。这使得发工资成了一个令人头痛的问题，因为一到发工资的时候，就会有人不高兴，甚至到上司那里去闹：凭什么他/她的工资比我高？

难道这个问题真的无法解决吗？肯定不是。我相信跨国公司在中国能够做到的，国内企业也能做到。

我们来看看惠普怎样做到薪酬不透明。惠普的原则是：谁说出去自己的工资是多少，谁就要承担责任，而这种责任是一种被开除的严厉惩罚。一个员工如果问另一个员工收入多少，如果后者如实地回答，透露了自己的薪酬，那么说出自己薪酬数额的员工就得走人。**按照惠普的原则，不追究问的人，而追究说的人。**只要有某个员工说“某某比我工资高，希望上级给自己涨工资”，那么上级领导就会追究到底：你怎么知道别人比你高的？如果是猜测，自然没有道理去听；如果有证据，那么就拿出证据来，有了证据就可以给他涨工资。一旦员工拿出了证据，说明是谁告诉他的，那么核实以后，泄密者会立即被开除。这样的规定，公司只要严格地执行一次并向员工进行通报，所有的人都会严守秘密、遵守制度。别忘了市场经济的利益驱动性：一旦员工知道透露薪酬的代价，他就不会那么干了。

在惠普，公司不追究问的人，只追究那个说的人，这就是游戏规则，谁违背了游戏规则就必须出局。所以在惠普，除了人力资源部的有关人员、员工的直接上司和财务部门的有关人员以外，其他人都不知道别人挣多少钱，真正达到了工资保密的效果，而且多年来一直如此。

从企业管理体系建设的角度看，一方面制度要合理，规则要明确，另一方面要严格执行。很多企业都不愿意在这些“小事”上“开杀戒”，认为把工资说出去是小事，还不到开除人的地步，特别是那些“优秀员工”，结果是一个制度从根本上被破坏了，没有人相信这些制度的严肃性，知道违反了也就是挨批评，没什么大不了的，久而久之，公司的各项规章制度都被一一攻破，成了摆设。但是跨国公司在原则问题上是没有回旋余地的，只要是制度就必须严格执行。当然涉及惩罚时，事先一定要告诉员工，不能事后算账，只要有言在先，一旦出现问题就决不手软，这样才能维护制度的尊严。

所以，我认为，国内企业在很多方面都没有必要“摸着石头过河”，只要虚心地向跨国公司学习就行了，毕竟跨国公司在几十年的实践中已经总结出一套行之有效的方法和体系。洋为中用，我们没有必要重新制造车轮，学会借鉴就行了。当然，借鉴的前提是真正理解了制度的内涵和前提条件，不要学点皮毛就以为自己明白了，结果一试发现有问题，反过来说那些制度不适合中国国情，又走向了另外一个极端。

跨国公司在中国能够做到的，国内企业也一定能做到，关键是看企业有没有决心，有没有相应的制度和方法。

5
员工培训是投资而不是成本

惠普公司注重培训是业界公认的，素有 IT 界的“黄埔军校”之称。中国惠普在过去的几十年里为中国培养了大量的职业经理人和专业技术人员、销售人员，尽管这些人当中有相当一部分都离开了惠普，但是他们大多数还在中国，所以我个人认为这是惠普对中国最大的贡献——税收、就业等是可以计算出来的硬贡献，而为中国培养了大批国际化人才是无法用数字来衡量的软贡献。

那么惠普为什么如此重视员工培训？这样做的目的是什么？要回答这个问题，还要从公司对员工培训的认知开始。

在惠普看来，员工培训是投资而不是成本。这个概念看起来很简单，但是真正落实下去就不容易了，因为如果把培训当作成本的话，自然是越低越好，如果把培训当作投资的话，就追求投资回报率。所以把员工培训当作成本还是投资取决于管理层对这个问题的认识，如果相信它是投资，就会得到回报；如果认为回报无法衡量，自然就当作成本——没有回报的成本，所以结果取决于怎样看待。从目前的财务报表上还无法看出员工的价值，也无法看出企业的无形资产价值，但是这两方面的软财富却决定了企业的未来。

在惠普看来，培训员工是公司的义务，是对员工负责的表现，也是赢得员工忠诚的重要手段。公司培训体系越健全，员工就越愿意留下来，通过培训毕竟可以开阔视野、学习知识、掌握技能，提高自己赚钱的本领，即使员工后来离开了惠普，也不会说公司的坏话，就像我们不会说母校的坏话一样。毕竟我们在公司里学到了很多知识，所以大家会觉得公司对得起员工。可以说，员工培训是薪酬体系当中一个重要的组成部分，尽管这些钱员工不能拿回家，但是都用在提高员工的水平上面了，这与自己花钱去上各种培训班是一样的道理。当一个员工感到在某个企业能学到东西的时候，他就愿意静下心来在这样的企业长期服务下去，一步一个台阶地往前走。按照正常的情况，一个惠普员工要想把所有的培训课都上完，大约需要 8 年的时间，所以员工培训客观上也起到了留住员工的效果。

如果一个企业就知道使唤员工，而令员工感到只有付出、没有进步的时候，员工只要能找到更好的机会就会离开，而没有任何忠诚度。惠普希望自己的员工可以在知识、技能等方面不断提升，这样干出来的活才漂亮，才能给客户带来意外的惊喜，让客户感到惠普人的素质与众不同。这个问题从市场营销的角度来看更有价值，因为员工素质是完整产品的一个重要组成部分，如果核心产品的价值与竞争对手不相上下，那么员工素质高了，企业的完整产品价值就会提高，赢得竞争的可能性就会加大。所以员工培训是一举多得。

培训员工是公司的义务，是对员工负责的表现，也是赢得员工忠诚的重要手段。公司的培训体系越健全，员工的忠诚度越高。

6 把员工培养成“职业运动员”

惠普的员工培训体系大致可以分成以下三个层面。

第一个层面的培训是由人力资源部主导的，包括新员工培训、老员工培训、新经理培训、老经理培训、公共培训五大类；

第二个层面的培训是由各业务部门主导的培训，分技术培训和专业培训两种，比如销售部门会安排针对销售人员的销售学校，市场部门会安排针对市场人员的市场学校，而某个集团或产品线的所有人员都会参加相关技术的培训和相关产品的培训；

第三个层面的培训是由公司高管主导的针对高层管理人员的培训，比如总经理训练营、职能经理学校、加速成长项目（Accelerated Development Program，简称 ADP）等，这些培训侧重于为公司培养领导人才，所以只有到达一定级别以后才有资格参加。

下面就分别说明一下这几类培训。

（1）人力资源部主导的第一个层次的培训。

凡是新加入公司的员工，在来公司上班后一个月之内通常都要参加人力资源部主办的新员工入职培训，为他们介绍公司的文化、规章制度、组织架构、人员情况、工作流程等。在这个培训上，公司的总裁一般都要亲自讲课，其他各职能部门的总监（副总裁一级的高管）也要亲临现场，与新员工沟通，既显示公司对新员工的重视，又可以让这些新员工认识公司的高层管理人员。新员工刚入职的时候，最需要的就是关心和重视，如果这时公司的高管亲自来讲课，新员工的情绪和对公司的兴趣一下就被调动起来了。当所有的高级管理人员讲完课以后，新人会对公司各个部门的情况有所了解，对公司也就更有信心了。这是我们在新员工入职培训的时候必须做的一件事情。各高管人员一般都会准时到场，实在是公务缠身的，一般也会安排自己的副手去讲。大多数情况下，公司会提前一两个月把日程排定，保证高管人员准时参加。

新员工在接受培训的时候，会被问到这样一个问题：你的工资是谁发的？刚进来的员工不懂其中的道理，答案各种各样，有人说是老板发的，有人说是公司发的，但老师总会摇摇头，对这些答案一一否定，然后告诉大家：你的工资是用户发的。为什么要强调这一点呢？因为惠普是一个强调以市场为导向、以客户为中心的企业，既然是以客户为中心，就要向员工灌输这样一个理念，这种观念要经过反复强调，使其“融入血液”，让员工从内心接受。既然工资是客户发的，那么如何对待客户就不用多说了。

第一次讲这个概念时大家觉得很新鲜，讲了10遍、20遍以后，大家就坚信不疑了。任何人对客户绝对不会有什么不尊重的举动，对于用户的要求绝对不会置若罔闻，更不会为了自己的利益、部门的利益或者公司的利益而损害客户的利益，因为每个人都知道，自己的工资是用户发的。久而久之，这种思维方式就潜移默化地成为每个人的行动指南。惠普就是用这样的“笨办法”树立“客户至上”观念的。

为什么惠普如此重视新员工培训呢？因为大家都觉得这种投资是非

常值得的，因为公司投资的是员工的“心”。公司要让员工觉得，这家公司真的在意员工，员工在这里受到尊重和重视，而且在员工没有受到任何先入为主的思想影响的情况下进行培训，效果会好很多，有希望成为“根正苗红”的员工。随后员工会参加一系列的知识与技能方面的培训，直到两年后，新员工成为老员工，就进入下一个阶段的培训。当年我刚加入惠普时就参加过“在惠普工作”“如何做销售”“时间与区域管理”等培训。可以说新员工培训侧重于让员工融入公司的文化和环境，树立正确的价值观和行为准则，学会按照规定动作做事，强调规则意识和守法意识，当然也会让员工掌握最基本的工作技能，把他们训练成符合跨国公司要求的员工。

员工入职两年后，就算是老员工了，这时候培训的侧重点发生了变化，主要体现在两个方面：一是培养这些人的情商，让他们学会与他人合作，能在团队里发挥作用，而不是单兵作战，要学会建立自己的影响力，不能靠职位权力去压制和强迫别人。而有影响力的最佳途径就是帮助别人，当其他人从你这里得到知识、得到帮助的时候，自然就愿意听取你的意见。二是让他们学习一些管理方面的入门知识，为将来走向管理岗位做准备，同时也让老员工判断自己是否适合做管理人员，因为当老员工知道了管理人员都应该做什么的时候，就会有合理的期望值。另外，这些培训还涉及与他人分享知识、团队合作、师父带徒弟及作为管理者所必须具备的责任心等，使之具备管理人员的基本素质，一旦有机会，这些人就可以走到管理岗位上去。这个阶段的培训课主要包括“质量控制”“在团队里工作”等。

新经理培训则侧重于员工角色的转换。很多新经理都是从优秀员工中选拔出来的，他们往往在某一个方面工作很出色，但是过去的成功有可能成为他们今后失败的原因。

为什么这么说呢?

因为作为员工，只是自己干活，而成为经理后，角色就发生了变化，即从自己干活到指导别人干活，这是非常艰难的一种转变。如果新经理意识不到问题的严重性，不刻意改变自己，不接受正规的培训，那么很难成为优秀的管理者，过去自己做事很成功，指导部下时会发现教别人做事比自己做要难得多（开始时会觉得部下很无能），自己干可能一个小时就行了，而教别人干有可能要花三个小时，而且干出来的活还不令人满意。但是对于管理者来说，别无选择，如果一个人迈不过这道坎儿，就不适合做管理人员，而只是一个出色的员工（Individual contributor）。其实很多人都不适合做管理工作，只不过大家都愿意晋升而已。所以新经理培训主要是帮助那些刚刚成为管理者的员工适应角色的转变，成为一名称职的管理者。这段时间的必修课包括“新经理入职培训”“如何面试员工”“给员工做辅导”“给员工做业绩评估”“规划与计划工具”“提供高质量培训”“战略规划十步法”等。

一个管理人员在成为经理两年后就算是老经理了，这时候培训的重点又发生了变化，该为公司培养高层次领导者做准备了。老经理培训一方面要教会那些资深经理如何管理管理者（成为二线经理），因为管理普通员工与管理管理者是完全不同的两个概念。如果用管理普通员工的方法来管理管理者，那么下级经理会感到没有任何授权，没有任何自主权。另一方面，要使老经理学会从公司的立场上看问题，从战略的高度看问题，而不是从本部门的角度看问题、为自己的部门谋利益，目的是为这些人将来承担更多的责任打基础。再者，老经理培训会传授一些非本专业的知识，如市场营销人员会参加一些财务、采购、人力资源管理方面的培训等，以便开阔视野，因为惠普相信管理者越往上走越需要综合的知识，需要对其他职能有所了解，需要有全局眼光。对老经理的培训课程包括“有经验的管理者培训”“领导一个质量管理小组”“管理流程”“质量成熟度”“非财务经理的财务课”“领导艺术”等。

最后我们来看一下公共培训。这种培训不管是新员工还是老员工，也不管是在什么部门、什么岗位工作，大家都可以报名参加。比如“如何做演讲”“如何参与质量管理”“如何谈判”“如何使客户满意”等。这些都是所有的惠普员工应该具备的基本知识。当然任何培训都不是免费的，各个业务部门都要掏钱上课（通过内部结算体系支付），因此员工参加任何培训，都必须根据人力资源部的课程预报填写申请表，在得到顶头上司的批准之后才能向人力资源部报名。人力资源部在收到员工的报名表后会与员工的顶头上司确认，然后才开始安排员工的培训。

这样一年下来，每个人花在培训上的钱大家都心中有数，员工知道，员工的上司也知道，有时候员工一年的培训费比工资还要高。可以说，在过去相当长的一段时间里（从我加入惠普直到卡莉上台），惠普一直是这样的运作模式。每个部门在年初就要制订好年度预算，里面就包括员工培训的费用。

（2）由业务部门主导的第二个层面的培训。

第二个层面的培训，是由各个业务部门主导的技术培训和专业培训。因为不同事业部的产品不一样，运用的技术也不一样，所以人力资源部一般不介入这些技术类的培训，而由各个业务部门自己组织。而对于不同职能的专业培训，则是组成跨部门的小组，比如各个事业部都有自己的市场部、销售部、技术服务部等职能，但是每个部门的人员都不够多，所以就把所有从事某个职能的人召集在一起进行专业技能培训，如果某个职能在一个国家或地区的人数不够多，就会考虑在亚太地区（甚至全球范围内）集中培训，以降低培训费用。

比如销售学校就是销售部门组织的专业培训，所有从事销售工作的员工必须参加，有初级班和高级班之分。在销售学校里，员工不仅要学习各种销售技巧，如“销售流程”“销售漏斗管理”“客户权力核心分析与管理”“大客户管理”“顾问式销售”等课程，还要接受素质培训，以提高员工的品位，内容涉及如何吃饭、如何握手、如何与人沟通、如何穿衣（怎么系领带，衣服颜色、样式怎么搭配）等。公司认为员工具有很强的可塑性，所以要用正规的培训影响他们。

在高级班的培训里，销售人员在结业前要在五星级酒店吃一顿丰盛的西餐，让他们学会如何接受别人的服务、如何用西餐餐具、用餐时要注意哪些礼仪等。因为到了这个层次，销售人员经常接触有身份、有地位的客户，如果在用餐等社交场合不懂礼仪、很外行的话，公司形象在对方心目中顿时就掉价了。

市场学校也一样，包含针对所有市场营销人员的课程。市场学校也有初级班和高级班之分，只不过市场营销人员相对少一些，所以市场学校通常都是在亚太地区这个层面上统一组织。市场学校更多的是培养营销人员的专业技能，向营销人员传授科学理性的营销手段和方法。

国内很多营销人更多的是靠自己的聪明才智，即所谓的“点子”，但惠普强调的是系统性的工具、方法、思路，培训课程包括“了解客户需要”“市场调查如何做”“竞争分析如何做”“如何选定目标市场”“市场宣传与促销的流程管理”等。除此之外，还有一些更高层次的培训，如“跨越裂谷”“建立以市场为导向的组织”等。

说到着装，跨国公司对员工的要求很严格，不一定穿高档、名牌，但是必须穿着到位，讲究品位和适宜，知道什么场合穿什么服装。而这些知识不是员工天生就知道的，只有经过专门的训练才能明白其中的道理，与国际惯例接轨。跨国公司为什么对着装这么在乎呢？原因是员工站在用户面前的时候，能给人留下一个非常专业的印象。它背后的理念是：讲究穿衣打扮是为了尊重别人。

在惠普，上班时间男士必须穿西服、打领带，夏天不管多热，男士都必须穿长袖衬衫、黑皮鞋，袜子必须是深色的（深蓝色、深褐色或者黑色）。公司对女士的着装要求相对宽松一点，但是上班期间必须穿套装，必须穿袜子，不能穿露脚趾和脚后跟的鞋，上衣必须是带袖的，不能是露肩的。不管是男士还是女士，都禁止在上班期间穿白袜子，禁止穿牛仔服。

对跨国公司的员工来讲，穿衣是规定动作，不允许随便穿；而在国内很多企业，着装都是自选动作，员工想怎么穿就怎么穿，没有明确的、严格的规定。但是作为专业人士，作为职业经理人，最好还是按照国际惯例穿衣，否则会让人笑话。我见过一些上市公司的老总，在很正式的场合穿黑皮鞋配白袜子。尽管没有人会说什么，但是大家在心里都会给这样的老总打分。

说到穿衣，其实与其他规章制度一样，不能是笼统地要求举止文明、穿衣文明，各项规定和制度要非常具体，这样才有可操作性。另外，设计制度和做出规定之后，不能假定每个人都可以无师自通，必须通过严格的培训落实，理解公司的规定及其背后的道理，否则大家没有统一的认识和标准，很多东西都无法衡量，各种规定自然没法操作。惠普的各项规定一定是非常具体的、容易操作的，员工在入职的时候就会拿到一份手册，公司在培训过程中也会反复强调这些规定。对于没按要求着装的，公司一般会采取比较温和的手段促其改变，但绝不妥协。

曾经有过这样一个事例：某个员工没有按照要求着装，穿着一身休闲装就来上班了。他的上司非常客气地跟他说："你今天穿的衣服好像不太合适，我放你半天假，回家换了衣服后再回来上班，好吧？"尽管不是批评，但语气非常坚定，没有任何商量余地。那位员工觉得很不好意思，立即回家换了装，再回来上班。这样的事例流传开以后，慢慢地大家就知道规定就是规定，不是闹着玩的，也都加强了自律，自觉地按照规定做了。

（3）第三个层面的培训。

惠普第三个层面的培训是专门针对高级管理人员的，其目的就是让这些人更快地成熟，能够独立地担当更重要的角色。管理人员只有到了某个级别以后，才有资格参加这样的培训课，比如“总经理训练营”“职能经理培训班”“如何管理一项业务”等。

我前面曾经提到过的加速成长项目（ADP），就是一个耗费巨资的培训项目，每年惠普（还有从惠普分离出去的安捷伦科技有限公司（以下简称安捷伦））都会在全球范围内选拔 30 名有培养潜力的管理人员参加，为公司培养后备领导人才，所有学员都由各分部总经理和各国家（或大区）的总经理提名，由各集团的总经理或负责全球销售业务的高级副总裁亲自选拔确定，所有的费用均由各集团（或全球销售业务部）统一承担，每个人的培训费用在 10 万美元左右。惠普和安捷伦在分家后每年各要花费 300 万美元用于该项目的实施。

ADP 项目的主要目的是为公司培养后备的高级管理人才。选中学员之后，组织者会先做一个调查，把公司的价值观念（如鼓励什么，提倡什么）分条目地撰写成一份问卷，然后请比学员级别高的两个上级管理人员、两个平级管理人员、两个直接下级经理评价学员在所列出的每一项的表现如何。对于每一个评分者，公司要求他们不仅要打分，还要就自己给出的分数做出相应的解释。如果某个人在某项给了高分，那么他要解释看到这个人做了一些什么事情，体现了这种价值观念，反之亦然。所以这个培训侧重于价值观的改变，让每个人能站在公司的高度看问题，从而提升学员贯彻公司价值观的能力。

集训结束一年后，类似的调查评估会再进行一次，看看通过这样一个为期一年的四次集训，是否影响了他们的价值观念和行为方式，在他们比较欠缺的方面是否有所改变、有所提高，平均分是否提高了。

就我所知，历年来，参加过惠普／安捷伦 ADP 项目的中国本地员工只有 6 ~ 7 个人，我是其中之一。所有参加过 ADP 培训的经理都会列入校友名单，今后各集团、各大区需要选拔高级经理时会优先考虑这些人。

除了公司直接组织的培训以外，惠普还鼓励员工学习深造，会派员工参加外部机构组织的一些高层次的正规培训。不管是学历教育，还是非学历教育，员工如果想在某个方面改善自己、提高自己，均可以在征得其顶头上司的同意之后，将这些想法纳入个人发展计划，然后向公司人力资源部提出申请，去参加外部的学历教育或者非学历教育。

公司人力资源部有一套标准的申请手续，员工必须在表格中说明自己为什么要上课，该课程与本职工作、与个人发展计划是一个什么样的关系。直接上司签完字以后，员工就可以去上课了，但是当事人要先垫付学费，等课程结业以后，员工拿着结业证和成绩单回来，证明自己认真学习并且成绩合格，然后公司会报销一部分学习费用，有的时候是一大半，有的时候甚至是全部学费。报销多少主要考虑员工参加的课程与公司岗位要求的契合程度，如果市场部人员学财务课程，公司就会认为所学课程与本职工作关联不大，可能就不会报销。所学课程与本职工作越贴近，报销的比例就越大。

惠普虽然鼓励员工学习深造，但是也认为这既是公司的事，又是个人的事，个人也要付出一部分。与此类似，某些员工要参加英语培训，每天两小时，假如该员工下午五点半下班，那么公司会允许员工四点半就去参加培训。这样的话，员工学习占一小时工作时间，还占一小时个人时间，公平合理。

员工培训不是福利，要根据工作需要安排，目的是把各种专业岗位上的员工培养成掌握规定动作的“职业运动员”。

7 新员工引见——独具特色的“拜码头”传统

在惠普公司，新员工一来，直接上司都会带着他们去“拜码头”，即领着他去其他部门拜访，以便于新员工尽快地熟悉这里的工作环境，认识将来与之打交道的人员。部门经理会带着这个新员工去拜访各个部门，向新员工介绍这些部门的职能及负责人，告诉员工如果有某方面的问题，可以找相应的部门和负责人。这个时候新员工一般也会借此机会与对方进行短暂的交流，请负责人及老员工多多关照等。有了这个程序，以后新员工去找这些人办事时就不会被当作陌生人，从而使新员工尽快地融入这个组织中来。

简单地说，“拜码头”的好处有以下两点。

一方面，表示了对被拜访者的尊重。部门领导带着新员工去打招呼，要比他自己去郑重得多。因而，对方顾及领导的情面，态度就热情得多，会说一些诸如“将来有什么事尽管来找我”之类的话，有了这句话，以后就好办事。

另一方面，“拜码头”让新员工与老员工有一个相互了解的机会，新员工会觉得非常舒服，否则入职后接触到的人都是陌生人，办事的时候就会没有头绪，不知道什么事情该找谁，别人也可能不认识他，不知道是哪儿来的。这样新员工就会觉得很尴尬，缺少安全感。

对新员工来说，刚进一家公司，最痛苦的就是前一周或前两周，所有人都不认识，坐在座位上觉得时间像停滞了一样，有度日如年的感觉，很痛苦。人家来找你不好意思，你找别人也不好意思。通过“拜码头”方式，就可以帮助新员工尽快进入角色。

另外，新员工入职的第一天中午，部门经理一般都会安排新来的员工和本部门的员工一起吃顿饭，让大家互相认识一下，在轻松的气氛中互相交流，这顿饭的费用是可以报销的。在过去相当长的一段时间里，各个部门均有专门用来请员工吃饭的预算。作为部门经理，只要是在预算范围内，都有权用这笔款项请员工吃饭。当然请员工吃饭要把握好分寸，不能过于奢侈或者铺张浪费。

上司带着新员工去“拜码头”，一来表示对被拜访者的尊重，二来可以让新员工尽快进入角色，融入这个组织中。

PART. 07

第七部分

让员工理解战略与执行的关系

1 第三次加入惠普

1999 年底，惠普公司在咨询公司的怂恿下宣布分拆，将原来的仪器部门分出去成立了安捷伦，因为我所在的分部是做仪器的，所以很自然地就成了安捷伦的员工，第二次离开了惠普。当然，这一次是被动地离开，我也像众多的安捷伦的员工一样都为失去惠普的名字而难过。有人开玩笑地说：这次分家就像一个家庭一样，儿子长大了，要独立成家了，就把老子赶出去了，而且还要老子改姓。毕竟惠普是从仪器起家的，两位创始人也都是做仪器的。我坚信如果两位老人还健在的话，是不会同意这么干的。

安捷伦成立之后，在咨询公司的建议下，开始实施变革，把原来的分部都打散了，变成了前后端的结构：有人负责做产品，有人负责与各个国家的销售机构和客户打交道，希望把复杂留给自己，把方便留给客户，同时整个公司的步调能更一致。理论上讲这套设计很合理、很完美，但是事实上根本不可行——太理想化了，因为大家都成了新手，谁都不知道该怎么做。公司开始进入了混沌期，组织结构频繁地调整，使得大家失去了安全感，而业绩不断下滑。因为我们的分部与其他几个分部合并成了一个大的业务单元（business unit），所以我就变成了这个大的业务单元的产品市场总监（product marketing director）。我的上司是业务单元市场部的总经理，我的下属有 3 个部门经理，一个在中国，两个在美国，整个产品市场部大约有 20 多名员工。这也是我第一次直接管理美国部下。

由于我的下属员工大多在美国，所以公司建议我举家搬到美国工作，公司为我们全家办理了 L1/L2 签证（那个时候很少有中国人能得到这种签证），我们就去了美国，可是在那里工作了 3 个月之后，我找不到感觉，总觉得像是在做客，很难融入那个社会，尽管我的英文还不错，但是当我与部下一起吃饭的时候，当他们开玩笑的时候说的很多“土话”我还是听不懂，而且我没有什么希望再往上晋升了，因为在那个业务单元里比我再高一级的经理中没有一个亚洲人，于是我就想回到中国。正是从那个时候开始，我意识到了自己的事业在中国，自己的价值只有在中国才能体现出来。

2000 年 5 月份，惠普和安捷伦的电子邮件系统还没有分开，还算是“一家人”，我就给中国惠普前总裁孙振耀发了一个电子邮件，表达了希望回到中国惠普工作的愿望，一天后收到了孙振耀的回复。因为“分家”后中国惠普的组织结构也在调整，而我正在参加安捷伦的加速成长项目（ADP）培训，要到 2000 年 10 月份才结束，我们约好 9 月份再联系，这就算是先“挂了个号”。我希望在完成了 ADP 培训后能回到中国惠普。

2000 年 9 月，我再次与孙振耀联系，他约我谈了一下，然后安排中国惠普的几位职能经理（大多是副总裁）与我面谈。因为我们将来要一起共事，只有他们能接纳我，我才有机会回归。这一关很容易就过了，因为我在中国惠普的口碑不错，但是那时候正是卡莉刚到惠普担任 CEO 不久，所以公司要冻结招人。经过一番周折，我于 2001 年 1 月总算如愿以偿，第三次进入了惠普。因为那时候没有现成的工作岗位安排给我，所以公司特意为我设置了一个新的岗位——助理总裁兼战略规划总监，负责全公司的战略事宜，帮助各业务部门制定发展战略，也代表中国惠普参与惠普全球的“中国计划”项目。

半年之后，我成为中国惠普决策委员会（executive committcc）的成员，成为大型跨国公司中国区高管层的一员，又过了没多久，我受命担任首席知识官（CKO），负责建立公司的知识管理系统，公司希望我借用知识管理的理论、方法和思路为业务部门服务，从而提高中国惠普的整体运营水平。可以说，在知识管理方面，中国惠普走在了其他跨国公司的前面，也取得了很好的效果，只可惜因为兼并康柏，知识管理没有坚持下去，我的职业生涯不得不做调整，但是尽管如此，我还是被人们当作国内从事知识管理的几个专家之一（我认为自己根本算不上什么专家，因为实践经验还不够丰富）。

一个人的价值是相对的，而不是绝对的，是由工作环境所决定的，我清楚地知道自己的价值只有在中国才能体现出来。

2 战略不是老板一个人的事

战略是什么？这是一个既简单又复杂的问题。没有接受过正规训练的人普遍认为战略很简单，所以国内很多企业在谈战略时，都把战略理解为目标，即我要干什么，因此战略这个概念在很大程度上被人理解成“想法”或者“目标”。包括很多企业管理方面的专家都认为中国企业不缺战略、缺执行，中国不缺少有战略眼光的企业家，缺的是具备执行能力的经理人。

汪中求先生的《细节决定成败》一书提出：“中国绝不缺少雄韬伟略的战略家，缺少的是精益求精的执行者；绝不缺少各类管理制度，缺少的是对规章条款不折不扣地执行。”

汪先生说得很有道理。但我认为中国还是很缺乏真正懂得什么叫战略的企业家和经理人。

我在为国内企业做战略咨询的时候，经常会问老板：您的企业有战略吗？几乎所有的老板都会说：当然有；但是当我问到他的中层管理人员：你们公司有战略吗？大多数人都说：可能有，但那是老板的事情，我们不清楚；当我问普通员工：你们公司有战略吗？几乎所有的员工都说：我们不知道公司有什么战略，我们也不管什么战略不战略，把自己的工作做完了就行了。所以，在很多人看来，战略是公司老板的事，跟基层员工甚至中层管理者关系不大。其实不是这样，**要想让战略得以实施，就必须让各级管理者理解公司的战略，要让员工知道、明白公司的战略，这样执行力才能体现出来，才会克服执行力递减的问题。**

过去，执行力风靡一时，成了中国企业界一个很时髦的话题，就像流行乐坛一样，在中国的企业管理领域也普遍存在赶时髦的现象，今年流行这个，明年流行那个。其实，基础没有打好之前，谈那些高层次的问题无济于事。执行的概念一流行，好像大家发现了中国企业的问题所在。其实在我看来，绝大多数中国企业目前缺少的不仅仅是执行力，而是没有发展战略。这里就涉及战略到底是什么？如果大家对战略这个概念都没有共识的话，战略也好，执行也好，就失去了意义。

作为惠普培养出来的职业经理人，我对战略的理解包括以下五个方面。

第一，要有一个明确的目标，通过一个什么战略，想达到一个什么样的结果。我们把它称为目标，就是想做什么。

第二，要有一个明确的责任人推动。这个战略由谁负责完成，要有一个明确的责任人，如果该战略没有实现，这个人要承担全部责任。

第三，要有一个明确的考评标准，也就是某战略做到什么程度才算完成了，什么样的结果可以打 5 分，什么样的结果可以打 3 分，在执行前必须有一个明确的评估标准。

第四，要有一个明确的评估时间，即这个战略在什么时间之前必须完成，要有一个确切的日期，比如说某年某月某日。

第五，要确定由谁来评判战略是否完成。一项战略是否完成，不是责任人自己说了算，要有明确的评估人，有时候是上司，有时候是部下，有时候是同事，总而言之，一定要有一个明确的评估人（团队）来监督、检查战略的完成情况。

从有目标、有责任人，知道战略什么时间必须完成，这个战略做得好与坏的标准是什么，到谁最后来评判战略是否完成了，这样，战略就成了一个非常简单的事情了。

一个企业的战略规划做出来之后，接下来最重要的工作就是沟通、宣讲，让公司里各级管理人员和基层员工都理解公司的战略是什么。几年前，惠普曾经组织过一次大型的“战略演讲会”，要求各个职能部门、事业部都要站在公司的立场上，向客户介绍公司的整体发展战略。在这个战略演讲会上，各部门除了要介绍自己熟悉的产品以外，还要介绍其他部门的产品，任何一个人面对客户的时候代表的都是整个公司，客户可能会问各种问题。那次战略演讲会一共有 12 个部门参加，表现形式自选，只要把公司的战略讲清楚即可。有的小组采取演讲的方式，有的小组采用演小品的方式，大家在欢笑之中了解了公司的总体战略和各部门的产品发展战略。

在战略演讲会的现场，所有的员工都坐在台下听，评委坐在前面打分。评审委员会由公司的高管和特意请来的四位客户组成，这些客户代表了大客户、中客户、合作伙伴和代理商。我也是评委会成员之一，参与评审，对员工的现场表现做出点评。通过一天的演讲会，每个员工都听了 12 遍公司的战略，不可能不知道公司的战略了。为了做到以客户为中心，我们特意邀请了客户作为评委来打分，让他们来点评哪个部门讲得清楚、讲得到位、讲得通俗易懂，这样更客观。

所以，公司的战略不能掌握在老板或者高层管理者这一小部分人手里，应该让公司内部每一个员工都知道公司的发展战略。这样，大家在做事情的时候，才知道自己在这个大的战略里面扮演什么样的角色、起到什么作用，从而强化主人翁精神。

> **绝大多数中国企业今天缺少的不是执行力，而是发展战略。没有战略，就谈不上战术与执行。**

3
战略规划需要有标准化的工具

一个企业做战略规划时，必须有标准化的流程和工具，以免各个部门按照自己的理解做战略规划，到头来无论是格式还是内容都可能不尽相同。无论是上级管理者还是下级管理者，都要花很多时间和精力学习并理解他们的战略，时间成本很高。

那么惠普是如何做战略规划的呢？在惠普有一套标准化的体系，叫“十步规划法”，作为管理者都必须先参加培训，掌握了要领之后才参与制定战略规划。十步规划法包括以下10个步骤。

（1）企业宗旨与价值定位。

我们为什么存在？我们给客户带来了什么价值？

（2）5年目标。

我们在未来3～5年的目标是什么？实现这些目标的成功要素有哪些？

（3）用户。

市场上存在什么样的机会？我们的目标市场是哪些？最终用户和销

售渠道的需求是什么？

（4）竞争。

在我们所选定的目标市场上，谁是我们现在和将来的竞争对手？竞争对手的战略是什么？我们在什么方面与对手竞争？

（5）理想的解决方案。

我们的用户希望达成什么目标？帮助用户达成目标的理想解决方案是什么？

（6）开发与实施计划。

根据理想的解决方案，我们的战略选择是什么？我们如何保证战略得以实施？我们需要谁的帮助？

（7）财务分析。

对我们来说投资回报如何？是否值得做？

（8）潜在的外部问题分析。

有哪些因素会影响我们达成目标？哪些问题出现的可能性比较大？我们的应急计划是什么？

（9）制约因素。

有哪些关键的制约因素会影响我们向用户提供理想的解决方案？我们如何解决这些问题？

（10）第一年实施计划。

为了实现长远目标，第一年从哪里入手？要启动哪些项目？哪些是关键计划？为了实现长远的目标，我们最关注的业务基础数据是哪几个？如何衡量我们的业绩？

可以说，十步规划法就像“八股文”一样，严格地规定了在每一步必须做什么，哪些信息是必须写上去的，哪些问题必须回答。

因此，它是一种“规定动作”，而不是“自选动作”。当然，具体如何做就是另外一个问题了，先要知道做什么，然后知道如何做，所以正规培训是少不了的。

以前，惠普仅对内部员工进行培训，现在惠普商学院已经把这门培训课程对外公开，向国内的企业提供培训（不过竞争对手除外）。这是惠普商学院的一门金牌课程，受到了国内企业的普遍欢迎。

有了这样一个模板，任何一个部门制定的战略规划，企业内所有的人都能看得懂，因为它的格式是 100%一样的。这样的话，上级检查工作的时候就变得很简单，整个公司内部就有了共同的语言，很容易判断出各个部门写的战略规划质量如何，数据是否充实，依据是否可信，分析是否透彻等。

那么战略规划在什么层面进行呢？

过去很多年来，惠普一般是在各个国家的事业部、分公司或分部层面上进行，而不是在每个小部门进行。每年各大部门的管理团队都要集中拿出 5 天左右的时间举办封闭式的战略规划会议，对本事业部（分公司或分部）未来 3~5 年的战略进行设计。这是一个滚动式的规划方法，也就是说，今年看的是明年以后的 3~5 年，到明年再做一次就往后推移一年。为什么每年都要做一次呢？因为市场环境是不断变化的，因此每年都要用全新的眼光看市场，而不是凭经验做决策，这样才能不断地修正对市场、用户、竞争的理解。

对于初次进行战略规划的部门和人员来说，是有一定难度的，即使接受过培训也一样，要把学到的知识用于实践，需要一个过程，但是做了两三次之后就简单了，大家对流程、内容都有了相当程度的了解，事先收集到的资料也更有针对性。通常情况下，那些变化速度比较快的行业，战略规划一般看未来 3 年，而对于那些变化速度不太快的传统行业来说，一般是看未来 5 年。

在做战略规划的时候，并不是按照上面十步的顺序，那是最后的结果。我们按照十步规划的具体要求，先对市场环境、用户需求、竞争的状态进行分析，然后定义我们最理想的完整产品是什么，在我们了解了市场是什么状况、用户有什么需求、竞争格局如何之后，我们拿什么样的差异化产品在竞争中取胜。我们一直强调这样一个观念——**要想出类拔萃，必须与众不同。**这是非常重要的经营理念，如果做不到这一点，你就会业绩平平。

企业复制、模仿别人的产品，不可能出类拔萃，因为你跟别人是一样的，所以只有一条路——就是靠低价格去吸引客户，但是跨国公司普遍采取的策略是要与众不同，出类拔萃。当然，这个出类拔萃不一定是在各个方面，只要在某一个非常细分的地方，在某个很小的细节上能够出类拔萃就行了。与众不同要根据市场环境和用户需求设计。

把理想的完整产品描述出来以后，我们就分析整个事业部（分部或分公司）的定位，或者叫企业（部门）的宗旨和价值定位，即我们存在于这个世界上的道理是什么？我们给这个社会创造了什么独到的价值？我们生存下去的理由是什么？

这是每个事业部（分公司或分部）都必须回答的宏观问题。在确定了企业的宗旨和长远发展目标以后，就开始总结发展战略，比如实现目标的成功要素有哪些？面对的挑战有哪些？

成功要素是从正面的方向探讨，即我们要做好哪几件事情就能保证战略的实施和目标的实现？

面对的挑战是从负面的角度看问题，即哪些问题会影响我们达成目标，有哪些关键的问题和障碍？

把这些问题分析出来之后一一列出来，大家就能够清晰地看到，在未来几年当中我们要在哪些方面使劲，要把哪些关键的问题解决好。

分析完成功要素与面对的挑战，就开始分析潜在的问题和风险，做任何一件事情一定会存在风险。按照惠普的经营理念，风险是可以通过战略设计规避的，是不一定会发生的。这就要求大家在做战略规划的时候，一定要预见到可能会有哪些风险，这样就把各个事业部（分部或分公司）所面临的风险都写出来，然后进行分析。每一项风险一旦发生，会给本事业部（分部或分公司）带来什么后果，有什么负面影响？我们如何化解这些风险，有什么办法可以预防这些风险的发生？这些风险在未来一年当中发生的概率有多大，即出现风险的可能性有多高？我们可以根据轻重缓急，来决定下一步的工作目标和时间表。

我们处理问题的优先级是：第一，重要且紧急；第二，重要但是不紧急；第三，不重要但是紧急；第四，不重要不紧急。

通常情况下，第一跟第四都没有什么争议，但是大多数企业容易把第二和第三搞混，大多数人都会先做紧急而不重要的事情。这是一个原则性很强的大问题，当一个人做事情做不过来的时候，是先选重要的、不紧急的，还是先选紧急的、但是不重要的呢？人的本性是先做紧急的，但是当员工经过严格的训练之后，就知道应该先做重要的。

再往后就是未来 5 年的组织架构设计，即为了实施战略、完成目标，需要什么样的组织结构配套，各个部门之间是什么样的工作关系，谁是谁的内部客户？这样，互相之间的“握手关系”就清楚了，跨部门的工作流程就出来了，各岗位的岗位责任也就明确了。确定了组织机构，就知道了需要多少不同层次的岗位和多少不同要求的人才，这样就能把企业的人力资源成本核算出来。有了人力资源成本，再把运营成本加进去，就可以做出未来 5 年的财务规划，也就是投资回报分析，即我们的战略能给公司带来多少回报。

最后一项就是第一年的具体实施计划，这就是大家经常谈的执行的概念。前九步更多的是规划我们要做什么，而最后一步就是把战略分解成一个一个具体的、可以操作的步骤或动作，包括每个动作具体的责任人、评估时间、评估标准、评估人等，具体的计划可能会有几十条、几百条甚至上千条，通过这种分解动作，战略就变成了可以实施的计划。

按照我们的理解，制定战略规划一般是看未来 3 ~ 5 年，而实施计划只看 1 年，这样操作性才比较强。

各级管理者做战略规划时，必须有标准化的流程和工具，不能八仙过海、各显神通，否则沟通成本和管理成本都很高。

4
“闭门造车”式的战略规划方法

那么，在一个企业（事业部，分公司或分部）里，由谁来负责制定企业战略，由谁来参与战略规划的项目呢？**通常情况下，战略规划由企业（事业部、分公司或分部）的市场部来牵头制定。**

我从1990年开始担任市场部经理，1992年开始负责本事业部的战略规划制定。

当时的事业部总经理万廷荣给了我一套惠普某分公司做的战略规划，算是我们学习的范本，让我们参照他们的文本来制定我们事业部的五年规划。

为了保证大家集中精力专心做战略，不被日常工作打扰，我们选择了广西北海作为制定战略的地方。于是，我们事业部的所有管理人员远离公司办公地点，到广西北海的一个宾馆里，关起门来做了五天的规划。会议期间不允许携带任何通信工具，以免分心。

对于一个企业（事业部、分公司或分部）来讲，战略规划是各项工作中的重中之重，所以不允许任何管理人员缺席。我们提前一个月就确定好会议日期，所有的管理人员都必须准时参加，没有商量的余地。

在很多国内企业里，部分中高层管理人员还未意识到战略的重要性，也不知道战略规划如何做，说没有时间去做战略规划，有时间还不如去跑市场、做生意。结果是企业上下忙得不可开交，但是不清楚大家为什么而忙。难道高管层真的抽不出时间来进行这项工作吗？肯定不是，只能说明大家不重视。当一个人认为一件事情不重要的时候，自然没有时间做这件事情，而当人们认为某件事很重要的时候，别说5天时间，就是50天时间也能拿得出来。所以说，问题的关键是企业高管层对战略规划的重要性是否认同。

为了保证战略规划会议的顺利进行，在会议之前，每个与会者都必须按时完成自己的“家庭作业”，就是把他们所负责的职能部门的相关资料和信息按照要求整理好，还要回答几十道有关市场、用户、竞争的问题，这样就不会出现到了会场才开始思考的局面，大家在会前已经完成了各自的规定动作，到了会场上就是把自己思考的意见拿出来与大家分享。开会的目的就是要百花齐放、百家争鸣，通过争论达成共识。当大家的意见不一致的时候，就看谁能说服别人，如果说服不了，就要进行投票，直到在所有的项目上大家都达成共识为止。投票是以不记名的方式进行，少数服从多数，最终结果大家必须心服口服地接受，不能有任何保留意见，即使自己不太赞成某件事情，一旦做出决策就必须无条件地接受并执行。也就是说，在决策前有民主，大家可以充分发表意见，但是在决策后就没有什么民主了。所以战略规划一定是一个所有人都认同的计划，这样才能提高企业的“组织智商”。因为大家只有达成共识，劲儿才会往一个方向使，“组织智商”才能达到最高。

为了减少冲突、尽快达成共识，我们在做战略规划的时候也有很多技巧，比如在分析问题时，应该先谈目的，再谈原则，最后做出选择。

比如你说 A 市场好，他说 B 市场好，各有各的道理，怎么解决这个问题呢？我们先谈目的，即为什么要探讨市场好坏的问题？因为我们资源有限，需要集中有限的资源努力做好一个市场。如果大家都表示同意，那么接下来我们就讨论判断一个市场好坏的标准是什么？我们会把一些指标列出来，比如市场规模有多大，市场的成长潜力如何，每年的成长速度是多少，市场的进入难度，市场的获利能力，市场的竞争强度等，然后大家一起通过投票来确定哪个因素最重要，哪个因素其次，依此类推，确定每个因素的加权分，最重要的因素可能给 25 分，最不重要的因素可能给 5 分，所有参数的得分加起来是 100 分。这样，就很容易比较不同市场在每个小项上的优劣，最好的得 10 分，最差的得 1 分，然后就能计算出每个市场的最后得分，就容易选择了。由于结果是大家投票选出来的，所以很容易被大家接受。

通过封闭式的战略规划，可以在企业内部达成共识，从而提高企业的“组织智商”，减少沟通成本，形成一种合力。

5 做战略规划不要“摸着石头过河”

“摸着石头过河”是指对不熟悉、不了解的事情不是请教专家，而是关起门来思考。

其实，只要大家冷静地想一想就知道，过河有很多种方法，而“摸着石头过河”是其中最危险的选择。为什么不修一座桥？

修桥可能需要很长的时间，可能需要很多钱，却一劳永逸；如果实在无力修桥，也没有时间等着桥修好再过去，那我们也可以选择坐船渡河啊！坐船渡河比“摸着石头过河”风险要小很多，付出的代价也不大（就是渡船的费用）；退一万步讲，即使我们找不到船，非要蹚着水过河的话，为何不找一个熟悉地形的人带着过河？干吗非要自己去“摸着石头过河”，冒风险、交学费？

可见，在计划经济年代形成的很多思维模式并不容易改变。

具体到战略规划上来说就是：如果你不懂为什么要做战略规划，可以请人来做培训，介绍战略规划的意义和重要性、战略规划在企业经营管理中的作用，使大家明白战略规划背后的道理，从而达成共识。

如果你认同了战略规划的重要性，但是不知道如何做、从哪里下手，就请一个专家帮着做，边干边学、融会贯通，整个管理团队做这么一次战略规划，比上一个 MBA 班更有实际意义，因为这不是模拟练习，而是实战操作，大家的体会更深。

记得 1997 年的时候，为了把我们分部的战略规划做好，我们从美国请来了一个专门做战略规划的高手担任辅导员，手把手地带领我们把五年战略规划给做出来了。尽管在那之前，我已经做过几次战略规划，但是经过专家指点之后，我才真正掌握了做战略规划的技巧，从那以后我才开始帮其他企业做战略规划。

战略规划的水平体现了一个企业的组织智商，因为战略明确了企业发展的大方向，把实现目标的计划写清楚了，所以大家知道自己在企业中扮演的角色，知道自己的工作能给企业带来什么价值，能激发大家的主人翁精神。

记得当年与我的顶头上司 Ken Lodge 在探讨组织智商的时候，他把中国人和美国人做了一个对比。在他看来，中国人的平均智商高于美国人，也就是我们常说的中国人比较聪明。但是美国的情况与中国不同，大部分人的智商平平（所以很多人说其实美国人很傻），但是在美国有少数智商特别高的人（精英人物），他们的智商非常高，很多制度（在企业和其他机构里）都是由高智商的经过专业训练的精英来进行设计的，考虑得很周到，非常严密，系统性很强，几乎没有什么漏洞，所以效率很高。而中国平均智商很高，有太多的聪明人，但是进行规划设计的那些人未必是各方面的精英人物和专家，考虑问题就没有那么到位、那么细致、那么精辟。结果是一些普通人设计出来的东西，让一些聪明人去执行，自然就容易出问题。执行者要么阳奉阴违，要么上有政策下有对策，要么钻空子，结果效率就会降低。他的这种分析尽管很片面、很主观，但是对我们很有启发。

所以要想提高组织智商，就要调动专家的力量，把好钢用在刀刃上。

在一个企业里，进行战略规划的人必须是企业的精英和专家，是真正的专业人士，是那些把事情研究得比较透的人。

以惠普为例，战略规划是由各事业部所有的中层以上管理人员参与的，并邀请专家担任辅导员。我在惠普期间就曾经作为辅导员帮助惠普打印机部门和惠普咨询部门设计他们的5年发展战略。

由于参与者来自各个职能部门，所以代表了公司各方面的利益，由他们参与设计公司的战略规划，可以把所有潜在的问题都考虑到了，这样设计出来的战略规划才不会有漏洞，其他人想钻空子也钻不了。

为了避免在战略上出问题，公司可以花10倍的价钱请专业的人士来做，目的就是为了做出完美的方案，让其他人挑不出毛病来。

只有这样，战略规划才可能被完美地执行。我一直认为，没有战略，就无法执行。

说到请专业人士来帮忙，学会借力，有一个很简单的例子可以说明问题。

在美国看过病的人都知道，医生给病人看病后，病人拿着处方去药店（一般是设置在超市里面）取药，但是药店拿到处方后并不马上给病人药，而是让取药的人半小时以后再来取。在这半小时的时间里，药店把医生开的处方信息发送到病人投保的保险公司，在保险公司里，有比医生在掌握药量方面水平更高的医师把关。这个医师根据医生的诊断结果，看看医生这么开药合理不合理。

如果合理，那么医师就会发指令让药店按处方给患者发药。如果医生乱开药，老开大单，那么保险公司就可能终止这个医生开药的权力，取消保险公司特约医院的资格，从此以后就没有病人上门看病了，医生就没活路了，问题就解决了。

企业制定战略规划的过程，就是不断学习、进步的过程。大家可以对自己的判断不断地做出修正，一开始的时候可能偏差很大，对一些市场判断不准确，对用户的了解不深入，对竞争对手知之甚少，但是发现问题后下一年就会加以修正，再下一年再修正。这样经过几年的努力就进入稳定期了，对一个市场的把握就会准确得多。我可以用一个具体的例子来说明如何修正自己的判断。

1990 年，中国惠普决定开发邮电市场。当时，按照事业部的统计，邮电部市场的规模只有 100 万美元左右，应该说是非常小的，但是我们根据掌握的信息和资料了解到，中国未来在通信上要大发展，市场潜力非常大，所以我们决定开发邮电市场，之后开始了长达两三年的市场分析、市场开发、市场宣传工作，通过与客户的密切接触，我们不断地修正看法和理解。经过几年的努力，我们对市场的理解加深了，产品也受到了邮电市场客户的欢迎，业务从百万美元数量级上升到千万美元数量级。

既然跨国公司经过几十年的摸索已经开发出了一套科学的战略规划体系，我们就应当采用“拿来主义”，何必非要“摸着石头过河”？

6 如何让战略得以完美地实施

战略规划做完后，所有参与战略规划的管理者都会得到一本战略规划书，上面写着每个人的名字，注明该文件属于谁，离职时必须交回，因为这份文件属于公司的绝密资料，不得复制，不得传阅。当然这样做并不意味着把它束之高阁，我们必须与部下沟通，希望这本文件成为指导我们今后工作方向的指南针，这样大家才理解公司的目标是什么？公司今后几年的工作重点是什么？每个人在整个战略里面扮演什么角色？所以战略制定好之后第一项工作就是沟通。

沟通完，大家各自领到了自己的任务，接下来就是检查工作，对战略规划中涉及的所有工作内容进行定期检查，以保证计划的实施。

战略规划能否得到完美地执行，取决于第一年实施计划的分解是否具体，也就是人们常说的可操作性。如果战略只是一些想法、一些目标，而无法分解成一个个具体的动作，就很难操作。战略规划十步法的最后一个步骤就是第一年的实施计划，每项工作任务都必须有责任人、评估时间、评估标准和评估人，这样责任人就清楚地知道自己要对谁负责，必须在什么时间之前完成任务。

在发达国家的企业里，尽管是按照市场经济的机制去经营，但是普遍注重计划。一个典型的事例就是时间的安排，如果要与跨国公司的老板见面，通常需要提前半年到一年预约，如果要见某个国家或地区的老板，可能要提前两三个月预约。所以级别越高，提前预约的时间越长。在我看来，计划做得越好，运营成本就越低，效率就越高。

我们不妨用惠普兼并康柏的案例来解释战略、计划与执行的关系。

从惠普对外正式宣布要兼并康柏，到最后开始实施兼并，前后用了8个月的时间做计划。一方面要等几方的批准，先是董事会，然后是政府和股东，另一方面也是为了确保兼并成功。在董事会批准后惠普就成立了制定兼并战略和计划的机构，称为clean room，直译就是干干净净的房间，我把它形象地称为“隔离室”，因为惠普和康柏都会派人进入“隔离室”，双方要把很多机密的信息摊出来讨论，比如组织结构、产品战略、客户资料等。一旦兼并不被批准，所有人员不得用自己在“隔离室”里获得的对方公司的机密信息攻击对方，所有的战略和计划在被批准之前不得向外界任何人透露，违者要承担法律责任。“隔离室”的人员涉及公司的各个职能、各个国家的分部、各条产品线，双方公司均派人加入，起初只有几十个人，最后达到了上千人，这些人在咨询公司的帮助下进行战略设计、计划分解等工作，他们分成十几个小组，分别对人力资源、渠道、产品、办公室整合等项目进行研究规划。到正式实施兼并的那一天，“隔离室”才宣布解散。

公司正式实施兼并的那一天被称为“零天”，“隔离室”的人员已经把从那天开始以后未来两年的实施计划都做完了，包括每个月做什么、每周做什么，换句话说，公司未来两年中都做些什么，已经精密地计划出来了，剩下的工作就是执行。当时惠普有个口号叫作“Adopt and Go”，意思是“接受，执行”，没有任何讨价还价的余地，不要强调各个职能、各个部门或者各个国家的特殊情况，而是“一刀切”，不接受就离开。起初我们都不理解，但是后来一想，如果每个人都提出修改建议，那就乱套了，计划就没有意义了，所以只能是“一刀切”。

可以说，“隔离室”的任务是制定战略与计划，而接下来的工作就是监督执行了。我是在“负一天”时知道让我负责中国内地和香港地区兼并与整合工作的，公司从上至下成立了兼并与整合办公室（Merge and Integration Office，简称 MIO），负责监督实施，我担任中国区 MIO 的负责人。

MIO 成立后的首要任务是理解公司的战略，熟悉兼并整合计划，所以成立之初，我们亚太区各个国家的 MIO 人员集中在一起，请“隔离室”中各个项目的负责人给我们介绍项目的来龙去脉，包括弄清楚公司是怎么考虑、设计的，为什么这样设计，希望我们下一步做什么，相关的工作任务是什么，各个国家怎么配合，有不明白的问题找谁问等。这样，就建立起一个比较顺畅的沟通渠道。所以在前三个月的时间里，我们花了很多时间用于理解这些计划的内容，包括有哪些部门负责实施，要点是什么，如何分解计划，如何落实到人等。只有我们全明白了，才能把计划往下传达，才能有效地监督。之后我们在中国成立了 MIO 组织，各个职能部门都必须派人参加，必须是能与各职能部门老板直接对话的管理人员，有什么任务必须回去向自己的上司汇报，并把落实后的责任人反馈给我们备案。

在中国区，一共有 10 多个大的战略任务，分解成了 100 多个小项目，这些小项目又分解成了 1200 多个动作，之后我们把这 1200 多个动作汇总起来，整合成了兼并整合计划书，有 200 多页，我们称之为 CIPOR（Country Integration Plan of Record）。这份计划书就是下一步工作的依据，包括什么时间完成什么动作，由谁来负责，写得清清楚楚。跨国公司做重要工作时都是这样，必须有一份 POR（计划书），即做之前必须先有计划，然后按照计划做事，做完再对照计划进行总结，看有什么偏差。

计划书完成后，呈送给惠普中国区四个集团的老板看，每个人看完后觉得没有问题了就签字。别看是 200 多页的文件，老板们看起来非常认真。记得当时中国惠普前总裁孙振耀看完后问我："这几个字母是什么单词的缩写？"因为我也没有仔细研究过那个缩写，所以当时脸就红了，我赶紧查了一下，告诉孙振耀，尽管他没有说什么，但是我却领教了老板们细致的工作作风。

四个集团的老板都签完字后，我就把计划书交到亚太总部的 MIO，在亚太区备案，作为中国区兼并整合的实施计划。当年年底，亚太区和全球总部的 MIO 就是拿着这份计划审计我们：你说做哪些事情，都做了没有，做到什么程度？结果如何？他们会按照计划上写的内容，一条一条地进行核对。当时，为我们设定的审计合格标准是 85%，也就是说在这 1200 多项任务当中，必须保证 85%以上的任务完成率，兼并整合审计才能过关，否则重新来。不过，在我们中国区几个核心成员的努力之下，中国惠普的任务完成率超过了 90%，在亚太区是做得最好的国家，得到了亚太区 MIO 的表彰。

总体上看，惠普与康柏的兼并整合算得上是一个非常完美的执行案例，从"零天"开始，中国的媒体上没有出现过对惠普康柏兼并整合的负面报道。后来，有记者就兼并整合的问题采访中国惠普前总裁孙振耀，得到的答案可以用两个字来形容：平静。其实，在兼并整合的过程中，最怕的就是出问题，不出问题就是最好的结果。从这个意义上讲，惠普康柏兼并整合的项目是非常成功的。但是我个人认为，这种成功不单是执行的功劳，更重要的是战略计划的功劳。在惠普康柏合并案中采用了计划、监督、执行三权分立的制度，形成了有效的制约机制，还是很有创新的，使得企业在提高执行力方面有了组织上和制度上的保证。通过这个项目，我们这些参与者学到了很多知识和技能，对我们将来的事业有很大的帮助。

> 战略规划能否得到完美地执行，取决于第一年实施计划的分解是否具体，即能否把计划分解成一个一个具体的动作。

7 没有预算，谈不上给经理人授权

对于职业经理人来讲，要想责、权、利平衡，最好找一家有完整的预算体系的公司打工，这样职业经理人才能发挥出自己的水平，与上司之间的关系也就简单了。对于我们这些职业经理人来说，在惠普工作可以说是很幸运的，因为年初做好预算，大家说好完成什么任务、给出多少预算，一年当中只要按照预算去执行即可，经理人有充分的自主权和主动权，年终检查预算执行情况时只要完成了任务，没有超出预算就行了。

与许多跨国公司一样，惠普多年来一直实行严格的预算制度。每个管理者年初都要根据战略和计划制定详细的年度财务预算，即这一年打算干多少活，花多少钱，每笔钱用在什么地方，这样年初的时候公司就知道年底能挣多少钱。只要各个部门都按照预算执行（公司有严格的制度和预警机制避免预算超支），整个公司就可以按照事先的计划实现盈利目标。

惠普的预算包括以下几部分。

对于一个基层管理人员来说，预算分成可控部分和不可控部分。可控部分包括工资、奖金、福利等相对固定的部分，也包括变化比较大的运营费用，比如电话费、国内差旅费、国外差旅费、办公用品费、员工培训费、员工聚餐费、招待客户费用等，这些都是管理者可控的成本。不可控部分，或者叫摊派成本，比如办公室房租、IT 系统费用、电费、水费等公摊费用，以及其他部门摊派过来的费用等。

所以管理者年初必须对两方面成本做出预测，摊派成本方面公司通常统一给出参考数字，而管理者侧重于可控成本的计划，从而做出整年的预算。这样我们就能计算出各个部门的人均全负荷成本。第一年做预算的时候有一些偏差是正常的，新经理的预算可以由上司协助制定，第二年以后基本上就比较准确了，因为根据上一年实际花费的数字和下一年的计划，很容易做出预算。

预算做好后，上级会审核，批准后一年当中就不再变更了。公司财务部每个月会给各级管理者一张预算执行情况分析表，包括在每个科目上本月计划花费多少，实际花了多少，偏差是多少，然后是本年度至今计划花费是多少，本年度至今实际花费是多少，本年度至今偏差是多少，一共有 6 栏。我们每个月拿到这张分析表之后，就看偏差栏，如果小于 100%，就没有事，说明没有超支；如果大于 100%，就说明超支了，不过某个月在某些科目上超支是允许的，只要总花费没有超支即可。另外，我们会根据每个科目的超支情况适当调整后面几个月的花费，尽量使各个科目全年平均下来都不超支，这种平衡能力和调节能力体现了管理者的水平。管理人员月度财务报表如表 7-1 所示。

表 7-1　管理人员月度财务报表

科目	本月计划	本月实际	本月偏差	本年度至本月计划	本年度至本月实际	本年度至本月偏差
工资费用						

续表

科目	本月计划	本月实际	本月偏差	本年度至本月计划	本年度至本月实际	本年度至本月偏差
福利费用						
交通费用						
通信费用						
培训费用						
办公用品						
..						
..						
..						
..						

如果每个部门经理都有这么一个预算，那么各个部门的预算加起来，整个公司一年花多少钱就清清楚楚了。所以，我们的财务总监曾经讲过这样一句话：一个管理优秀的跨国公司，年初的时候就知道年底挣多少钱。如果做不到这一点，就不是一家优秀的公司。按照惠普的预算管理制度，有预算责任的管理者，都被要求全年预算不得超过正负 5%，这是衡量我们业绩的一个标准。既不能超过预算的 5%，又不要低于预算的 5%，因为省得多了，意味着不需要那么多预算，公司下一年就可能削减该部门的预算指标。当然，也会有情况特殊的时候，比如公司整个业绩下滑，或者利润率降低，那么，公司会要求所有管理者相应削减 5% 的指标，要求所有的人把 100% 的预算变成 95%，因此上限就变成了 95%，自然不会出现超支的情况。这样，全公司的财务预算一年下来基本上能控制在 1% 到 2% 的偏差范围内。

有了这样的预算制度，在花钱的时候，如何执行呢？通常有四种情况。

第一种是计划内、预算内。

光有预算不行，还要有计划，比如培训：今年派多少人参加多少次培训，派这些人培训需要花多少钱，要有计划来说明。每一笔钱都是专款专用，不是拿到预算之后，想怎么“折腾”都行。预算看的是结果，计划看的是内容，所以在上级领导或者财务部确定给钱的时候，基本上把握一个原则：计划内、预算内的立即放行，一般不做任何询问，只要没有超出批准者的权限即可。

第二种是计划外、预算内。

由于环境的变化，计划需要做出调整，可以把一些钱用到其他项目上，所以管理者要先报计划，计划被批准后才能把预算调整过来，当然前提是花费没超过总预算。在这种情况下，管理者必须得到上一级的批准才行，所以财务部既掌控预算，又要看上一级的批准意见。

第三种是计划内、预算外。

比如做个广告，本来计划花 50000 元，而实际花费了 80000 元，超出预算 30000 元。这时候，当事人要到自己的上司那里去解释为什么当时预算 50000 元，现在变成了 80000 元？上司如果接受部下的解释，就签字放行，既可以调整该经理自己的预算分配，又可以在上一级预算里进行调整。

第四种是计划外、预算外。

年初既没有计划，又没有预算，这种情况就比较困难了，因为要说明为什么计划外的事情现在要去做，发生了什么特殊情况。如果上级接受这种解释，同意修改计划，就必须去调整预算，看从哪里能挪过钱来，或者要求再上一级的经理介入，从更高的层面上调整预算（当然这意味着减少其他部门的预算）。

我认为，预算制度是一套非常有效的管理方法，它简化了管理流程，加快了决策速度，也使各级管理人员有充分的自主权和主动权，授权才能体现出来，在没有预算的情况下谈授权是不可能的，很容易出现“一放就乱，一抓就死”。

那么，财务部门在预算执行和监控过程中扮演什么角色呢？

在跨国公司，财务部门的主要职责是控制预算、定期报告预算的执行情况，保证公司有健康的现金流，但是财务部不能干预业务，更不能卡别人，只要是计划内、预算内并在签字者权限范围内的花费，立即给钱。如果某项花费不合理，年底通过审计可以去检查或者追究签字者的责任，与财务部门无关。这是一个至关重要的原则性问题。

我在为一家民营企业做咨询的时候发现，该公司财务部的权力非常大，所有的花费都要财务部经理签字才能给钱，即使老板签了字也不管用。但是财务部又不参与具体的业务运作，所以很多付款申请都卡在财务部，因为有太多要付的账了，财务一看要支出的金额及公司的财务状况，就不想付账。而且由于财务经理缺乏相关的业务知识，不知道哪个客户或供应商重要，哪笔钱应该先给，哪笔钱可以后给，所以就采取慢慢拖的办法。拖到一定程度，有些客户或供应商等急了，就找业务人员的麻烦，而业务人员没有办法，就纷纷去找老板，或者怂恿客户或供应商直接找老板，客户或供应商把老板臭骂一顿，老板就赶紧付钱了。

结果是，大家都知道唯有采用这种非正常的手段才能达到目的，也就纷纷效仿。这样做的结果是，付款的审批速度无端地拖慢了，客户和供应商的满意度下降了，员工的积极性受挫了，大家在等待中消磨时光，公司的效率大大下降，管理成本非常高。

预算体系是企业实现授权与监控的前提条件。没有预算的企业根本不可能授权，更不可能监控，只能听天由命。

8
计划真的没有变化快

当今中国，经济发展可谓突飞猛进，变化速度之快令人眼花缭乱，所以很多企业认为，在中国这样一个高速发展、变化迅速的市场上无法做计划，因为“计划不如变化快”。其实这种想法是很片面的，因为很多人不理解战略是什么，也不知道计划如何做，所以就为自己找借口，认为做了计划也没有用，别说三五年的计划，一年的计划都没法做，因为市场变化太快了。但是，一天 24 小时变化过吗？人们的生活水平不断提高变化过吗？男女有别变化过吗？肯定没有变过，类似这样的不变因素至少成千上万。我们做战略、做计划的时候就是要在众多变量当中找出相对不变的因素出来，根据这些不变的因素去设计战略，所以，并没有因为中国市场变化快，跨国公司就不做中国战略与计划了。关键是管理层是否认同战略的价值，认同计划的重要性。

这些年来，我为众多国内企业做过战略规划咨询，协助他们掌握战略规划的要领、工具和方法，把该公司未来 5 年的发展战略用书面的形式写下来。我在惠普之外做的第一个战略规划项目是在 1997 年年底帮伊利集团奶粉事业部做 5 年战略规划，1998 年年底又帮北京万科企业有限公司做了 5 年战略规划，之后每年都帮几家国内企业做战略规划。总的来说都非常成功，因为那些做过战略规划的企业既培养了职业经理人团队，又厘清了公司的发展方向，为企业的健康发展奠定了基础，几年过后企业的经营状况得到了很大的改善，管理水平明显提高。可以说，这些企业在本行业中率先认识到了战略规划的价值和作用，走在了同行业的前面。

如果一个企业家没有想法，也不可能成为企业家，更不可能赚钱，但是想法并不是战略，而且想法大多是艺术性的，是不可重复的。**跨国公司采用的战略规划体系是科学的方法，是可以复制的。**所以我为国内企业做战略规划时，主要侧重于教会他们分析方法，因为这是一套科学的东西，一旦学会了就可以自己做。第一年我帮他们做，第二年他们可以照方抓药学着做，第三年就能掌握基本要领。

除了战略规划以外，惠普还有一个非常实用的工具，叫 Hoshin Plan（方针规划），目的是在某些关键环节实现突破。公司最高决策层先制定下一年的 Hoshin Plan，希望在一年当中把三个影响企业健康发展的关键问题解决好，这三个问题是日常运营之外的战略性任务，最高决策层先制定目标（Objective），再制定战略（Strategy），下一级管理者把上一级的战略当作自己的目标，再制定自己的战略，而下下一级又把该战略当作自己的目标，依此类推。这样公司的大目标被层层分解，落实到每个基层单位，从而保证整个公司的矢量一致性，提高组织智商。这样一年下来，公司在三个方面可以实现重大突破，彻底解决了一些问题，下一年再选定另外三个关键问题进行攻关，制约企业健康发展的主要问题就随着时间一一被攻克了。

当然，为了保证各项战略和计划得以实施，惠普在管理体制上实行每一项任务必须有一个人负全责的制度，就是说，一项任务可能由两个或以上的人分担负责，其中之一必须负100%的责任，其他人负50%或者25%的责任。当然这可不是简单的算术题，不需要加起来等于100%，只是为了说明大家承担的责任有多重要。因此惠普也跟其他跨国公司一样，没有专职的副总裁或副总经理，所有的副总裁或副总经理只是一种荣誉头衔，他们一定是某个部门的总监或总经理，对某项职能负100%的责任。这与国内公司普遍设置的分管副总不同，少一个层级既加快了决策进程，又降低了运营成本，更避免了扯皮推诿的现象发生，这个制度非常值得国内企业借鉴。

管理层认同战略的价值和计划的重要性并按照计划去开展工作、检查工作代表了一个企业的管理水平。

PART. 08

第八部分

用制度来规范各级员工的行为

1
如何避免技术人员离职带走技术

在过去很多年中，经常可以从媒体上看到这样一些报道，即企业的技术人员离职后把相关技术带走了，并用这些技术开发出相应的产品，与原来的雇主企业竞争，使得原来的企业不但蒙受了巨大的经济损失，而且对留下来的员工来说是很大的打击，因为一个团队辛辛苦苦开发出来的技术和产品被少数人利用并发财，这显然是不公平的。那么如何才能避免这种现象发生呢？靠自觉、靠思想教育是不可能实现的，必须靠制度，只要国内企业能改变“摸着石头过河”的传统思维模式，这个问题就不难解决。因为大家今天遇到的很多棘手的问题，在其他企业一定也遇到过，我们不可能是第一个出现这个问题的企业，只要大家有一个开放的心态，能认识到自己的不足，能走出门去、请进门来交流与学习，答案并不难找到。现代社会已经不可能且不需要仅依靠自力更生、艰苦奋斗去解决所有的问题了，一个不会借力的企业必然会走到“勤劳而不富有”的歧途上去。

像惠普这样的跨国公司是如何从根本上解决这个问题的？

首先，有制度上的保障。多年来惠普所有的科研部门一直执行严格的“科研记录本”制度，即技术人员所有的发明创造，包括思路、草图等原始素材必须写在专门的科研记录本上。科研记录本的管理有点类似于发票管理，科研记录本每一页都有号码，就像发票一样是连号的，员工不可以撕掉其中的任何一页，否则就有麻烦了。

其次，对科研部门的员工进行培训，告诉他们如何使用、管理科研记录本，何时领取、何时交回，什么样的数据、资料、草图等内容必须写到科研记录本上，如果不按照公司的要求写到科研记录本上会有什么样的后果。所有科研部门的技术人员必须知道这项规章制度的严肃性和重要性。

最后，通过内部审计来进行监督检查。任何制度必须有监督、有检查，这样才能形成约束力和威慑力，使大家知道不按游戏规则出牌会付出什么样的代价。在惠普，这项工作就是通过内部审计来完成，通过每年一次的内部审计对科研人员的发明创造、产品开发过程、文献管理、技术管理等方面进行严格的审查，一旦发现有人把技术发明、产品设计（包括想法和草图）未写在科研记录本上，就视情节轻重严肃处理：轻则警告，重则开除（跨国公司可没有三令五申、下不为例，每个人只有一次机会）。有了内部审计这样一种监督约束机制，就能形成一种威慑力，使大家不得不按照公司的要求去做。这对于保护公司和其他员工的利益都起到了至关重要的作用。

另外，所有员工在加入惠普的时候，都要与公司签订若干个协议，其中一个就是职业发明协议。在这个协议里明确规定：员工在惠普工作期间，不管是上班时间还是业余时间，所发明的与公司业务相关的任何技术、产品，其知识产权都属于公司（因为公司允许员工将公司的任何元器件拿回家，备件库永远不上锁是惠普多年来的传统），如果员工不愿意签署这样的协议，他/她有选择权，即不加入惠普，一旦员工签署了这样一个协议，就必须履行承诺。如果有人没有履行承诺，把科研记录本复印后拿走了，公司就可以跟离职员工打官司。届时，公司会拿出两样东西作为证据：一个是员工签字的职业发明协议，一个是科研记录本的原件，这样公司就可以100%地胜诉。只要事先告诉员工公司绝对不会姑息带走技术的行为，不管花多大的代价都会追查到底，就会形成一种威慑力。有了这样一套保障体系，多年来，惠普基本上没有发生过技术人员离职带走技术或产品设计的问题。

惠普要求科研人员必须把所有的创意、发明、想法、思路、草图等内容统统写到科研记录本上，那么如果有人不往上写怎么办？任何制度或政策的出台都必须事先想好这个问题：如果有人不遵照执行，如何处理？否则政策也好，制度也好就成了摆设。前面讲过可以通过内部审计的办法来监督，我们就详细讲一下如何审计。

在审计时，审计人员一般是从后依次往前推：看到一个产品设计，就会追问这个设计的依据是什么，换句话说，这个产品是怎么想出来的，创新的依据是什么，为什么设计成这样，草图在哪儿，原始的创意在哪儿。如果发现规定的任何一样原始素材没有出现在科研记录本上，那就意味着员工没有按照要求去做，员工就可能有麻烦了。当然，要做到这一点，审计人员必须是内行，而不是专职的审计人员。他们都是从事科研工作多年的老手，在技术、产品设计方面都是专家，所以对于被审计人员来说，很难蒙混过关。

从事审计工作的人都是各行各业的专家，而不是专职的审计人员，这是跨国公司内部审计的一个特点。因为审计知识可以通过短期培训来掌握，但是专业知识是常年积累起来的。

任何企业今天遇到的难题，在其他企业都可能遇到过，所以要有一个开放的心态，走出门去、请进门来交流与学习，学会借力。

2 如何避免销售人员离职带走客户

困扰国内企业多年的另外一个问题，就是销售人员离职时往往把客户也带走了，尤其是那些至关重要的大客户，一旦被销售人员带走，会给公司的业绩带来很大的负面影响。

那么这个问题能彻底解决吗？当然能。对于那些喜欢自己摸索、喜欢“摸着石头过河”的企业家和经理人来说，也许总也想不出一个完美的解决方案，今天想出一个办法这么约束一下，明天想出一个办法那么规定一下，可到头来始终无法彻底解决问题。

我们反复强调一个理念——“不要摸着石头过河”。

为什么不走出门去学习、取经？

为什么不去了解一下那些优秀的跨国公司是如何解决这个问题的？

像惠普这样的跨国公司是如何解决销售人员离职带走客户这个难题的？以下希望能给大家一些启发。

在惠普的销售体系里，有一个非常重要的工具，就是“销售漏斗”，每个销售人员必须把自己所管辖区域的所有客户都写到这个销售漏斗里，即把客户单位的名称，联系人的姓名，联系电话，未来几个月可能购买什么产品，预计订单的金额，潜在客户目前所处的状态（了解阶段、比较阶段、谈判阶段、确定阶段）等信息写到销售漏斗里（见表 8-1）。销售漏斗有以下四个作用。

一是衡量市场部的工作业绩；

二是销售人员做销售预测的工具；

三是销售经理检查工作的依据；

四是销售人员离职时交接班的依据。

销售漏斗的模型如图 8-1 所示。

图示之所以叫销售漏斗，是因为它的工作原理有点像漏斗，处于最上方的潜在客户越多，从漏斗下面漏出来的才可能越多。当一个潜在客户进入漏斗并处于最上方时，我们认为成功率为 25%；当潜在客户到达漏斗的中部，就表示会在两个品牌之间做选择，所以成功率为 50%；当潜在客户到达漏斗的底部时，就表示客户基本上已经有了明确的购买决策，但是还没有下订单，这时候成功率为 75%。下面我们就分别看一下销售漏斗的四个作用。

表 8-1 销售漏斗客户信息表

客户单位	联系人姓名	预计购买金额	预计购买时间	成功率

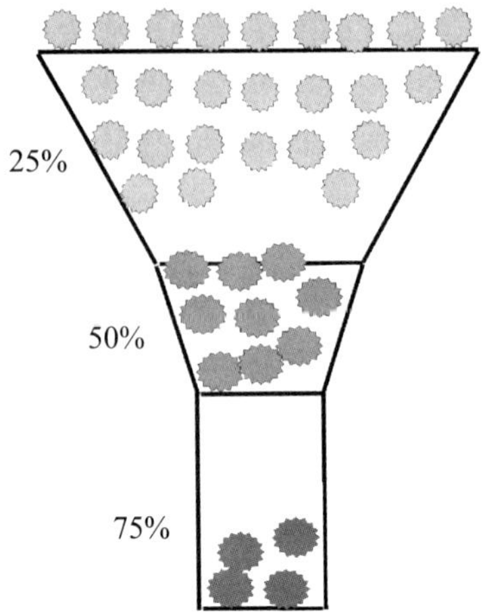

图 8-1 销售漏斗模型

第一，销售漏斗可以衡量市场部工作的好坏。如果市场部的市场开发活动做得比较好，激发出了市场需求，销售漏斗上面就会显示有很多潜在客户，漏斗总是满的。如果市场部的各项工作没有做到位，就不可能激发出客户的需求，漏斗上面就是空的。

第二，销售人员可以根据漏斗里潜在客户所处的位置，进行加权分析，统计出一个数字，这就是销售预测，可以是今后一年的，也可以是今后半年的。

第三，销售经理可以定期（通常是每周一次）检查每个销售人员的工作进展情况，请销售人员逐个介绍漏斗中每个客户的情况，包括本周做了哪些工作，有什么进展，存在哪些问题等，这样销售经理就对每个销售人员的工作情况有了一个大致的了解，对客户的情况做到心中有数。

第四，即销售人员离职时交接班的依据。一旦某个销售人员要离职，必须把销售漏斗与接班人逐一交接，凡是处于 75%位置的客户必须上门交接，两个人一起去客户那里，告诉客户原来的销售人员要离职了，从今以后由另外一位销售人员与客户联系。对于那些处于 50%位置的客户来说，一般采用电话交接的方式，即原来负责的销售人员打电话给客户，告诉客户自己要离职了，今后由另外一位销售人员负责，并请客户与接班人在电话上直接沟通，并约定时间拜访客户。对于那些处于25%位置的客户来说，则可以缓一缓再处理，等把75%和50%成功率的客户全跑遍了，新来的销售人员再按照销售漏斗上的信息联系客户，告诉客户本公司原来与客户联系的某某已经离职，今后由自己负责与客户联系，需要的话可以约时间拜访客户。这样一来就从交接制度上杜绝了销售人员离职带走客户的问题。

但是你可能会想，如果销售人员不把客户信息写到销售漏斗上怎么办？也就是出现通常说的“藏单”现象，因为销售预测是根据上一年的实际销量和销售漏斗里的潜在客户信息制订的，所以漏斗里的客户越多，预计成交量越大，销售指标就可能越高。从这个意义上讲，销售人员有藏单的动力和动机，他们会尽量少放客户名单，这样销售指标可以低一些，下一年容易超额完成任务，从而拿到较多的佣金。如何解决这个问题呢？

这就需要通过制度来约束，事先一定要对销售人员讲清楚以下几个道理。

1）客户是公司的“财产”，不是员工个人的“财产”，所以他们不能据为已有；

2）如果有意识地藏单，说明销售人员的道德有问题，将直接影响销售人员在公司的发展前景；

3）如果一个潜在客户从未在销售漏斗上出现过，公司的订单处理系统不会接受，如果今天把客户放上去，明天就进单的话，只能说明这个销售人员在作假；

4）没有放到销售漏斗上的客户不会得到相关部门的任何售前服务和技术支持。

把这4个道理讲清楚之后，销售人员就不敢在漏斗上做文章了，有了潜在客户就尽快放上去，以免给人留下不诚实的印象。对于那些敢于冒险的极少数人来说，一旦出现藏单问题而被上司或同事发现，就断送了自己的前程——尽管当年可能会拿到很多钱，但是下一年怎么办？已经无法再待下去了，只能走人。

另外，也许您会担心：如果销售人员离职时复印一份销售漏斗，不是照样可以与原来的客户做生意吗？如果销售人员跑到竞争对手那里去了，一定会想方设法说服客户也转到竞争对手那里去，可是一旦有了销售漏斗的管理办法，客户方的采购人员就不敢了。道理其实很简单：销售人员只需要去找采购人员的上司并告诉对方过去贵公司一直购买我们企业的产品，直到最近我们的销售人员跑到竞争对手那里去了，你们的采购人员就改变了购买意向，跟着销售人员跑了。如果对方没有与采购人员串通一气，这个问题就很容易解决，采购人员等于告诉他的上司，自己与卖方销售人员之间有“猫腻”，选择卖方的标准不是产品和服务，而是销售人员。当然一旦发现采购人员与其顶头上司是串通一气的，那就要去找采购部经理的上司。可以说，没有哪个采购人员会傻到这个份上，愿意去冒风险，这样就有了一种无形的约束力。只要新接手的销售人员不犯错误，公司的产品或服务不出什么大问题，销售人员离职带走客户是不太可能发生的。

国内企业尽管在经营上绝不比跨国公司差，在管理上还应当虚心地学习和借鉴。

3 通过内部审计制度来保证企业健康发展

前面已经讲过，为了避免出现各级员工违规的问题，一个对企业的健康发展很在意的跨国公司每年都要进行严格的内部审计，花费大量的人力和物力，这样就可以最大限度地减少企业内部发生腐败或严重管理问题的可能性。

为了避免审计人员方面出问题，惠普对审计人员的选择很有学问。他们通常并不是专职的审计人员，而是临时抽调上来做几年审计，然后又回到各自的工作岗位。另外他们是各个职能的专业人员，熟悉各个职能的工作流程，知道哪些环节容易出问题。

惠普把这些审计人员分成几个小组，分配谁去哪个国家（分公司或分部）做审计，直到去之前最后一个月（或者半个月）才正式公布；与此同时，审计小组的成员就被封闭起来了，基本上处于与外界隔绝的状态，以防止被贿赂。

在惠普，内部审计采用五级打分制。

第一档是最严重的审计失败，也就是不过关；

第二档是严重警告；

第三档是警告；

第四档是建议；

第五档是合格。

不管是哪个分公司或分部，一旦出现审计不过关的情况，就可能面临两种选择：要么停业整顿，要么老板下台。

如果审计的结果是严重警告，那么老板和高管的业绩就会降分。因为在对老板和高管的业绩评分里有一项指标就是内部审计的得分。审计人员会告诉获得“严重警告”的当事人：今年是严重警告，下一年公司会重点查这一项；如果明年没有改进的话，就变成了不过关，到那个时候肯定有人要受处罚。

如果某项内容审计结果是警告，说明在这方面有变坏的趋势，如果不及时采取措施，将来问题会很严重。

如果审计结果是建议，说明某个方面存在隐患，如果不及时采取措施的话，就可能演变成比较大的问题，出现警告或严重警告的结果。

在内部审计方面，任何人都没有特权，一旦出现问题，不管是哪个分公司或分部，其负责人都要承担全部责任。

由于审计工作是年复一年进行的，所以大家都知道内部审计的重要性，一般都不敢怠慢，因为谁也不希望自己的部门出现问题，因此审计就形成了一种强大的威慑力。

我在惠普工作多年，也被审计过好几次，第一次被审计的时候感觉很害怕，因为不知道审计人员会问什么，但经历过一次之后就不怕了，因为只要自己没有违规的行为，就很容易过关。

所以我所在部门的审计结果大多数是合格，只有一项得了建议。

内部审计并不是“开卷考试”，而是审计人员跟相关人员随便聊天，问某个事是怎么做的，有没有相应的计划和背景材料，有没有得到相关人员的批准。

当审计人员问到一些资料时，如果当事人认为自己有，只是一时拿不出来，审计人员会站在旁边等着，给当事人 5 分钟的时间寻找；如果找不出来，那就说明文件管理有问题。这时候当事人只能实事求是地解释，因为要想编什么理由是不可能的。

了解了审计的方法之后，我们对各种档案的管理就很在意，一定要有条理，不管找什么资料，5 分钟之内必须能找出来；如果 5 分钟内找不出来，那就说明档案管理存在问题。

惠普的审计涉及企业管理的很多方面，其中一项是关于保密资料的管理。公司有以下明确的规定。

凡是属于公司机密的文件资料，当事人必须妥善保管。如果放在办公桌的抽屉里，必须上锁。如果锁在抽屉里的保密文件被人拿走了，当事人不承担任何责任。但是如果放在抽屉里而没有上锁，那么一旦保密资料丢失的话，当事人就要承担 100% 的责任。

记得有一次，审计人员到北京后，接待人员把他们安排好住宿之后就回去了，约定第二天早上 9 点开会，并发给每位审计人员一张进出办公室的门卡。

审计人员吃过晚饭后决定临时抽查保密文件的管理情况，于是他们来到办公室，开始检查每个人的办公桌，看哪些办公桌的抽屉是没有上锁的，然后检查这些没有上锁的抽屉里面是否有保密资料。

如果没有上锁的抽屉里有保密资料，审计人员就在该员工的桌子上贴一张小黄条，写明“你的保密资料没有保管好”。

整个公司所有的抽屉都检查一遍之后，审计人员当晚就做出了一个分析报告：一共检查了多少员工的桌子，有多少员工存在保密资料未上锁的情况，这些人在各个部门的分布等分析数据。

第二天到公司开会时，这些人就将保密资料的管理审计报告给大家做了通报，出其不意地完成了该项审计。

审计人员在审计过程中一旦发现某位员工存在问题，会很礼貌地给员工解释这个问题的严重性，说明这个问题会给公司的管理带来的危害，从而使员工心服口服。

当然他们在与被审计人员沟通时，一般都很有艺术性，体现了他们高超的沟通技巧。

比如，当发现某个员工有问题时，审计人员一开始会把问题说得比较严重，并解释说如果这个问题持续下去的话，将来会有什么严重的后果，员工越听越害怕，甚至会汗流浃背。

如果员工发现问题后能积极配合，态度很好，并没有刻意编理由或者推脱责任，没有试图欺骗审计人员，审计人员在打分时一般都会手下留情，本来应该给严重警告的只给一个警告（也许本来就应当给警告）。这样做的结果，是让当事人感觉到审计人员比较仁慈。

尽管审计人员很严格、认真，不过还算宽容，从而体现出一些人情味。

这是公司的普遍做法：检查的时候很严格，处理的时候略微轻一点，只要能起到警示作用，让大家尽快改正就达到目的了。

为了让企业健康地发展，必须建立严格的监督约束机制。就像人要定期体检一样，企业也需要体检，以便及早发现问题，及时采取措施。

4 用严格的制度避免管理人员滥用职权

尽管在惠普的企业文化里假定“人性善”，相信每一个人都有把工作做好的愿望，并通过合理的授权使各级管理人员有相当的自主权，但是授权与监控必须同时存在，否则就容易出现“一抓就死，一放就乱”的局面。

企业要给各级管理人员授权，就必须具备相应的预算体系。有了预算，各级管理人员就可以决定本部门的资金如何支配，并通过实时的调控来保证预算的执行，避免出现超支的问题。这就赋予各级管理人员一定的财权。

有了预算，接下来的工作就是编制各级管理人员的签字权限表。公司每年都会根据市场环境的变化对签字权限表进行修正并予以公布，从总经理到职能经理（总监），从中层经理到基层经理，每个人都知道自己的签字权限是多少。这样既保证了工作的效率，又实现了有效的监控，因为有些项目只有职能经理（总监）以上的管理人员才能签字，有些项目只有财务总监有签字权，有些项目只有总经理有签字权等，详见管理人员签字权限矩阵（见表8-2）。

有了签字权限表，接下来就是按照申请和审批流程办事。一般说来，数额比较高的花费都要先有计划，再有申请，最后是费用报销，而小额报销则没有中间的申请环节。计划就是我们上面说的预算，申请就是每次花费时（付款前）相关人员要填写相应的申请表格，表示这笔钱马上要花了，并有背景材料作为支持（比如多家供应商的对比文件、供应商的付款通知、一份活动计划等），根据这笔钱的数额和签字权限表就能知道哪一级经理签字就可以了，只要是计划内、预算内的花费，不需要更高级别的管理人员签字；如果是计划外或者预算外的项目，则需要更高级别的管理者介入。这时候批准的是付款申请，等到实际费用发生后，根据实际数额（对方发票上的数字）进行报销；如果实际花费与付款申请没有偏差，则相关人员签字后财务部就付款了；如果实际花费数字与付款申请数字有出入，则申请者需要解释，甚至需要更高级别的管理者介入。

表8-2　管理人员签字权限矩阵

	固定资产	日常花费	国外差旅	国内差旅
总　裁	无限制	无限制	无限制	无限制
财务总监	100万	50万	20万	10万
职能经理	无资格	10万	10万	5万
二线经理	无资格	5万	无资格	2万
一线经理	无资格	2万	无资格	1万

另外，管理人员签字是有顺序的，不能越级签字，也就是说，各级有签字权限的管理人员在签字之前，必须检查下级管理人员是否已经签字了，在下级管理人员签字前，上一级管理人员不能签字，否则下级管理人员就没有签字的意义了。这样做，一方面可以防止高层管理人员越

权审批，另一方面也使各级基层管理人员感到有实权。当然，签字就意味着承担责任，而不仅仅是权力的象征。如果申请者造假（或有其他问题），而管理人员没有检查就签字了，那么公司要追究管理者的领导责任，因为这是典型的管理者失职。道理很简单：公司的财务部门不可能判断每项花费是否合理，所以检查的职责就落在了各级管理者的身上，财务部门看的就是各级管理者的签字。

最后，各级管理者不能现场签字，即不能让申请者在旁边等着（看着）管理者签字。在国内的很多影视剧中，经常可以看到这样的镜头：秘书拿着一摞文件，在老板开会或者正忙着的时候，让老板签字，而老板拿过来连看也不看，大笔一挥就签了。看起来很潇洒，但是这是胡闹。每当看到这种镜头的时候，就让人感到可笑——要么这是不懂企业管理的人编的剧本，要么就是剧本的原型人物参照的是一些不懂企业管理的老板。为什么这么说呢？因为这样签字的话，别人把老板卖了他自己都不知道，因为老板根本就没看要签字的内容是什么，对自己、对公司意味着什么都不清楚。

在惠普，签字的程序是这样的：秘书有个专门供上司签字的夹子，所有的申请者把要签字的表格和背景材料交给秘书，由秘书统一整理好放到签字夹子里面。在每个要签字的地方有一个小纸条，告诉上司在哪里签字。申请人将这些准备好的资料放到上级管理人员那里后就离开了。不管是多么紧急的事情（很多紧急的事情其实都是人为的），管理人员都不会当场签字。为什么？因为如果申请人在场的话，管理人员就不好意思仔细地查看背景材料，但是如果把资料放在那儿，管理者可以在忙完了工作后慢慢看、仔细看。当申请者知道上司有足够的时间仔细检查的时候，就会形成一种威慑力，申请者就不敢作假了。

我们再来看一下惠普在员工的业绩评估方面如何防止管理者滥用职权。

前文提到过，业绩评估是员工的上司对部下做出的主观评价，正因为是主观评价，所以管理者有很大的权力决定部下的业绩分数，从而决定部下的升迁和薪资调整比例。那么如何保证管理者不滥用职权呢，不利用这个职权去寻租呢？

在惠普，不管是多高级别的管理者，其直接管辖的部下一般都不超过 15 个人，正常情况下是 10 个人左右，每个管理者负责给自己的直接下属做业绩评估。如果一个大部门的经理或总监分管五个小部门，那么这个大部门的经理或总监就负责这五位小部门经理的业绩评估，而由这五位小部门的经理负责下面员工的评估。不会出现“一支笔”现象，即公司所有人的“生杀大权”都掌握在老板一个人手上。

每个管理者做完了部下的业绩评估后，还必须能经得起上级经理或平级经理的检查，从而形成一种制约，避免管理者给某位员工“穿小鞋”，或者给某些员工特殊照顾。当然要做到这一点不能凭自觉，还是要靠制度，所以在惠普有一项制度，就是交叉对比大排队（Cross Ranking）。这项工作通常在一个大的事业部、分部或分公司进行，前提条件是在 50 个人以上的机构进行，如果不够 50 个人的话就要与其他部门合并起来进行。按照从 1 分到 5 分的业绩评估进行交叉对比。按照公司的要求，50 人以上的部门都要按照正态分布进行调整，即得 5 分的员工不能超过总数的 5%，得 1 分的员工也不能超过总数的 5%，这是严格的规定。大量的员工都集中在中间部分，其中得 3 分的员工所占比重最大，一般是在 50% 左右，得 4 分的和得 2 分的大概各占 20%。

我们在进行交叉对比大排队时，各位经理必须把得 5 分的员工拿出来供大家评估：要讲清楚这个人出类拔萃的地方是什么，为什么给这个员工 5 分，然后把所有得 5 分的人放在一起进行横向比较。各个部门的经理都可以发表意见，对于那些仅对自己的上司负责、缺乏团队合作精神，或者在其他部门员工看来不是很优秀的员工，都会变成 4 分甚至 3 分。同样，凡是给部下打 1 分的经理必须解释为什么打 1 分，是基于什么原因，有什么证据，员工在哪些方面没有达到公司的要求等，避免管理者对某个员工不满意就压低分数。如果其他部门的经理并不认为某个员工那么差，有时候也会改变打分，从1分改成2分。这样一来就最大限度地避免了管理者把个人的恩怨掺进评分、滥用职权，从而营造一个比较公平、公正的环境，使员工心服口服。有了这样一套系统，员工慢慢地就会明白帮别人就是帮自己，大家会尽力帮助其他部门的员工，从而把团队合作落到实处，而不是停留在口号上。

有权力就要有制约，没有制约的权力必然导致腐败或寻租。所以授权与监控必须同时存在，要靠制度而不能靠觉悟。

5
把员工培养成正直、善良的人

在惠普的核心价值观里，有一条非常重要的原则就是诚信与正直，所以惠普希望每个员工能以社会上最高的职业道德标准来要求自己，启发员工的善心。公司除了每年一次的职业道德（经营准则）方面的培训以外，在日常工作中还通过一些具体的做法来引导员工，而不是停留在理念和说教上。就拿出差报销为例，惠普一直采用实报实销制度，而不采用包干儿制，这样可以让员工自己把握分寸，知道该花多少钱，从而体现公司对员工的尊重，让大家可以兼顾自己与公司的利益。那么住什么样的酒店、花多少钱吃饭比较合理呢？大家可以用这样一个尺度去衡量，即花公司钱的时候要像花个人钱一样节俭，花个人钱的时候要像花公司钱一样大方。在因公出差时，公司既不希望提高员工的生活水平，又不希望降低员工的生活水平，所以大家要以平常心来看待这个问题。

尽管没有具体的数字要求大家必须遵守，但是每个人心中其实都是有数的，比如说一位经常请客户吃饭的业务人员，一顿饭吃了两万元，那别人肯定会觉得这有点离谱，就要问一下原因；如果吃一两千元，大家觉得比较正常，可能是比较重要的客户。尽管没有绝对的数字，也没有统一的规定和标准，但是判断的标准就是一旦公司把这件事情公布于众，是否会造成负面的影响，这就是客观的标准。通过这种方法可以让员工用判断去理性地花钱，用行为来证明自己是一个正直的人。记得有一次，一个高层管理者讲过这样一个故事：在某个国家，有一位惠普的员工每次出差回来报账的时候，上级都会发现他每天晚上都要喝一瓶价格比较高的葡萄酒。他的上司觉得他出差这样花公司的钱，未免太奢侈了，但是经过一段时间的调查发现，该员工在家的时候天天如此，也就没有什么可说的了。

教育员工不能靠罚款，要靠引导，各级管理人员千万不能把惩罚当作家常便饭，动不动就罚员工。在惠普，只有违反了职业道德规范（经营准则）的员工才会被公司毫不客气地赶出门去，因为任何惩罚都是下下策。在我帮助国内企业做咨询的时候，会听到员工抱怨公司动不动就罚他们，只要工作上出点问题，或者迟到了，或者某项花费超支就扣工资或不予报销，有的企业甚至一个月考评一次，给员工带来很大的压力。

可以说，一个人难免犯错误，况且人的情绪好坏也是有周期的，因此各级管理人员要站在员工的立场看问题，尽量理解员工的困难、考虑员工的处境，给他们一定的时间去调整。如果员工家里有事，管理人员要尽量提供方便；如果某个月没有完成业绩，下个月还可以加倍努力地补上。只要员工在心态上是积极努力的，管理者就不要只盯着短期结果，这样员工才会更加珍惜自己的工作，感到自己在这里工作得到了大家的尊重和信任。

说到罚款，不妨多说几句，罚款不是家常便饭，而是警示或威慑。

在新加坡的地铁里，如果一个人吃东西或喝饮料，按规定罚款1500新加坡元（相当于7000多元人民币），但是几乎看不到这种情况的发生，这是因为罚款的额度很高（与很多工薪阶层的月收入差不多），所以大家都会认真地遵守，谁也不愿意去冒险，结果很少有人被罚。因为这种高额的罚款不是真的为了罚，而是为了不罚，是为了杀一儆百，形成一种行为规则上的威慑力，希望大家不要做这件事。低额罚款会破坏规章制度的严肃性，也会削弱人们的规则意识。高额罚款则正相反，能遏制违章违记的发生。

先做人、后做事，这是企业应当提倡的用人之道。企业要用社会上最高的职业道德标准来要求员工，启发员工的善心。

6
“以人为本”需要制度上的保障

惠普这样的跨国公司从来不刻意强调“以人为本”，但是我认为在很多具体的做法上却处处体现出“以人为本”。我进入惠普后最大的感受就是公司非常尊重员工，员工与公司是平等的。因为惠普一直是以善待员工而闻名于世，所以在很多国家都是最佳雇主，除了少数有硬性规定的国家以外，惠普在大多数国家都没有工会组织，因为员工认为没有必要成立工会，更不可能出现员工与公司对立的局面。这在西方企业里并不多见。

为了贴近员工，公司高层管理人员去各个国家的惠普公司检查工作的时候，不管行程多忙，都要安排时间与员工交流，听取大家对公司的意见。记得 1988 年的时候，当时惠普的全球总裁（CEO）John Young 来中国惠普检查工作。为了让他了解中国惠普的管理现状，公司从每个职能部门中选出一名优秀员工代表，与他共进晚餐，我作为市场部的代表也参加了那次晚餐会。除了我们这 10 名员工以外，没有任何中层和高层管理者在场，这样才能让员工在没有任何压力和顾虑的情况下畅所欲言，直接向最高领导者真实地反映情况。

总裁边听边现场把各种问题和建议记录下来（当然不记录发言者的姓名）。回去以后，他根据这些问题和建议给中国惠普的管理层提出他的意见。那么为什么不让中间层管理人员参与呢？这是非常重要的一个原则。如果中间层的管理人员在场，基层员工在发言时就会有所保留，不敢讲真话，否则大老板走后自己就可能有麻烦了（担心“穿小鞋”），这是非常简单的道理，无人不知。但是如果高层管理人员要想听真话，就要有制度上的保障，否则不可能听到真话。

除了公司的总裁（CEO）之外，惠普各个集团的总经理（美国公司都是公司下面有集团，而不像中国公司那样是集团下面有公司，所以各集团的总经理一般都是公司的全球高级副总裁）来中国时也会安排时间与各级管理人员和普通员工交流。在惠普没有拆分出安捷伦之前，我们集团的总经理 Tom Vos 带着他的管理团队每年来中国一次，检查我们的工作。当时我在惠普中国测量仪器分部做市场总监，惠普的高级副总裁与我们几个职能经理（各部门的总监）安排了一对一的面谈，每人一小时，没有任何其他人旁听。这样，我们这些职能经理就可以畅所欲言，没有顾忌，与公司最高层的管理者进行面对面的交流。通过这种交流，高层管理人员可以了解最真实的情况。另外他们还会安排与基层员工的小组讨论（一批人一起谈），话题包括公司的发展前景、我们分部的发展问题、各个部门的小问题等。可以说，老惠普的管理人员每次下基层都有这样一个规定动作，就是与员工沟通，充分体现惠普以人为本、善待员工的理念。

在中国惠普，为了聆听员工的声音，还有一项制度，叫作“喝咖啡的时间”，即每个高层管理人员和各分公司的总经理每个月必须找 6 ~ 8 名员工座谈一次。惠普大厦附近有个星巴克咖啡厅，那也是我经常光顾的地方。一般我是按部门轮流进行，比如这个月找人事部门的员工喝咖啡，下个月找财务部门的员工喝咖啡，再下个月找 PC 部门的员工喝咖啡等。这样，一年做 12 次，各大部门基本上就能够轮流一遍了。公司的高管层有 10 多个人，加上 8 个分公司的总经理，差不多 20 多人，这样一年下来就能与 1000 多人进行面对面的交流。

惠普为了保证与员工沟通的效果，对“喝咖啡的时间”有明确的规定，比如每次时间不少于两小时，因为刚开始的时候，员工可能不习惯在高管面前随便讲，但是喝着咖啡慢慢聊一个小时以后，大家就放松了，关系就会越来越融洽。再者我们并没有预备好话题，而是让员工随便聊，目的是创造一个轻松的氛围，这样大家就愿意说实话了。公司希望通过这种方式，可以及时听取员工对公司各方面的意见和建议。其实，很多事情只要有一种沟通渠道就很容易解决，那些闹大了的事情往往是积累起来之后才爆发的。

每个高管人员在完成了每月一次的“喝咖啡的时间”之后，就要按照标准的格式写出一个沟通报告。报告一般涉及座谈的时间、地点、参与的人员、时长，以及涉及哪些话题，哪些问题已经给予答复，哪些还没有答案等，然后将那些没有答案的重大问题和意见整理出来，拿到公司的决策委员会上讨论。经过决策委员会的讨论，有些建议会马上采纳，并指定专人立即着手去办，这样在每月一次的员工沟通大会上就可以向员工通报：我们收到了哪些建议，其中被采纳的员工建议有哪些，从何时开始执行；哪些是没有被采纳的建议，公司为什么没有采纳这些建议等，都会向员工交代清楚。这样员工才有积极性参与这项活动，否则一旦出现“虚心接受，坚决不改”的情况，员工就对这种活动失去了信心，知道说了也没有用，自然就变成了“形式主义”的东西。

当时，员工在建议中反复提到的一个问题就是“周五是否可以穿休闲装上班”？那时每月只有开员工大会的那一天可以穿休闲装，所以很多员工都想变成每周一次，但是这个问题提了很多次，都被否决了，因为客户有可能星期五来公司，如果客户看到大家都很休闲，就可能觉得这家公司不够专业。所以出于这个原因，这个建议始终没有被采纳，但是公司会明确地告诉员工不采纳这个建议的原因所在。在惠普看来，任何沟通都必须是一个闭环，有来有往，不能别人提了什么问题或建议，其他人觉得无关紧要，就不予理睬了，在提建议的人看来就石沉大海了。给员工一个回复，沟通才算完成。这样员工才知道，我提了很多建议，采纳和不采纳的道理都非常清楚；即使没有被采纳，员工也明白管理层在乎和尊重员工的意见和建议。

为了把各项政策落到实处，公司每年在对薪资、人力资源政策等方面进行调整之前，都要先征求各级管理者的意见，而不是人力资源部门闭门造车、直接把政策公布出去，这样才能充分体现“以人为本”的理念，因为各项政策要想完美地实施，必须先得到管理层的认同和支持。所以在惠普，每年都有一次年度经理大会，所有管理层的经理（有部下的管理人员）都要参加。在这个大会上总有这样几个议程。

第一，最高领导者介绍公司下一步的发展计划和工作重点，从而使大家理解公司的主攻方向，统一思想、认识。

第二，进行知识的交流，经常请一些法律、外贸、经济方面的专家给大家做讲座，使大家更新知识，对国家的政策、法规、市场环境等方面的变化有一个全面的认识。

第三，人力资源部门解释下一步的调薪方案。在制订调薪方案时，通常会选择相关行业里，在人才方面有一定竞争关系的公司作为参照，再根据公司的经营状况和通货膨胀率等因素，决定下一年各个级别的调薪计划。

举办这种沟通会的目的，就是让各级管理人员理解公司的政策，这样管理人员才能代表公司去面对员工，把公司的政策、计划和方案准确地传达给员工，并站在公司的立场上维护公司的形象，解释各项政策背后的道理。因为一个管理者面对员工的时候，他就代表了公司；遇到员工不理解公司政策的时候，管理人员千万不能站在旁观者的立场上发表意见，必须想办法向员工解释，化解员工对公司政策的误解和不满情绪，即使自己不赞成公司的某项政策也必须这样做，这是对管理者最基本的素质要求。

“以人为本”不应当停留在口号的层面，要落实到行动上，而要做到这一点就必须定义出什么叫“以人为本”，达成共识。

PART. 09

第九部分

从优秀到卓越

1 聪明地工作比努力地工作更重要

在传统的惠普企业文化里，既强调工作、生活两不误（Work life balance），又强调聪明地工作，所以我们刚进惠普时在价值观念方面不得不作出调整，因为那时候在很多国内单位里，任劳任怨、加班加点的员工才是好员工。但是**惠普这样的跨国公司却不提倡员工整天努力拼命地工作，而提倡员工聪明地工作（Work smart，not hard），希望员工能在工作中开动脑筋，想出更好的办法去解决问题、完成工作，从而提高工作质量和效率。**

比如，做某件事情今天花了三个小时，回去后就要想一想：下一次再做这件事的时候能否用两个小时做完，怎么做才能用两个小时做完，需要在哪些方面做出改进，是改变流程还是改变方法，是改变工具还是改变技巧等。惠普的文化就这样激发员工勤于思考。如果想出了好办法，下一次可以用两个小时完成了，那么还要进一步探索，有没有希望用一个小时就能做完？这样永无止境地探索下去，工作质量和工作效率就会不断提高，流程就会不断优化，从而达到少干活、多办事的效果，从根本上避免“勤劳而不富有”的局面出现。而一旦某个人想出了好办法就可以推广开来，大家可以用更省力的流程和方法完成工作，从而提高整个企业的工作质量和效率。这就是典型的知识管理的范畴了。

这一价值观念，在惠普几十年的历史中，影响深远。公司并不鼓励员工加班加点，而是希望员工寻求最省力的方式来完成工作，所以在各种培训中都反复强调，希望通过培训使员工掌握工作技能，从而减少工作时间，提高工作效率。而对于那些经常不能按时完成工作的人，上司可能会问他们为什么，是什么方面出了问题而无法在工作时间内把工作做完？所以员工加班得到的不是鼓励和表扬，而是质疑，这样员工就不会把加班加点当作好事来看待。因此在我长达十几年的惠普职业生涯中，加班加点的次数不过几十次而已，只有遇到重大活动、重大会议，才有可能出现加班加点的现象，平均下来，一年也就是几天的时间，这一传统直到卡莉时代才发生了根本的变化。

聪明地工作比努力地工作更重要，让员工在工作中开动脑筋，想出更好的办法去解决问题，可以提高工作质量和效率。

2 让专业人士做专业的事

让专业的人士做专业的事，是现代社会职业分工的一个基本原则。有分工、有合作，这样有各种专业技能的人才能在组织中发挥出水平，工作质量和工作效率才比较高。

我刚进惠普的时候，在市场部担任市场开发助理工程师，当时包括我在内，市场部共有5名本地的助理工程师，其他人大多来自中国香港和新加坡。那时候在公司的入口处有一个透明的、用于放置各种演示设备的房间，供客户来访时演示参观用，所以这个房间归市场部管。为了保证演示房间的整洁，市场部需要指定专人负责这个房间的日常管理，而我成了最佳选择，因为在市场部所有的助理工程师当中，我是唯一一名在加入惠普前有工作经验的员工（已经在大学工作过3年多），所以上司要我负责管理那个演示房间。那个房间是公司的“脸面”，就在入口处，而且离两位老板非常近（那时候有一位外方总经理和一位中方总经理），所以那项工作可以说是一个费力不讨好的工作。不过我当初的想法很简单，别人都不愿意干的事我来干，多干活总没坏处，毕竟我在北京没有任何依靠，只能靠自己的努力工作去赢得一席之地。

记得有一天我从外面回来路过演示房间，看到房间里机器放得乱七八糟，纸箱子满地都是，不知道是哪个部门用完了设备后往那里一扔就走了，所以我就赶紧动手收拾房间，先把机器摆好了，再把空箱子放到仓库里，然后扫地擦桌子。就在我干得正起劲的时候，市场部的经理刚好看到了，他就问我："小高啊，你在做什么呢？"

我说："我在收拾房间呢。"

他说："过一会儿你收拾完了，到我这里来一下好吧？"

我说："好。"

我当时心里想，老板看着我满头大汗，那么辛苦地干活，一定会表扬我吃苦耐劳什么的，所以我干完活洗了一把脸就去找他了。

他问我："你刚才在做什么？"

我说："我在收拾演示房间啊。"

他说："你为什么要收拾演示房间啊？"

我说："那个房间不是归我管吗？"

他说："是啊，是归你管，可是没有人叫你自己去打扫房间啊？"

我一听很吃惊，不知道如何是好。

他接着就问我："你的岗位是什么？"

我说："我是市场开发助理工程师。"

他说："你知道打扫卫生的人是多少级吗？"

我说："我不知道，但级别肯定比我低很多。"

他很认真地说："我想告诉你的是，我不希望用一个工程师的薪水请你来做打扫卫生的工作"，他接着说，"应该让专业的人士去做专业的事情。你作为一个市场开发工程师，就应该做市场开发工程师的工作。那个房间脏了，你的责任就是告诉打扫卫生的人这个房间脏了，你赶紧按照标准收拾好。"

当时我听了他的话很不是滋味——我这么辛苦地工作，为的是公司的“脸面”，为的是尽心尽力地完成好分配给自己的工作，无论是动机还是态度都没的说，怎么上司不但不表扬我，还批评我？因为那时我刚进惠普，价值观念还没有转变过来，所以有一种做好事不得好报的感觉！别人都不干这种事，自然就不会挨批评，而我干得越多，反倒自讨苦吃。回到集体宿舍后我很郁闷，不理解跨国公司为什么这样对待员工；要是在原来的单位，我一定是在大会上受表扬。经过好长时间的思考，我总算想通了：上司说得很有道理，如果大家都像我这样，老板干员工的事，员工老想着干老板的事，那公司就乱了套了。所以从那以后我就接受了这样一个理念：让专业人士做专业的事情！不要老想着去干别人的活，否则对公司来说并不划算。

让专业的人士做专业的事情，是现代社会分工合作的基本原则，只有让有专业技能的人才发挥出水平来，工作质量和工作效率才比较高。

3 沟通从细节做起

很多管理者都认为沟通是一件非常简单的事情，甚至没有人承认自己不会沟通。但是，在一个企业里，各级管理人员要想把沟通做到位，并没有想象的那么简单，只是大多数人意识不到沟通的复杂性而已。我在惠普工作了 15 年，在经历了无数次的培训之后，在经过了多任上司的调教之后，才算弄明白了沟通到底是什么。比如，很多公司都经常出现这样的问题：上司把任务交代给部下，部下说知道了、没问题，可是在执行环节出现了偏差，上司认为部下没有按照自己说的去做，而部下认为自己当初的理解就是这样，肯定是上司没说清楚，结果是互相埋怨，推卸责任，甚至产生矛盾。

为什么会这样？因为人的本性就是按照自己的理解去做事，如果双方在事先没有花时间详细地沟通，就很容易出问题。记得小时候看电影的时候，有这样一个场景：在海上航行时，船长发指令说“左满舵”，轮机手会回答“满舵左”，后者并不是重复上司的指令，而是从另外一个角度表达自己的理解。尽管那时候我们都不明白为什么，但是现在想来就很简单了——这是一种有效的沟通方式。很多人理解的沟通就是告诉别人一件事，发个邮件，打个电话，留个言或者发个微信，这就算是沟通了，其实真正的沟通要复杂得多。

那么真正意义上的沟通意味着什么呢？

第一，要确定告诉别人的是什么信息，比如一件事；

第二，要确认对方是否收到了信息，即对方要做一个回应；

第三，就是对方理解了吗，清楚了吗？需要对方给出一个明确的理解信息，最好是让对方把理解的意思用不同的方式反馈回来，这样才知道对方是否确实理解了自己的意思；

第四，对方在理解了信息之后，是否认同，是否接受这个信息（比如一项工作任务）？如果接受的话，需要给出一个承诺，比如什么时间完成，让工作进展有一个相对的可控性；

第五，在接近任务完成日期的时候提醒对方，让对方知道完成任务的时间快到了；

第六，在完成日期那一天，不管对方是否完成了任务，都要给相关人员一个汇报总结，既包括对方当事人，又包括自己的上司、对方的上司及其他人员。如果对方圆满地完成了任务，通常要向对方表示感谢。如果对方没有按时、按要求完成任务，那就要把这件事情告诉自己的上司和对方的上司，把事情的原委写清楚，包括接下来如何做。这就是我所理解的沟通过程。所以说，沟通一定是双向的，如同握手关系，需要双方共同努力。

在惠普，大家对沟通都非常重视，以避免不必要的误会和麻烦，这些在很多细节上都能体现出来。比如，我们去国外某个地方开会，会议组织者在会前一周左右会给每个参会人员发一份地图和行车指南，上面对坐什么车、如何乘车、费用多少、沿途有什么标志等都写得很具体；如果是自己开车，从哪条公路转到哪条公路都一一列举出来，然后把这个地图和行车指南用电子邮件发给每个人。之所以这样做，是基于这样一个前提：假定所有人都是第一次到这个地方来，所以信息尽量详细，即使有些人知道地址也同样对待，这是一种很简单的人性化的沟通方式。有些企业和机构，很少站在对方的立场上考虑问题，应当尽可能地给对方提供尽量详细的信息。

在惠普工作那么多年，我已经习惯了这种沟通方式。所以，如果我请客人去家里做客，事先都会给他们地图，告诉大家有几条路可以去我家，每一段路从哪儿走，哪儿拐弯，旁边有什么参照物，每一段路大概有多远等。看着地图，大家就很容易找到。这都是常年形成的习惯，也是终身受益的好习惯。

沟通是一个闭环，涉及很多步骤，不像人们想象的那么简单，必须有来有往，形成互动，类似于“握手关系”。

4 工具比理念更重要

在惠普看来，要想让员工改变理念，光靠说教是没有效果的，必须通过具体的方法及实用的工具去影响人、改造人，这样才能达到效果。也就是说，方法变了，工具变了，人们的理念也就会跟着改变。所以，惠普强调工具比理念更重要。比如说，想让员工注重细节，那就要给员工注重细节的工具、方法，告诉员工必须做什么，有哪些规定动作，做每件事情都有一个检查清单，让员工对照清单上的步骤去做，这样久而久之，员工自然就会注重细节了。如果强调战略，那么公司上下就要普遍重视，老板整天谈战略，各级管理人员也要整天谈战略的实施情况。为了让大家理解什么叫战略、如何制定战略，公司要把战略变成一个大家都能理解、都能接受的标准格式，然后对员工进行培训，告诉员工用什么样的表格、方法去设计战略，如何把战略目标分解成具体的实施计划，如何再把计划分解成一个一个的动作，对每个动作如何去检查，何时去检查等。

如果要强调以人为本，公司就要先定义什么叫以人为本，这里的

“人”指的是谁？整个公司必须对以人为本有一个共识：例如以人为本的具体措施是什么，具体表现在哪些方面？如何才能做到以人为本？什么样的行为代表了以人为本？比如员工入职时如何体现以人为本，员工离职时如何体现以人为本，有哪些具体的表格和流程让大家去填写，按照什么样的流程去做事情，有哪些人必须参与……就像我们前面曾经说过的，有几家公司有明文规定，公司总裁和副总裁必须参加所有的新员工入职培训，必须在这个培训上做几个小时的演讲，回答新员工的问题。如果没有这个规定，一切都凭自觉，怎么可能让员工感到公司是以人为本呢？我来了都没有人理我，怎么会觉得公司重视我呢？如果在员工离职时处处防着员工，在最短的时间里赶紧让员工离开，从此以后再也不许进门，不管是离职的员工还是留下的员工会认为公司是以人为本吗？

在社会上有一个很流行的口号，叫“榜样的力量是无穷的”，可是很多企业或机构在树立了那么多的榜样之后却没有出现与榜样类似的第二个人、第三个人，更不可能成千上万地去复制。不知道大家思考过这个问题没有？为什么良好的愿望总是实现不了？一个榜样很伟大，大家觉得他的事迹很感人，但是为什么大家不愿意照着去做？为什么没有产生第二个、第三个……我个人认为是由于没有批量复制榜样的工具和方法，所以榜样的力量仅停留在精神层面，而无法实施，因此从这个意义上讲，榜样的力量是有限的。要想让“榜样的力量是无穷的”得以实现，就必须提供产生榜样的具体方法、工具、流程，换句话说，具体到每一件事应该怎么做，按照什么方法去做，按照什么流程去做，用什么样的工具去做，才能达到榜样的水平。唯有这样才能把学习榜样的运动上升到科学，榜样才可能被复制。否则榜样就像是艺术家，而且是不可复制的艺术家，榜样的力量只能带来暂时的激情、兴奋和感慨，但是睡一觉之后人们就全忘了。

在惠普这样的跨国公司，做任何事情都讲究方式方法，而不是在理念上做文章。公司提倡什么，不是喊口号，也不是搞运动，而是通过具体的措施去实现，比如我们参与竞争的市场环境变化越来越快，有必要加快速度，强调速度的重要性，使员工适应新形势下的需要。怎么加快速度呢？我在惠普时的上司，中国惠普的前总裁孙振耀曾经作过这样一个比喻：就像部队行军的速度是跟着鼓点走，如果要加快速度，就要加快击鼓的节奏。具体到工作上来说，就是提高业务检查的频率，过去是一个月检查一次，现在变成了一个星期检查一次，检查的节奏加快了，员工的工作节奏也就自然加快了。时间久了，员工就适应了这种新的工作节奏，整个公司的运营速度也就加快了。所以说做任何事情，必须有工具、有方法，这样才能把理念落实到行动上，否则理念永远是理念，总也实现不了。

要想让员工改变思想，光靠理念的说教是没有用的，必须通过具体的方法及实用的工具去影响人、改造人，这样才能达到效果。

5
健康比挣钱更重要

一个企业如果经营得好，人们会说它很会挣钱，而一个企业管理得好，人们会说它很健康。

惠普在这两方面都做到了。所以多年来，惠普的管理体系和管理方法在业界都是非常领先的，这在《追求卓越》《从优秀到卓越》这两本书上都能找到答案。因为在相当长的一段时间里（创始人在世的年代），惠普一直奉行“健康比挣钱更重要”的理念。很多年来，公司的业绩年成长率一般都是控制在20%左右，因为速度过快人才就会出现断层。

按照每年20%的增长率，业绩差不多4年左右翻1番，企业所需要的人才就要加1倍，而培养人才需要周期。

惠普认为，培养一个人，一般要三四年的时间，从一个普通人变成一个合格的工程师，需要三四年；从一个合格的工程师变成一个合格的经理人，需要三四年。公司如果追求太高的成长率，要么提前大量招人，要么从其他企业挖人，而一旦市场环境发生变化，又可能造成大量裁员，会给公司的发展带来周期性的波动。这在惠普的两位创始人看来得不偿失，是不可取的。

美国政府曾希望惠普为其提供大量的产品，惠普经过认真考虑后，没有接受这批订单，因为要生产这些产品需要增加很多人，而这种需求是暂时的，需求一结束，公司就可能大量裁人。

为了公司长远的利益和“肌体”的健康，惠普宁肯不要那个订单，以维持公司的适度成长。这是惠普早期的一个经典案例，后人一直把它当作警示。所以惠普始终坚持稳健经营，尽管可能会失去一些机会，但是健康比什么都重要，在这样的理念指导下，惠普稳健经营了几十年。

随着两位创始人的先后过世，这种理念是否保持下去成了争论的焦点。那时候正赶上网络热潮，到底要不要放弃稳健经营，走超速发展的道路，要不要维持几十年来所坚持的基本不裁人的政策，要不要坚持自己培养各级管理人才的道路，避免从外面招“空降兵”，这些问题始终面临艰难的选择。我们不能改变历史，但是从我对惠普的深厚感情来说，我宁愿看到惠普保持传统的稳健经营风格。

不管惠普怎么变化，或者惠普今天面临什么经营上的挑战，但是我始终认为，惠普的管理水平在业界还是领先的，国人应当从惠普早年的成功和辉煌中寻找有益的借鉴。

所以大家有必要静下心来去看一下《追求卓越》那本书，从其中提到的一些优秀的跨国公司的做法、管理的理念中寻找“养分”。

我认为几十年前惠普刚刚进入中国时所做的一切，比如企业文化建设、员工培训、战略设计等，对今天的中国企业来说，还有借鉴意义和价值。

因为今天国内大多数企业所面临的挑战、所处的发展阶段与那个时代的中国惠普很相似，所以我个人认为，现在国内企业不应当盲目学习当今世界最成功企业的理念、方法，要“因地制宜”。

毕竟环境不同，企业所处的发展阶段不同，中国企业应顺应时代背景和客观实际，寻找像惠普这种适合中国企业学习的标杆。

一个企业经营得好，可以很赚钱；一个企业管理得好，可以很健康；一个企业的文化好，可以令员工快乐。

6 从卖产品上升到卖思想

“三流的公司卖产品，二流的公司卖服务，一流的公司卖思想。”这是现在为大家所熟知的一个道理，所以星巴克也好，肯德基也好，奔驰也好，宝马也好，惠普也好，IBM 也好，这些成功的企业其实都是在卖思想，而不是在卖产品或卖服务。

为什么这样说呢?

我们可以看两个行业的例子，一个是快餐业，一个是汽车业。一些注重健康的人把麦当劳和肯德基的很多产品称为“垃圾食品”，可是为什么还有那么多人去吃呢?为什么他们在中国开一家店就火一家店呢?因为他们卖的不是产品，也不是服务，而是一种思想、一种时尚、一种生活方式。为什么这些品牌在媒体的炒作下并没有垮掉，为什么客户继续消费他们的产品?就是因为他们卖的不是产品，所以即使产品出了问题，或者人们认识到产品方面存在一些潜在问题，也不会影响大家继续消费。这就是品牌的力量。

人们关注的不是产品本身，而是产品所代表的一种定位、一种品位。

所以说一个企业的品牌价值不是靠知名度来体现的，而是靠品牌的内涵来决定的。一个品牌的内涵就是它所代表的思想和提倡的理念。从这个意义上讲，卖产品的企业不可能与卖思想的企业竞争，因为双方不在一个层次上。

为了说明什么叫卖思想，我不妨用当初惠普与前国家经济贸易委员会的一项合作为例来说明。

1996年，原国家经济贸易委员会为了提高大型国有企业的管理水平，在全国范围内开展了千户班（即1000家大型国有企业厂长经理培训班）的培训工作，分别对这些单位副总以上的高层管理人员进行类似MBA教学式的轮训。为了使这些学员在掌握了理论知识之后能了解一些操作层面的知识和技能，前国家经济贸易委员会邀请惠普提供几门课程，如企业文化、财务管理、市场营销管理、质量管理、人力资源管理等。在学员完成了理论学习之后，由惠普的高管免费授课，向大家介绍惠普是如何把管理理论应用于管理实践的。中国惠普的总裁负责企业文化的课程，财务总监负责财务管理的课程，我负责市场营销这门课程。由于我们讲授的都是经过实践检验的东西，非常实用，所以几门课程都受到了学员的普遍欢迎。

记得我第一次去讲课的时候，有个学员在问答环节提出这样一个问题：中国惠普为什么要做这件事，对你们公司有什么好处？我的回答很简单：在我们看来，今天中国企业在管理方面与著名的跨国公司有差距，现在大家最关心的就是尽快提高大型国有企业的管理水平。在这个时候如果我们能帮各位一点忙，能助一臂之力，那么等将来有一天各位所在的企业成功了，管理水平提高了，各位一定不会忘记惠普曾经给大家的帮助。如果各位所在的企业实力增强了，购买力就会提高。到那个时候，如果有两个企业去找您，一个是素不相识的人，一个是我，您愿意接待谁？大家听了自然很理解。我们当初所做的不是为了卖产品，而是帮助别人；尽管没有什么短期回报，但是我们相信这样做是一项长期投资，一定会得到超值的回报。

这个道理类似于人与人之间的关系，如果一个人有目的地接近某个人，对他友好，那未必是真心，很可能另有所图；只有当一个人没有任何目的，没有任何打算的时候，两个人之间的关系才是比较纯洁的，大家在一起才会愉快。所以在惠普做久了，慢慢地就会形成这样一种理念：**帮别人就是帮自己。**

一个人最幸福的时候，不是从别人那里得到了什么，而是帮助别人之后的那种感觉。当别人发自内心地表示感激（即使没有说出来也无所谓）时，那种感觉是最幸福的。所以不管谁有事请我帮忙，我都尽力而为，毕竟别人认为我有价值才来找我，工作再忙也要努力相助。直到现在我还保持着这个传统，不管什么人通过电话、电子邮件向我求教，或者课上课下提问，只要我有时间，都会耐心地回答。在我看来，这样做一方面是积德行善，另一方面也希望大家认同的是我这个人，而不是我所提供的咨询服务或产品，这样才能使自己在激烈的竞争中立于不败之地，拉开与其他企业的距离。

惠普在参与千户班之后的第四年，正式成立了惠普商学院，把当初比较零散的课程系统地整理出来，形成了独具特色的几个单元，课程比以前更丰富了。惠普商学院与其他跨国公司在中国开设的商学院有着明显的不同，所有的讲师都是惠普的现任高管或者离职后的高管人员（我到现在依然是惠普商学院的授权讲师，负责市场营销这门课程的教学工作）。惠普希望通过这样一种方式来传播自己的管理理念，帮助国内企业提高管理水平，所以惠普卖的其实是一种思想，一方面帮助了别人，另一方面可以提高竞争的层次，让客户和合作伙伴感到惠普的做法很高尚，从而对惠普这个品牌产生好感。

随着产品的差异化越来越小，消费者在选择产品时会在很多软性指标上衡量一个企业，而不是看产品本身，所以能上升到卖思想的企业才能在消费者的心目中占据优势地位。

三流的公司卖产品，二流的公司卖服务，一流的公司卖思想。随着核心产品的差异化越来越小，“思想”的影响力会越来越大。

7 引导消费者走向成熟

企业要想从卖产品上升到卖思想的境界，首要的任务是学会换位思考，即能站在客户的立场上看问题，而不是站在企业的立场上看问题。尽管很多企业都意识到了“以客户为中心”的重要性，但是因为缺乏相应的工具、方法和流程，这个理念在很多企业里都还停留在口号的层面上，无法落实。

那么像惠普这样的跨国公司是如何落实以客户为中心的呢?

我以市场宣传为例来说明。记得我们刚进惠普的时候，最重要的一项工作就是到全国各地办巡回讲座，介绍惠普的技术和产品。那时候我们必须按照标准化的工具和格式开发中文的演讲资料，不能凭着自己的感觉随便讲。那时候我们采用的开发工具叫 FAB 分析法，F 是英文 Features（属性或特点）的第一个字母，A 是英文 Advantages（优点或优势）的第一个字母，B 是英文 Benefits（客户利益与价值）的第一个字母。所以不管是什么样的产品介绍、技术介绍，或者公司介绍，都必须按照这三个方面去写。F 侧重于客观存在的事实，A 是相对于竞争对手有什么优点，B 则侧重于给客户带来了什么独到的利益或价值，所以 FAB 关注的是客户的“买点”。

那时有些国内企业的广告还停留在“找卖点”的阶段。他们所用的工具和方法是 USP，即寻找独特的销售主张。请注意，这里强调的是卖点，即如何找到产品打动人心的卖点。我在担任中国杰出营销奖评委的时候，阅读了大量的案例，这些案例当中超过一半的企业（和策划公司）都是采用 USP 作为广告词的开发工具，而绝大多数企业都是在产品出来以后才开始让策划公司介入，寻找差异化卖点，因为这些企业大多省略了新产品定义这个过程，所以产品本身并没有什么差异化特点，只好通过策划公司找卖点。

我们说**一个负责任的企业有义务引导消费者走向成熟、走向理性，**而不能“忽悠”消费者，即使消费者目前还不成熟，企业也不应当为了短期利益而误导客户。

当中产阶层出现的时候，“忽悠”消费者这种现象才会从根本上改观。为什么这么说呢？只要理解中产阶层的定义，就不难得出这样的结论。中产阶层最重要的一个特征不是收入达到某个水平，而是学会理性思考，不轻易相信别人的“忽悠”。他们相信理性的诉求，相信严谨的数据和证据，买什么东西都会算细账，这样的消费者才能算得上是中产阶层。

所以为了尊重、引导消费者，像惠普这样的跨国公司，在所有的市场宣传与推广活动中一直遵循理性的原则，各种广告诉求严格按照 FAB 设计，强调给客户带来独到的价值。比如，那么多款打印机，为什么买惠普的打印机，惠普的产品给客户带来了什么独到的价值，与其他同类产品有什么不同？如果这个问题讲不清楚，那么这个产品就没有价值，因为如果仅提供了与别人一样的产品，这类产品我们就称为“无价值产品”。当然产品的价值诉求不是等到产品出来以后再去找，而是把产品的价值诉求设计到产品中，在没有开始做产品之前（产品定义阶段），产品的广告词就已经出来了。我们始终认为消费者是有知识、有辨别能力的，通过提供相应的资料和信息可以帮助消费者走向成熟。这样经过多年的努力，总有一天市场会走向规范、走向透明、走向理性。跨国公司所做的就是加速客户的成熟，营造一个更公平的经营环境。

企业不应当假定消费者幼稚、无知，不能通过“忽悠”的方式去激发需求。因为早晚有一天消费者会明白过来。

8 以客户为中心的信息反馈机制

以客户为中心，说起来容易，做起来很难：一方面体现在做产品方面，另一方面体现在客户服务方面，因为再好的产品也可能在使用一段时间后出问题，这是无法避免的。

企业可以在生产环节严格控制产品质量，达到六西格玛（Six Sigma）的标准，但是产品一旦进入消费者手中，企业就没有控制力了，可能会由于各种各样的原因出问题。

每个人都是消费者，所以厂家如何处理、解决问题是人们最关心的，也是考验一个企业如何看待自己信誉的时候。一个企业如果卖产品的时候很积极，而出了问题却不积极地解决，那么必然会令消费者失望。那么惠普在这方面是如何做的呢？

记得当年我们推行知识管理的时候，曾经遇到过这样一个问题。

当时，我们有很多产品线，每个产品线有相应的技术支持和客户服务部门，为了向客户提供及时的服务，各个产品线都建立了客户服务中心，通过 800 号用户免费热线电话给客户提供技术支持。由于存在多个

800 号电话号码，有些用户遇到问题时并不会仔细看各个电话号码的分工，而是随便选一个打进来。

由于分工不同，客户打过来的电话有可能出现这样的问题：第一个接电话的人问用户需要什么帮助之后，发现不在自己负责范围内，就告诉用户转到其他部门，而第二个接电话的人问明情况后，发现第一个人转错了，就给用户解释说这类产品不归自己管，需要再转一次，这时候用户就开始不高兴了。

当时我们曾经做过一个客户调查：电话转接一次可以接受，转两次就不耐烦了，转三次已经开始生气、严重地不满意了。

那么如何有效地解决这个问题呢？我们成立了一个跨部门的质量小组，请各个客户服务中心的代表参加，还请了一个质量管理方面的专家作为辅导员，协助他们分析问题。

我们坐下来一起分析导致这些问题的可能性有哪些，随后，我们把所有可能出问题的环节都列出来：比如用户通过我们的总机找上门来，不知道该找谁，总机也不知道该转到哪里；比如用户知道某一个员工的电话就打过来了，希望员工帮忙转接，但是有些员工并不清楚转到哪里；比如用户通过 114 查号台打过来，而查号台把公司登记的号码告诉用户，这些号码未必转接到合适的部门；比如用户看到某个促销热线电话号码就打过来了，而这个号码不是售后服务部门的……就这样，总结出很多种可能出问题的环节。

接下来的问题是：如何在最短的时间内使电话仅通过一次转接就能找到相关人员？我们用质量管理的流程和工具进行分析，一点点去理顺，最后分析出每种情况发生的原因，以及如何解决这些问题，客户服务问题处理流程如图 9-1 所示。

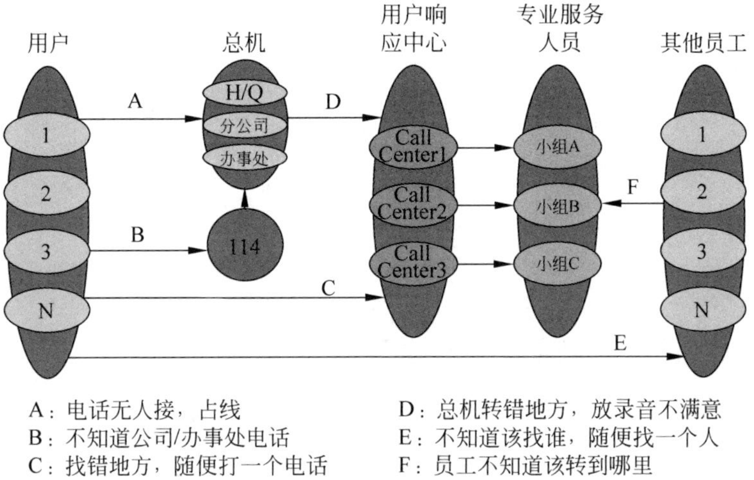

图 9-1　客户服务问题处理流程

方案出来后，我们就开始与相关部门的人员进行沟通，让每个人手上都有一个简单的电话清单，同时在公司网站上发布，供大家查寻用。这样一来，绝大多数人都知道了针对不同产品线的问题该转到哪里去，因为在每一个电话的后面都标明了服务哪几类产品。另外我们还对所有的“入口”人员进行培训，比如总机人员、前台人员；给员工每人一份清单，告诉员工有什么亲戚朋友或者认识的人打电话问公司不同产品的维修或技术问题时，什么类型的产品归谁管。员工可以将这份电话清单归档存起来，平常没事的时候不用看，万一谁有事就可以方便地查到。这样经过一段时间的运行之后，我们发现打进来的电话转接一次的居多，转接两次的几乎已经没有了，转接三次的情况一次都没有发生。通过这种方法，使大家能真正地在实际工作中落实以客户为中心的服务理念。只要我们时刻为客户着想，客户一定会感到很舒服、很满意。当然这种做法属于客户体验的范畴，在竞争日益激烈的时代，客户体验有时候甚至成了决胜的关键。

为了体现对客户的尊重，对客户的在意，在公司没有使用语音信箱系统之前，惠普一直有这样一个规定：电话铃声响不许超过三声，必须有人接听。我们把每个小部门的电话编成一组，大家可以帮别人接听，电话响第一声的时候看看电话的主人在没在，响第二声的时候如果那个人不在，就要在响第三声之前或之后转接过来，并告诉来电者要找的人为何不能接听——是正忙着接其他电话，还是外出了，或者在参加会议等。为什么来电要在响三声以内接听呢？这是基于客户调查和分析得出的结论：电话响三声不接，用户的心情就开始烦躁，会觉得这家公司可能有问题了，对公司的信心就开始下降，对公司的服务也会产生怀疑。这些都是有科学依据的，不是凭空想出来的。当然后来采用了语音信箱之后，电话响三声之后就自动转到语音信箱里去了，就不再要求其他人代接了。

为了保证员工经常检查语音信箱内的留言，公司要求每一个员工每天必须检查语音信箱——不管是出差还是在路上，只要一有空就打电话检查自己的语音信箱。为了让大家重视这个问题，在语音信箱使用培训中，公司把因员工不及时接电话而给公司造成的损失，以及客户满意度指数与接听电话的关系告诉员工，强化大家的客户服务意识。当然，做什么事情都不能仅仅靠自觉，必须有监督约束机制作保障。

为了及时回复客户的电话，在公司推广使用语音信箱系统后，惠普专门请一家公司对员工检查语音信箱的情况进行不定期的抽查。我就接到过这种电话留言：我们是某某公司，受惠普公司的委托，现在做一个测试。我们的留言时间是某年某月某日某时，如果你在 24 小时内接听，不必采取任何行动；如果你听到该留言的时间已经超过了 24 小时，请你给我公司回电话，解释原因。同时这家公司会把超过 24 小时才检查语音信箱的人员名单通报给惠普公司管理层。员工的顶头上司就可能会介入，问员工为什么不及时检查语音信箱。所以，我们那时候到外地或国外出差，第一件事情就是拨打自己的语音信箱并及时回复客户（或同事）的电话。采取这些措施的原因就是惠普很在意用户的感受。

另外一个非常重要的事情就是如何处理客户投诉。惠普不允许接到投诉的员工掩盖任何客户投诉所反映的问题（很多人在遇到属于自己的问题时都是先想办法自己解决，等到发现自己解决不了了，或者事情闹大了才不得不告诉上司，但是往往已经错过了解决问题的最佳时机，客户已经难以接受了），在这方面有很严格的规定。当然只有规定还不行，必须有具体的流程和方法。惠普规定对于所有的客户投诉，必须在第一时间通报公司的质量管理部门（备案）；如果是属于自己管辖的问题，要抄送自己的顶头上司；如果不是自己管辖的问题，要把问题转到相应的部门员工那里并抄送对方的上司和自己的上司；只有接到对方确认接受并同意处理该问题后，才能告诉客户已经把什么问题转到谁那里处理，今后由谁负责。当接到一些非常重要的客户投诉时，要求通报公司的高层管理人员。惠普有严格的规定，什么性质的问题由什么层次的人来解决。员工不能自作主张，觉得这个问题自己能够处理就把问题扣押下来，直到最后实在掩盖不住了，才告诉质量部门或公司高层。质量管理部门会跟踪所有客户投诉，检查当事人的处理情况，只有得到客户的认同后，某个投诉问题才算解决了。

在这里涉及一个非常简单的信息抄送制度。这个制度有点类似于广播机制——凡是跨部门的事情都要及时抄送相关的人员和自己的上司。那时候我们所有的往来邮件都会抄送自己的上司，这样上司就知道我们每天都在干什么，处理问题的方法是否正确，需要的时候上司会回复邮件并提出建议，或者支持员工的做法，或者表扬员工的做法等。

我在担任管理岗位后，每天都会收到大量来自部下的邮件，其中绝大多数都是抄送，而不是发给我的，仅是通报上级而已。一般情况下我们不干预员工的工作，但是一旦发现员工有些问题回答不正确或口气不妥，就会出面干预，让员工明白这样说或这样做可能不太妥当，并且给员工提出一些建议。

惠普的这种抄送制度实际上是为了提高各种事情的透明度，让相关人员有知情权，减少员工处理问题不妥当带来的负面效应。如果员工及时让上司知道自己面对的问题，一旦该问题恶化或有什么负面影响的话，上司还可能替员工“扛着”，承担部分责任；而员工如果不告诉上司，则要自己承担全部责任。所以，在惠普，无论大事小事，尤其是可能带来负面影响的事情，越早让自己的顶头上司知道越好，千万不能捂着盖着，毕竟上司经历的问题相对多一些，看待问题能更客观一些，也许有更好的办法帮助员工有效地解决问题。

只要企业时刻为客户着想，客户一定会感到很舒服。在竞争日益激烈的时代，客户体验将成为制胜的关键。

9 给每一位来访者留下深刻印象

像惠普这样的跨国公司，做任何事情都是从后往前看，即所谓的目标管理。这是我们在跨国公司学到的非常重要的一种工作方法：不管什么事情，只要没有把结果想清楚，就不能动手去做；只有预见到了最后的结果会如何，才能动手去做事情。这就是大家常说的“不打无准备之仗”，如果做事情之前不知道结果的话，那就是在赌博，因为谁也不知道结果会怎样。

我举一个非常简单的例子来说明。惠普每天都会接待大量的来访人员，有客户，有合作伙伴，也有政府机构人员，他们来到中国惠普之后会留下什么印象呢？如果我们什么也不做，给来访者的印象肯定是五花八门。所以我们先确定中国惠普的定位，即希望给来访者留下什么印象。当时我们经过很长时间的讨论、研究，确定了中国惠普的企业宗旨和价值定位。

企业宗旨是：培养国际一流人才，提供全面创新服务，与中国共同成长。

价值定位是：一家具有卓越企业文化的高科技公司。

可以说高科技企业非常多，企业文化非常好的企业也非常多，但是在高科技领域惠普是少有的以卓越企业文化著称的公司。

有了这样的宗旨和价值定位，我们就开始设计来访者参观路线，希望客户参观过后可以给他们留下我们希望他们留下的印象，得出我们希望他们得出的结论。在中国惠普 9 层接待处，有两个看点：一个是公司的设备展示中心，里面有各种高科技的设备，另外一个就是惠普商学院，用来体现惠普的企业文化和与众不同之处；一个是“硬的”，一个是“软的”，两者相辅相成。

另外，为了强调惠普的服务理念和服务水平，在参观路线上一定有“关键业务服务中心”，在那里，惠普服务部门的工程师一天 24 小时对所有大客户的设备运行情况进行在线监控，只要客户那儿出一点问题，马上就会通报。服务人员分成两组，一组马上动身去客户那里（他们有专车）并带好所有的备件；另外一组进行在线诊断并将诊断结果及时通报在路上的服务人员。这样服务人员一到客户那里，马上可以按照在线诊断的结论排除故障。这些大客户都是高度依赖 IT 系统的，时间就是金钱，那时候在 IT 领域只有惠普一家能承诺提供 5 个“9”的服务（即保证客户的 IT 系统在 99.999%的时间内不出问题，其他企业只敢承诺 4 个“9”的服务）。

当然，还有几件小事可以体现出惠普对来访者的在意：比如公司专门为送货、送快件的人设置了一个通道和休息区，避免他们与来访者混在一起：令来访者感到不方便；在来访者参观路线上有一些说明牌（有点像旅游景点的说明牌），大家可以按照说明牌上的内容向来访者做介绍，因为公司大了，员工并不一定了解各个部门的服务内容和范围，在没有说明牌之前，员工带着来访者到了一个部门之后，就按照自己理解的意思去讲，结果很多讲解都是不准确的，有了标准的说明牌，大家就不会讲错了。

在很多企业里，最容易被人忽视的地方是卫生间。在惠普，所有的卫生间都是每半小时打扫一次，每个卫生间都有人从早到晚负责打扫，随时保持整洁和空气清新。看一个家庭的生活水平和品位，只要去卫生间就知道了，所以卫生间应该是最干净、最卫生的地方。因而有人说卫生间最能代表一个企业的管理水平，如果连个卫生间都管理不好，还谈何管理？肯定都是表面文章。

客户的体验是可以设计的，也是可以管理的，只要用心去做，就会给客户留下企业希望他们留下的印象。

10 学会聆听客户的声音

对于一个追求卓越、强调以客户为中心的企业来说，没有什么比聆听客户的声音更重要的了。

在惠普，每年都要举行一次客观的用户满意度调查，目的是了解客户的心声，获知惠普在产品、服务、客户沟通等方面的不足，并根据这些调查，在客户不满意或客户满意度下降的几个方面下大力气进行改进，以便下一年在这些方面得到明显的提升。这样每年改进最主要的三个方面，就可以把薄弱环节逐步改善。

在跨国公司，用户满意度调查的结果对大众来说是高度保密的，是绝对不能用来做市场宣传的。

那么，像惠普这样的跨国公司是如何做用户满意度调查的呢？

1）明确目的——是发现公司内部存在的问题，而不是做宣传；

2）设计几十道问答题（不是简单的“是”或“不是”），请用户在很多具体的方面发表意见；

3）针对整体服务水平、客户沟通、产品创新、产品质量、产品价格、售前服务、售后服务、技术支持、公司特色、与竞争对手的比较等多方面进行细致的分析；

4）由客观的部门（或第三方公司）进行用户满意度调查，由于他们的利益与调查结果无关，可以比较公正地进行调查；

5）将调查结果按照部门、产品线、地域进行分析，总结出各个方面本年度用户满意度调查分数提高最多的三个参数，分数降低最多的三个参数，分数绝对值最低的三个参数；

6）根据分析结果，指定专人负责组织人员进行改进，改进的结果用该指标下一年分数的提高状况（百分点）来衡量；

7）将调查分析结果通报公司内的所有员工，让大家知道客户如何评价我们，我们在哪些方面存在问题，相对于其他部门、其他公司这些参数的得分处于什么水平，这样大家知道下一年的工作重点是什么。

既然用户满意度得分不能用来做市场宣传，那么它的作用主要体现在哪些方面呢？

首先，用户满意度调查是跟管理者的业绩直接挂钩的。

在各级管理者的平衡计分卡里面，用户满意度得分占一大块。为了避免当事人作弊，为了真实地反应现状，真正地让公司把握客户对公司的看法，必须通过第三方介入，客观地去做这件事情，这样才能及时发现一些潜在的问题。这对提高公司的管理水平、提高客户服务的水平是非常重要的，因为这是开展很多工作的依据。

其次，用户满意度调查可以对公司的市场地位进行评估。

公司有知名度不管用，只有上升到偏爱度才会带来生意，所以通过用户偏爱度调查，可以了解到当用户选择购买某一类产品时，面对众多的选择，会不会优先选择惠普的产品，道理何在？

再次，为了实现可持续发展，除了偏爱度调查，还要进行用户忠诚度的调查，即用户在重复消费时，是否会从同一个厂家购买商品。

比如，用户第一次买了惠普打印机，那么下次换打印机的时候，是否还买惠普打印机？如果又买了惠普的打印机，那就说明客户有忠诚度。

此外，用户在使用了惠普的产品后，是否愿意推荐给自己的亲戚朋友、同学同事，建议他们也来购买，这两个方面的得分体现了客户的忠诚度。

在用户满意度调查中，还有两个重要的参数：一个叫向心力，一个叫离心力。向心力是指用户与公司的距离越来越近，越来越有好感，关系越来越好。

通过一些问题的设计，可以掌握用户对惠普的向心力是否越来越大，比如对公司的信心越来越强，对产品越来越满意，感觉越来越好等。

离心力是指用户觉得公司的服务、产品给自己留下了不太好的印象，已经开始动摇了，正在考虑改换品牌或尝试其他企业的产品，但暂时还没走，还处于观望的阶段，但离心力已经存在了。

可以说，向心力和离心力调查是一种预警机制，可以在问题发生前，或者在刚刚有苗头的时候就及时采取措施，避免把小错变成大错，从而把一些犹豫的客户留住。

因为大家都知道，开发一个新客户所花的成本是维护一个老客户成本的5倍，所以公司不能把精力都放在开发新客户上面，必须对老客户给予足够的重视，只有忠诚的老客户才能让企业赢利，仅仅靠新客户是不会赚钱的。

跨国公司把用户满意度调查又上升了一个层次，引入了一个新概念，那就是用户的愉悦率调查，这是体验经济时代的主要考核指标。客户的满意度是很重要的一个方面，但是企业要想让用户真正喜欢自己，就一定要想办法让用户上升到愉悦的层次。

那么愉悦度靠什么来实现？靠意想不到的服务、产品、创新、态度，也就是说你所提供的产品和服务超出了客户的期望值，令用户喜出望外，这样就会让客户产生愉悦度。这就是用户体验的概念，即用户在消费某个品牌的产品和服务中感觉很爽、很舒服，这个时候我们就达到了比较高的用户愉悦度。

所有愉悦度的营造都不是必需的工作，是额外的，是可给可不给、可做可不做的。但是对于客户来讲，如果企业迈出了这一步，会给客户留下美好的印象。

记得有一年我去新加坡出差，回北京的那一天正赶上自己的生日，所以就搭乘头班飞机回京，希望晚上与家人一起吃饭。在那天早上去酒店前台结账时，服务人员问了我的房间号之后马上对我说："高先生，生日快乐。"就这么一句话，令我非常开心，因为他们的工作做得很细，在电脑里一定有提示信息，工作人员只要按照要求去做就行了，所以我下一次去新加坡时又选择了这家酒店，尽管其价格比其他酒店高 20 多美元，这就是用户愉悦度带来的客户价值。

用户满意度调查不是用来做市场宣传的，而是为了理解客户的需求，改进自己的工作，使客户达到愉悦的境界。

PART. 10

第十部分

成为受人仰慕的企业

1 企业文化建设的典范——惠普之道

在早期，惠普的大多数产品都属于服务企业客户的工业品，消费品在公司营业额中所占的比重比较小，所以那时候惠普在普通老百姓心目中的知名度并不是很高，很多人甚至都不知道惠普是干什么的，尤其是在中国，当我们向别人介绍惠普公司时，听者往往会问好几遍“什么公司”？有人听成“绘图”公司，有人把惠普与惠尔浦搞混了，还有人把惠普与普惠搞混了，总之那个时代可不像现在这样，人们对“世界500强”（确切地讲是“世界500大”）非常陌生，绝大多数人甚至都没有听说过跨国公司这个概念。经过中国惠普员工多年的努力，人们才把惠普公司与“HP”公司画上了等号，中国惠普的知名度也就慢慢地起来了。

我对惠普之道的了解是从参加了惠普的招聘考试之后开始的，为了迎接面试，我开始搜集与惠普有关的资料，也就是在那时候，我看到了很多有关惠普之道的报道，了解了惠普之道的一些表面内容，在《追求卓越》那本书上大家可以感觉到作者对惠普之道可以说是推崇备至。

那么，惠普之道都包括什么内容？

对员工来说意味着什么？

对社会来说意味着什么呢？

其实，惠普之道涉及 3 个层面的概念：第一，核心内容是价值观；第二是经营目标；第三是经营理念与管理方式。

在惠普的价值观里，有 5 个方面的内容。

1）我们相信与尊重员工。

2）我们追求卓越的成就与贡献。

3）我们在经营活动中坚持诚实与正直。

4）我们靠团队精神来达成共同的目标。

5）我们鼓励灵活性与创新。

这些内容绝对不是口号，而是要落实在行动上，公司的很多规章制度和政策都是根据这些价值观来设计的，比如在惠普从来不记考勤，就是为了体现对员工的尊重，相信每个员工都知道该怎么做，就像前面已经讲过的，即使是被公司解雇的员工（违反职业道德规范的员工除外），惠普也不会完全否定他们，而只是认为他们的个性与公司的文化不吻合而已，换个地方也许就是人才。所以说相信员工、尊重员工可不是一件容易的事，要让各级管理人员发自内心地认同，才能体现在日常工作中，让员工感受到公司各级管理人员对他们的尊重与信任。

当然，任何企业文化都没有对错之分，那些认同惠普企业文化的人愿意在这样一家公司工作，那些不太认同惠普企业文化的人就可能选择其他企业。这样经过一段时间的磨合，留下来的员工基本上对惠普文化坚信不疑，行为举止也带有明显的惠普烙印，即使在公司之外，也会潜移默化地受到惠普文化的影响，无论做什么事情、对待什么人，都会按照惠普之道的要求规范自己的行为，从而赢得人们的尊重。

正是基于惠普这样一种文化，惠普的各级管理人员都会把尊重员工、信任员工作为头等大事，在言谈举止中体现出对员工的尊重和信任，至少在我任职期间，从来没有见到过管理人员骂员工，即使是批评也是在友好的状态下进行。对员工的信任还体现在给各级管理人员的充分授权上，让大家可以按照自己的意图做事，而不是简单地执行上级的决策，使大家更有成就感。另外，惠普一直提倡团队合作，因此很多奖励都是针对群体设计的，公司（或者事业部）超额完成任务了，是大家共同努力的结果，即使是后勤支持部门（财务、人力资源、行政等部门）也可以分享成功的喜悦。尽管惠普从来不把价值观挂在墙上，但是通过各种培训，通过各级管理人员的身体力行，自然能深入人心，没有人不相信这种文化，所以作为一名员工在这样的环境中工作会感到非常愉快。

惠普的企业目标涉及 7 个方面：创造利润、服务客户、坚持专业领域、健康成长、关注员工、注重管理、尽公民义务。

第一，创造利润是企业健康发展的标志，是一个企业的价值所在。一个有利润的企业自然就会产生社会效益，而一个常年亏损的企业自然是社会的负担，只会产生负效益，所以企业应当把关注点放在利润上。

第二，服务客户，即向客户提供有独到价值的产品（而不是普遍生产的同质化产品），只有这样才能体现以客户为中心的理念。

第三，坚持专业领域，惠普多年来坚决不走多元化的道路，相信唯有专业化才能成功，所以不管开发什么样的产品，都必须限定在公司规定的专业领域之内。

第四，健康成长，因为只有公司不断成长，才会给员工创造新的机会，使优秀员工晋升。惠普坚持稳健成长，而不是超速成长，因为公司大到一定程度就要兼顾效率与稳定。

第五，关注员工，可以说以前的惠普是少有的把员工放在重要位置的跨国公司之一，所以受到了业界的普遍好评，尤其是在美国，多年来一直是最佳雇主。

第六，注重管理，在卡莉入主惠普前，惠普在产品方面与主要的竞争对手差距并不大，但在管理水平上却是业界公认的，只要看一下《追求卓越》那本书就会发现作者对惠普的管理是多么推崇。

第七，尽公民义务，这也是惠普有别于其他跨国公司的方面，不管是在哪个国家，惠普都坚持要员工做一个好公民，为当地的经济和社会发展做出贡献，因此每年公司都有专款用于这方面的工作，而不是想起来才做一下。

惠普公司的经营理念和管理方式是由员工共同认可的计划和工作方式，以及共同认可的管理政策与领导风格等方面所构成的。具体说来，涉及以下几个方面。

一是采用目标管理，强调所有员工的工作都是为公司的整体目标服务，各个部门之间的目标必须协调一致，不能各干各的。员工在明确了任务是什么、目标是什么、何时之前必须完成之后，有充分的自主权来决定自己何时做、如何做，因此目标管理可以鼓励员工用创新的思维和方法去工作（鼓励聪明地工作），允许员工尝试各种新办法，这样就创造了一个比较宽松的工作环境，给员工更多的自由。

二是鼓励员工之间公开交流，比如惠普提倡走动式管理，即管理人员有时间就到处走走，主动问部下有什么问题、需要什么帮助。惠普采用开放式办公，所有的管理者都没有自己的办公室，各级管理人员与员工坐在一起，员工之间都是直呼其名，不允许叫职位，充分体现平等的理念，而且公司鼓励员工自发地交流，可以在工作时间聊天（惠普有很多咖啡厅，供员工休息聊天用）。

三是鼓励员工积极参加各种培训，不断提高自己，以便形成积极向上的氛围，鼓励员工兼顾家庭生活与工作等。这些管理方式充分体现了什么叫人性化管理，尽管没有轰轰烈烈的运动，没有时髦的口号，但是多年来惠普一直坚持不懈，用具体的管理措施来体现其经营理念。

企业文化涉及价值观念、行为准则、决策机制、领导艺术、人际关系、经营理念与管理方式，而不是一些动听的口号和醒目的标语。

2 成为令人仰慕的企业

成为受人仰慕的企业可不是一朝一夕的事情。中国惠普为了成为在中国最受人仰慕的企业，用了十几年的时间和艰辛的努力。

早在20世纪80年代中期，俞新昌在担任中国惠普第二任总裁期间，就提出了这样一个目标，即有朝一日成为在中国最受人仰慕的企业。为了形象地表达公司的“愿景”，公司还专门请人设计了一幅“明天会更好”的宣传画。那幅画我至今记忆犹新，一闭上眼睛就能想起那幅画。

那也是我第一次听说“愿景”这个概念，即人们常说的理想或追求。在那幅画的最前面是一棵小树苗，从一片贫瘠的土地上刚刚发芽，但是在不远的地方就可以看到河流，看到绿地，看到各种小动物；在远处有一道绚丽的彩虹，天上飞着很多大雁，可以说越远的地方景色越美丽。

那幅画的寓意就在于：惠普来到了一个有待于开发的地方，我们相信中国的未来是美好的，我们愿意为中国的富强和发展尽一份力。与此同时，惠普也能与中国共同成长，所以说“明天会更好”。在画的下方有这么一句话：“我们希望有朝一日成为在中国最受人仰慕的企业。”

尽管那时候中国还没有开始评选“最受人仰慕的企业”，甚至没有什么人考虑过这个问题，但是中国惠普却认为早晚有一天中国会有这样一项评选。

按照惠普的理解，一个没有追求的企业很容易迷失方向。与以营业额排名的各项评比不同，最受人仰慕的企业侧重于一个企业的均衡发展，体现了一个企业的“品格”。

所以，企业经营得好只是一个方面，更重要的是赢得社会的尊重，赢得员工的喜爱。在20世纪80年代到90年代，惠普曾经多次荣登全美最受人仰慕的十佳公司之一。

早在1983年，英国女王伊丽莎白访问美国时，就特意提出要参观惠普，因为惠普不但以其卓越的业绩跨入全球著名跨国公司的行列，更以其对人的尊重、信任和卓越的管理而闻名于世。

中国惠普多年的努力没有白费，《经济观察报》和北京大学联合举办的“中国最受人尊敬的企业”评比中，中国惠普连续多次上榜。

对员工来讲，在这样一个令人尊敬的企业中工作足以使大家感到自豪，所以我们在各种公开场合都愿意佩戴惠普的标志牌，以惠普为荣。

为了成为最受人尊敬的企业，惠普在所有的经营活动中坚持以客户为中心的理念，除了对员工进行培训以外（**反复强调员工的工资是客户发的这个概念**），还通过管理手段来检验各级管理人员在各项工作中是否坚持了以客户为中心，其中一个典型的例子就是用“质量成熟度”来考核管理团队的水平。

质量成熟度不是通常所说的ISO9000那样的体系，而是惠普自己创立的一套衡量管理团队水平的体系，类似于审计工作。质量成熟度的高低代表了一个事业部或分部的管理水平，尤其着重考核他们是否以客户为中心，是否为客户创造了独到的价值。

质量成熟度审计，是专门用来审计管理团队水平的，不是强制性的，而是自愿的，如果某个事业部或分部希望通过质量成熟度来检验自己团队的管理水平，可以向公司提出申请，公司就会安排有关人员进行质量成熟度的审计工作。

在 20 世纪 90 年代初期，我当时所在的事业部就自愿申请了一次质量成熟度审计，给我印象最深的就是对以客户为中心这个概念的检验，即判断部门所做的任何事情是否从客户的立场上出发。

那么如何体现以客户为中心呢？记得在做质量成熟度审计的时候，审计人员要检查我们制定的五年战略规划，检查规划是针对哪个市场、哪个目标客户群体，我们给目标客户提供了什么与众不同的价值。

在谈到事业部的宗旨这一项时，我们当时写的是：在五年以后，我们希望成为在目标市场上居于主导地位的品牌。审计人员看到这个宗旨就问管理团队的所有人：惠普成为居于主导地位的品牌，客户高兴吗？

仔细一想也是，如果我们处于主导地位，那客户势必处于从属地位，客户肯定不愿意看到这种局面。这个问题其实就体现了制定规划的管理团队还是站在公司的立场上看问题，而没有站在客户的立场上看问题，所以这一项没有通过。于是我们马上开会研究如何修改事业部的宗旨。

经过一番努力，我们把事业部的宗旨改成了：在五年以后，我们希望成为目标市场上客户的首选品牌，即当客户有需求的时候，首先想到的是惠普，我们要成为客户的第一选择。表面上看这两个宗旨没有太大的差别，但是明白人一看就知道，一个是站在企业的立场上看问题，一个是站在客户的立场上看问题。

进入 21 世纪之后，中国惠普对自己的愿景做出了修正，我作为核心小组的成员，参与了中国惠普新时期愿景的设计工作。那时候我在惠普担任助理总裁、首席知识官，核心小组成员经过与各相关部门人员的多次沟通，确定了中国惠普的愿景：即前面提到过的三个方面和一个总体定位。

这三个方面分别是：培养国际一流人才，提供全面创新服务，与中国共同成长。

一个总体定位是：一家具有卓越企业文化的高科技公司。

在这几句话的设计过程中，我们必须考虑几个方面的因素，即每一句话都要得到相关利益群体的认同，包括客户、合作伙伴、政府、股东和员工，而且每一句话必须经得起推敲，让各个利益群体都喜欢，否则就不是一个合格的企业愿景。当然，愿景有了，不能停留在口号上，必须赋予每个概念以内涵，否则就很容易流于形式，成为永远也实现不了的口号。因此任何口号必须有进一步的解释，使大家都能理解这些口号意味着什么。

第一，培养国际一流人才。

什么叫国际一流人才呢？我们给这个概念下的定义是：中国惠普培养出来的管理人员和专业人士可以外派到任何一个国家工作，与各个国家的管理人员和专业人士处于同样的水平。换句话说，管理人员要具备管理其他国家员工的能力，能出色地完成好本职工作。如果只是在中国可以成为一名合格的管理者或专业人士，就不是国际化人才，因为走不出国门，到了陌生的地方就可能举步维艰。我就曾经管理过两个在美国的部门，每个部门都有十来名员工，有两个美国当地的部门经理对我负责，即报告给我。

第二，提供全面创新服务。

在中国，惠普的服务是有目共睹的，成为国内企业学习的标杆，很多创新的服务都是惠普率先提出来的，之后成为业界的行业标准。比如有些产品3年保修，有些产品承诺4小时修复，99.999%的无故障工作时间等，这些对用户的承诺，在行业里都是由惠普第一个提出来的。可以说，提供优质的服务并不难，只要企业重视，不计代价，都可以做到，难就难在提供全面创新服务不能以赔本为前提。有些企业把服务当作卖产品的辅助手段、配套的促销工具，赔本做服务，长此以往这些企业就坚持不下去了。

第三，与中国共同成长。

这是惠普强调公民义务的具体体现，因为中国是一个快速发展的经济体，我们有义务帮助国内的企业客户成功，帮助国内的普通消费者走向理性、走向成熟，从而形成互惠互利的良性互动。中国经济的发展促成了惠普的成功，而中国惠普有义务帮助国内企业成功，正是基于这样一个理念，中国惠普积极参与了原国家经济贸易委员会主办的“1000家大型国有企业厂长经理培训班”的教学工作（本人负责市场营销课程），把惠普的管理经验分享给国内企业家和经理人。我正是从那个偶然的机会开始涉足管理培训和管理咨询的，尽管当初谁也没有想到我们的课程会如此受欢迎。在惠普，这项工作后来促成了惠普商学院的创立，开始面向全国公开授课，为各行各业的企业和个人服务。

有钱并不意味着受人尊敬，要想受人尊敬就要全面发展，令客户满意，令员工满意，令供应商满意，令投资者满意。

3 以最高的道德标准来约束员工

惠普既然希望受到社会的尊重，保持“最受人尊敬的企业”的荣誉，就必须严格要求所有的员工，不断地通过各种培训和会议提醒员工要做“阳光下的生意”，即做生意不能不择手段，必须守法经营，并用最高的职业道德标准约束自己，因为在惠普的5个价值观里有一条就是坚持诚信与正直，所以诚信和正直是对员工最重要的一项考评标准。当我的上司在年度评估中称赞我是一个正直的员工时，我从内心里感到欣慰，这是对我最大的肯定，因为能力大小只是一个方面，做一个正直的人是对人格的肯定，是人品的体现。

那么如何以最高的道德标准来约束员工呢？

在惠普，每年都要做《业务经营准则》（即人们常说的职业道德规范）的培训，虽然这样的培训尽管不能天天讲、月月讲，但是可以年年讲，因为时间久了不接受培训，员工就可能忘了，所以公司每年进行一次培训，目的是不断地提醒员工，使大家在日常工作中用最高的职业道德标准来约束自己。

那么，会不会出现这样一个问题：有人说我是参加培训了，但是坐在后面没有听清楚。如果没有制度上的约束，就有可能出现这种问题。惠普不给任何人借口，因此《业务经营准则》的培训都是采用小班制，每个培训班人数不许超过 15 个人，每次培训大约要两小时，包括介绍时间和问答时间。培训班由公司的高层管理人员负责讲授，这是高层管理者每年都必须完成的任务。

在培训中，员工可以提出各种各样的问题，或者举一些实例请高管人员解答，这样大家就能够很清楚地知道什么样的事情可以做，什么样的事情不能做。

在《业务经营准则》上没有任何说教式的口号，更没有“假、大、空”的套话，而是一些非常具体的规定。员工在参加完培训之后必须在文件上签字，而这个签字就意味着：我已经参加了公司的《业务经营准则》培训，并承诺按照公司的要求去做，一旦违反了公司的《业务经营准则》，愿意接受公司的严厉处罚。

由于很多员工都会出差，所以这项培训会持续一段时间，由员工自己报名选择参加哪一天的培训。由于是规定动作，所以必须保证每个人都参加培训，没有任何例外，以保证所有的员工都签署文件。员工签字后的文件由人力资源部统一保存。

所以说，《业务经营准则》就是大家必须遵守的行为规范，当任何人想做一件事但拿不准是否违规的时候，就去查看一下《业务经营准则》，看上面是否有明确的规定。如果拿不准该不该做，或者有什么不明白的地方，或者准则上没有非常明确的界定，都可以去问自己的顶头上司，如果顶头上司也拿不准，就去问人力资源部。这是惠普一个非常重要的基本原则，即做事不能“想当然”，以避免大家在不知情的情况下犯错误，也避免大家由于理解不同而出现偏差。

惠普的《业务经营准则》总的说来就是一个目标，即“我们以不可妥协的正直从事经营活动”，具体说来就是“我们期望惠普员工以坦率、诚实的态度与人交往，并赢得他人的信赖和尊重。每一个级别的人员都被期望遵循最高标准的商业道德，并了解达不到该标准的任何事情都是公司完全不能接受的。符合道德准则的行为并不是由惠普的规章和制度来保证的，而必须是组织行为的组成部分，一个深深根植在员工心中的传统，并由一代又一代的员工传承下去”。

每个人在接受《业务经营准则》的培训后，做事时必须时刻牢记公司的职业道德要求，遇到拿不准的地方就去检查一下。记得当年我刚开始对外讲课的时候，就遇到了这个问题。

自从参加了千户班的教学工作之后，很多企业邀请我去讲课，尽管只是利用业余时间，但是我不知道是否违反公司的《业务经营准则》，所以就去查了一下《业务经营准则》，发现上面有明确的规定，即员工可以从事第二职业，但是前提条件是不能影响本职工作（**不会因为第二职业而导致身心疲惫**），不影响员工对公司的忠诚（**不能帮助竞争对手，不能做损害公司利益的事等**），有了这样的规定我就放心地利用业余时间去讲课了。因为在我看来，讲课对公司是好事，可以有助于树立公司的良好形象。

很多人曾经对我说，他们是通过参加我的培训课而熟悉了惠普，有些企业是因为看了我的培训光盘对惠普产生了好感，所以在采购产品时选择了惠普。

到第三次加入惠普时，我和人力资源部沟通的时候特意说明了这一点：我在外面经常讲课，而公司的态度是支持我这样做。可以说，有了这样的规定，大家做事情都不必偷偷摸摸，可以光明正大地去做，只要个人的利益与公司的利益不发生冲突即可。

惠普的《业务经营准则》都涉及哪些具体内容呢？因为这是惠普内部材料，不能把所有的内容向社会公开，所以只能简单地介绍一下。

一个大的方面就是利益冲突，包括员工不得受雇于竞争对手，不得受雇于惠普的供应商或者客户，员工家属如果受雇于供应商或客户时必须向公司通报，员工不可以利用业余时间销售惠普的产品或服务，员工在商业活动中能接受什么样的礼物、能送什么样的礼物等。

另外一个大的方面涉及竞争对手，比如不能与竞争对手联合起来限定价格（即通过价格自律去面对消费者），不能以非法的手段获取竞争对手的资料，不能对竞争对手进行不公正或贬低性的评论，不能利用自己的市场地位搭售产品等。

还有一些内容涉及对供应商和客户的承诺，比如惠普必须优先考虑规模小的、由少数民族或妇女拥有的供应商，鼓励他们成为合格的供应商，这样可以尽到公司的公民义务，帮助中小企业。

比如，惠普绝对不允许员工在办公室或公司配备的电脑上使用盗版软件，公司会经常不定期地检查员工的电脑，一旦发现有人使用盗版软件就以违背《业务经营准则》论处。因为在惠普看来，使用盗版软件是一个原则性的大问题，与偷盗的性质一样。

所以，对于一个公司来说，不允许员工使用盗版软件，会让大家觉得这是一家高尚的公司，会受人尊重。

惠普对违反《业务经营准则》的行为决不姑息，既没有三令五申，又没有下不为例，每个员工只有一次机会，一旦发现并证实某位员工违反了《业务经营准则》，该员工马上会被解雇，而没有任何商量的余地。

所以说，《业务经营准则》就像是悬在员工头上的一把“达摩克利斯之剑”，不违规则已，一旦违规这把“剑”就会掉下来。而违背职业道德规范被解雇的员工通常很难再在跨国公司找到工作，因为任何规范化的跨国公司在用人的时候都会做“外调”，一旦发现某个人是因为职业道德规范而被解雇的，没有人愿意要这样的人。所以违背职业道德规范就如同是在外企这个圈子里被“判了死刑”。

企业如果在用人的时候做“外调”，了解应聘者的背景，就会形成一种威慑力，令那些心存侥幸心理的人打消念头，老老实实地做人。所以说，一个好的工作环境可以使人向善，一个不健康的工作环境可能使人变坏。

一个企业若对员工没有严格的道德规范要求，就不可能成为受人尊重的企业，也不可能成为高尚的企业。

另外一个比较大的问题是可操作性，职业道德规范不是毫无实际意义的“理想”，诚实守信、爱岗敬业、团结奋进、锐意进取、不断创新、遵纪守法、互让互敬、热心公益等都不能沦为“假、大、空”的口号，都要有可操作性，可以检查是否做到了，可以培训员工如何做到，不能凭感觉。

有些管理者往往这样思考问题：反正我该做的事情都做了，人们不遵守制度，不配合执行，不关我的事。表面上看，这些管理者好像是完成了本职工作，其实他们是在欺骗自己，欺骗别人。

职业道德规范尽管不能天天讲、月月讲，但是可以年年讲，让员工做“阳光下的生意”，成为守法诚信的企业。

4 撒谎是不可饶恕的过错

撒谎是个不可以原谅的“小毛病”，应该得到各级管理人员的重视。

在惠普这样的跨国公司里，撒谎和作假是不可饶恕的重大错误，哪怕是一次微不足道的不诚实也可能导致被解雇，或者因为善意的谎言而受到严厉的处罚。因为不管问题的大小，不管价值的高低，撒谎在惠普这样的跨国公司看来是致命的错误，因为这关系到一个人的“人品”，关系到一个人能否让别人信任的大是大非问题。

一旦没有了这种信任，就没有了合作或共事的基础。我们在用人时经常谈论“德才兼备”，在选人用人时不能只看重员工的能力，更重要的是人品；不能只看重工作经验，更要关注他人的评价。

在这方面，我认为国内企业不妨从优秀的跨国公司那里学习如何以较高的职业道德规范来约束员工，如何培养员工的诚实。没有这些基础，企业是不可能健康发展的，生意做得再大也没有意义，更不会赢得社会的尊重。

有一个案例可以说明这个问题。

几年前，有一个业务水平很高的专业技术人员，在出差回来报销出租车费的时候（那时候还是手写的发票）做了手脚，车票上原来的金额是40元，那名员工把40元改成了140元，也许是一时利欲熏心，也许是一时糊涂，不管怎样，这个员工犯了无法饶恕的错误（作假）。

后来那张发票被公司财务人员看出了破绽，经过与出租汽车公司核对，证明了那位员工的确作假了，于是公司财务部门把这件事通报了那名员工的上级经理，同时通报了公司的人力资源部。

那名员工面对自己顶头上司的质问只好承认了，同时非常真诚地希望公司能给他一次改正错误的机会。他表示会用实际行动来报答公司，会加倍努力地工作，毕竟只是100元的“小问题”，与他一个月近万元的收入相比，算不上什么。

但是，这名违规员工还是被开除了，虽然他的工作能力很强，公司的业务少了他会受到很大影响，但是公司无法容忍员工撒谎和作假。任何不诚实的行为都是不可饶恕的大错。

很多人可能会认为惠普这样做有点小题大作了。传统的思维方式更多的是关注员工的错误给公司造成了多少经济损失，区区100元很难受到如此严厉的处罚（极刑）。

很多人会认为他月薪接近万元，一百块钱算不了什么，不过是1%的小错误，可能是一时糊涂，可能是鬼迷心窍了，只要教育一下，下次改了就还是好同志。况且他在技术上、在专业上很有水平，把这样的人开除了，公司的业务肯定会受到影响。

如果按照这样的思维逻辑去处理问题，大家可以想象一下其他人会怎么看？只要是工作能力比较强的员工，觉得公司离不开自己，认为自己过去对公司有贡献，不会受到严厉的处罚，那么越来越多的人会把职业道德规范放在一边，没有什么大不了的，出了问题只要想想办法就能搞定，那还怕什么？

久而久之，公司的各种规章制度就会被一一攻破，成了好看的文件摆在公司的档案柜里。

而在惠普，绝对没有这种迁就——只要员工在道德品质上出了问题，就说明这个人已经无法得到别人的信任了。在惠普看来，只要宽恕违规员工一次，他就会犯第二次甚至第三次，所以只要是犯下撒谎或作假等道德方面的过错，就立即解雇。

在市场经济环境中，没有什么比诚信更重要，也没有什么比撒谎更可怕，企业绝对不能姑息撒谎的毛病，否则后患无穷。

5 信誉不是宣传出来的

在日益激烈的市场竞争中，很多企业都已经意识到了信誉的重要性，但是一部分企业把信誉给理解错了，把各种荣誉、证书、获奖当成了宣传的手段，在经营活动中不是真的替用户去着想，而是为企业自身的短期利益着想，没有真正把信誉落实到行动上。

几年前我在参加一次论坛时曾经给“企业的信誉”下过一个定义，那就是：**当出现产品质量或服务问题时，企业愿意花多大的代价去弥补自己的过错，这就是一个企业信誉的标志。**比如一家航空公司出现空难，赔多少钱就代表了一家企业的信誉，因为人的生命是无价的，企业所付出的赔偿就是对自己信誉的理解。

所以说，一个企业如果出了任何问题，不愿意主动赔偿，或者百般抵赖的话，这样的企业其实没有什么信誉可言，我相信总有一天中国也会成为一个消费者至上的市场，到那个时候所有的政策和规定都倾向于保护普通消费者的利益，作为弱势群体的消费者打官司的成本非常低（而且很简单），打官司的经济效益一定是“正”的，结果必然是消费者越来越“挑剔”，到那时候优胜劣汰会在行业里出现，优秀的企业会越来越强大。

我坚信，唯有“挑剔”的消费者出现，卓越的企业才可能诞生，只有到达那个阶段，才会出现真正具有国际水平的企业。我相信到了那个阶段，不注重信誉的企业一定会被淘汰出局。当然，一个企业的信誉是在消费者心目中慢慢积累起来的，如果企业现在不注重信誉，不把信誉落实到行动中，等到将来市场环境变了，很多企业就会发现“奶酪”不见了。

下面不妨用我亲自参与处理过的一桩客户投诉案为例，来看看惠普是如何重视企业信誉的。

若干年前，有一位客户买了惠普的彩色激光打印机，用于开办影楼。当时，那种彩色激光打印机刚刚推出不久，价格还比较贵。那位客户买回打印机之后使用了半年左右的时间，就向惠普投诉产品有质量问题，说不好用，坚持要求退货。惠普的技术服务工程师上门为他检查、维修，但客户还是说修好了也不行，坚持要退货。后来，根据我们的调查发现：他因为对市场估计不足，经营不善，影楼无法赚钱，所以客户就想把打印机退掉，来减少损失。为了达到目的，客户做了一个索赔表，声称这部打印机因为不能正常工作，给他造成了很大损失。

这个事情反映上来后，公司责成我来处理这件事情。我仔细研究了所有的资料，并召集公司技术服务部门的经理了解情况，又咨询了公司法律部的意见，于是成立了一个跨部门的小组去处理这件事情。

首先，不管是什么原因造成的问题，我们都承认给客户带来了麻烦和不快，所以在与这个客户协调沟通后，为了表示惠普处理问题的诚意，送了客户两个硒鼓。然后我们再与客户和媒体进一步接触，以了解更多的情况。当时，客户已经把投诉稿发到了一家著名的媒体那里。因为那家媒体比较负责任，就没有轻易发稿，而是找我们核实一下情况。我带着技术服务部和法律部的经理去拜访那家媒体。他们把客户提供的资料给我们介绍了一下，希望我们配合核实。因为我们是有备而来，所以就把公司掌握的情况向媒体做了详细的说明，就用户的投诉一一做出解释，比如客户说那台打印机买回来以后三天两头的出问题，其实并非如此，因为在那种高档的智能打印机里有原始记录，证明那台机器是在打印了几千张之后才出现了第一次故障，同时我们也出具了几次上门服务的证据。因为那时候媒体很重视消费者维权的事，就派出了记者到用户所在的城市进行认真的调查、核实，之后得出的结论跟客户的投诉不太一样。于是，媒体就把我们提供的一些数据和资料告诉了客户，令客户很吃惊，他心里当然知道自己说的话是有水分的，就接受了我们的处理意见，不再闹下去了。

在这件事情的处理上，如果"据理力争"的话，就没有必要送客户两个硒鼓，但是与客户争执是最不理智的行为，即使赢了也没有意义，惠普不希望让用户感觉到不舒服，只要惠普的产品给客户带来了不愉快的体验，就要勇于承担责任。虽然客户没有达到当初的退货目的，但是平心静气地一想，毕竟还是得到了两个硒鼓，理亏之际还能得到一点补偿，即使不太满意，但至少说不出什么，更不会对惠普有反感。可以说，我们当时在处理那件事情时，基本上是按照以下几个原则去做的。

第一，企业的信誉比什么都重要。如果惠普的产品或服务给消费者带来了不愉快的体验，公司愿意承担责任，尽量帮助客户，做出适当的补偿，因为让客户满意是惠普的追求，只有双赢才能持久。

第二，坚持原则，不能一味地迁就客户，如果是客户的原因导致的问题，就明确地告诉客户，并想办法今后不再发生类似的问题，所以惠普除了给客户两个硒鼓外，还派了一个技术服务人员为客户方的操作人员做了一天的免费培训，教客户怎么正确使用那台打印机。

第三，态度要积极，对于客户投诉，公司让高层管理人员带队出面解决问题，迅速做出反应，认真听取客户的意见，体现了公司对客户的高度重视，而不是“踢皮球”或者拖延时间。

第四，在解决问题的过程中，始终有法律部的人员参与，凡事做到有理有据，严格按照流程办事，很圆满地解决了问题。

我们的处理方式得到了用户的认同和媒体的赞扬。媒体对惠普的印象非常好，因为他们处理过很多类似的问题，发现惠普在处理那件投诉时，不是站在企业的立场上去挑客户的错，或者抓住客户的把柄，而是尽量地考虑用户的感受和难处，从客户的角度考虑和解决问题。所以企业为了基业长青，就必须下大力气去维护自己的信誉，成为受人尊敬的企业。

信誉就是企业愿意花多大的代价去弥补自己的过错，不管是产品质量问题还是服务问题。信誉不是靠荣誉、证书、获奖换来的。

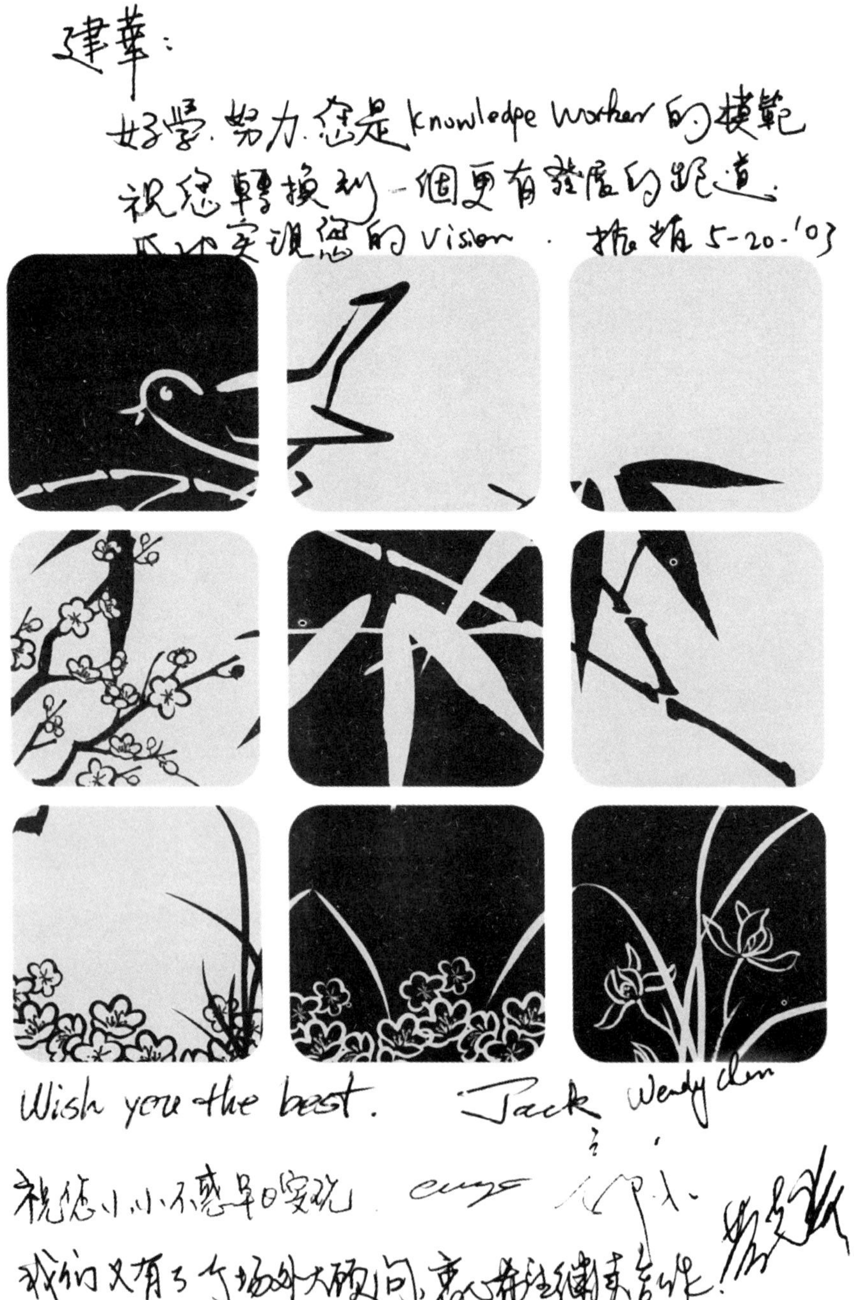

第三次离开惠普时同事们在贺卡上留言

后记 POSTSCRIPT

2002 年 5 月 8 日，经过长达 8 个月的激烈辩论后，惠普对外正式宣布兼并康柏公司，惠普在全球的组织结构面临新的调整，我也被任命为兼并与整合办公室的主任，负责中国内地和香港地区的兼并整合业务（亚太区和全球都有相应的兼并整合办公室），用了整整一年的时间，监督完成了一千多项与兼并整合有关的工作，圆满地完成了任务，受到惠普亚太区的表扬。面对兼并后的组织结构和几个工作选择，我没有找到过去一直期望的比较理想的工作岗位，所以我再一次萌生了去意，因为我对好工作的要求非常苛刻，要同时满足三个条件：第一是有兴趣做，即有热情、有动力；第二是适合我做，也就是说某项工作我会比其他人做得更好，能发挥自己的专长；第三是关键岗位，即能为公司做出重大贡献。经过一番冷静的思考和权衡利弊，我决定见好就收，在出色地完成了兼并整合任务后，去尝试新的挑战，时间是 2003 年 5 月。

尽管那个时候正赶上北京突发非典疫情，不是离开公司的好时机，但是我还是做出了艰难的选择，再一次离开了我非常热爱的中国惠普，因为那时候不能聚会，我当时的顶头上司孙振耀无法在饭店里为我办欢送会，所以我建议他们到我家去，因为我的家在郊外，而且可以在室外活动，所以中国惠普前总裁孙振耀、前副总裁舒奇等一些老同事一起到我家去吃了一顿自制的馅儿饼，我再一次“笑着离开了惠普”。

可以说，我对惠普一直存有一颗感恩的心，到今天更是如此，是惠普教给了我做事的本领，教给了我做人的道理，给了我锻炼的机会，成就了我的今天，所以我是非常幸运的一个人。我觉得人活着应该有一种感恩的心态，我们应当感激那些曾经给了我们帮助的人和单位，哪怕是微小的帮助，我们都应当牢记在心。在我的惠普职业生涯中，有很多值得我感激的人。他们都曾经是我的顶头上司，也是我生命中的“贵人”，在我生命中的很多“十字路口”上引导我走到了正确的道路上，这里面包括：招聘我进入中国惠普的徐家辉，让我熟悉西方文化、懂得如何与美国人打交道的黄润波（Paul Wong），把我培养成职业经理人的陈升河（Jimmy Tan），使我成为国际化人才的 Ken Lodge，让我担当知识管理探路人和兼并整合重任的孙振耀。他们都是我的“恩人”，尽管我不能直接报答他们，但是我会永远记住他们给予我的帮助，并用自己的聪明才智去努力回报社会，去帮助别人，不辜负惠普对我的栽培和信任，正像孙振耀在我离职时所写的寄语那样——成为一名知识员工的典范。

高建华

APPENDIX

附 录

互联网时代的人性化管理

高建华

说到人性化管理，其实涉及三个层次的话题：即管理哲学、管理科学和管理制度，千万不要把这三个不同层面的问题混合在一起，否则很多事情都说不清楚。简单来说，人性化管理就是尊重人性，尊重员工内心深处的需求，他们需要什么，就在合适的时间给他们什么，不要跟人性和人的本能较劲。比如说当一个人需要钱的时候，给他赚钱的机会最重要，以便让他尽快脱贫，过上体面的生活；当一个人希望尽快提升自己能力的时候，给他系统性的培训最重要，以尽快掌握相关的技能，得到同事的认可；当一个人有了一定的经济基础，而希望事业有成的时候，晋升的机会和做事的机会最重要，在这个阶段，他们最渴望的是得到尊重，希望活得有尊严，希望有话语权和自主权；而当一个人功成名就以后，自由和空闲的时间最重要，无拘无束的生活最开心，因为到了自我实现的阶段，让他们去做自己喜欢做的事就是对他们人性最大的尊重。所以不管什么事都不要一视同仁，要有小众化的思维，根据每一个人的特定需求去关心员工、体贴部下。

人性化管理要从给员工选择权开始，即尊重员工的意愿，比如弹性工作时间，员工可以在6点至9点半之间选择上班时间，一旦确定下来，半年之内不可以变更，每天都是按照自己选的时间上下班；比如轮岗制度，为了给优秀的老员工或新经理创造更多的锻炼机会，在可能的情况下会安排轮岗，这样可以扩大员工的视野，更加理解其他部门的苦衷，便于工作上的配合，同时也给员工一个机会看看做哪一类工作更适合自己；比如带薪休假制度，一个人性化的企业一定是走在社会的前面，通过带薪休假让员工平衡工作与生活，工作的时候努力干，休假的时候好好玩。

当然，企业在不同的阶段需要不同的人才，有些元老级的员工在完成了自己的历史使命之后渐渐地会失去拼搏的动力，会给周围的人传播负能量，严重者甚至会阻碍公司的健康发展。一旦出现这种苗头，公司就要尽早让他们主动退出，当然不能是不欢而散，而是用其他方式，以便给后面的年轻人腾出空位来，让那些人接过接力棒，继续拼搏，延续企业的辉煌。

“互联网 +”时代如何经营 90 后和 00 后的人心，是实施人性化管理的关键。要实施人性化管理，就要换位思考，理解 90 后和 00 后，对他们来说生命中最重要的就是生活品质，是事业追求，是个人兴趣，所以必须激发他们内心深处的动力，要学会引导，即站在对方的立场上，基于利他的心态去帮助员工成长，让他们看到未来，从而为了自己的梦想而努力奋斗。

想让员工敬业吗？给个理由先！

高建华

每到春节前后，都是员工跳槽的高峰期，很多老板对此非常头疼，不知道如何解决问题，只能被动应变，在私下里抱怨员工没有责任意识，没有主人翁精神，缺少忠诚度。随着这几年劳动力成本和原材料成本的不断上升，竞争压力不断加大，企业的生存空间越来越小。

要想从根本上解决问题，就要找到产生问题的根源和土壤。员工为什么要敬业？敬业的员工能得到什么好处？这是很多老板没有认真思考过的，以为员工敬业是天经地义的事，其实不然！要想让员工敬业，就要给他们一个敬业的理由，让每个人都清楚敬业会给自己带来好处，唯有把敬业与员工的个人利益挂钩才能彻底解决问题。

企业如何才能留住员工，尤其是那些优秀的好员工呢？我们不妨站在员工的立场来换位思考，他们为什么选择在一家企业打工？他们想通过这个工作机会学到什么，得到什么？企业能否给他们搭建一个平台，让他们施展才华？人心需要经营，就像经营业务一样，要把经营员工的人心放在重要位置上，要懂得关怀员工，培养员工，随着中国的人口红利逐渐消失，这个问题会越来越突出。

一般说来，员工流失带来的显性损失是可以计算出来的，而隐性损失却无法计算，比如培训新员工需要时间，企业需要指定专门的人进行新员工培训，管理层面试新员工需要成本，员工流失会产生负面影响等。

这些隐性的成本往往比显性的成本高很多倍。随着年轻员工逐渐成为企业的中坚力量，老板要想激发这些年轻人的主人翁精神，就必须理解他们的思维模式，学会为他们的前途着想，学会给他们一些充足的理由去努力奋斗。

当今中国的企业界，很多人都热衷于谈管理创新，其实管理用不着整天创新，只要按照规定动作去做就行了，过度创新只会走向反面。“把员工的个人利益与公司的集体利益挂钩”，只要理解了这句话的含义，就知道如何去强化管理，就懂得如何用动力式管理来取代压力式管理，让员工发自内心地为了自己的利益而忠诚、而奋斗。

可以说，市场经济讲究的是利益驱动，当然这里的利益不仅仅是金钱，还有其他很多方面，而且每个人在不同阶段所关心的利益也是不一样的，要因人而异。每个管理者都应当清楚自己的部下最关心什么，最在乎什么，必须给每一位员工做一份职业生涯规划，让大家清楚地看到未来，即通过自己的努力，五年后能做到什么位置，能获得多少收入，能过上什么样的生活。这就是我反复强调的“从后往前看”。

“市场大变革”即将爆发

高建华

领教导言

进入二十一世纪第二个十年以来，我们经历和见证了技术、传播、人口、消费文化等多个维度上同时发生着的重大变化。如何正确、深刻地理解和把握这些变化的本质并进而制定出切实可行的新战略，是民营企业在新一轮的竞争中生存和胜出的关键。著名企业战略管理专家高建华老师这篇重磅长文，从多个维度和层次深刻分析了这次“市场大变革”的本质和内在逻辑，为不同类型的民营企业指出了战略变革的方向，值得企业家朋友们仔细阅读和借鉴。

过去这几年，一场商业上的变革正在悄悄地进行，慢慢地酝酿。

这场变革离不开社会大众的共同参与，积极投入其中的三个主力群体虽然出发点不同，目的也不同，却形成了合力，形成了一股洪流，推动着中国市场的转型和演变。我们不妨来看看这三个群体各自的目标和追求。

“变革者”

第一个群体是传统企业中的“变革者”，他们敏锐地感受到了社会演变的趋势，作为行业的先行者，主动站出来变革，这批人属于既得利益集团中有远见、有危机意识的人。

“跨界者”

第二个群体是其他行业转行过来的“跨界者”，这些人在传统行业或新经济领域获得了经济基础，看到某些行业有市场机会，于是过来“跨界”。

“创业者”

那些实施了绩效考评而出现混乱的企业必须悬崖勒马，尽快回到原点，要从为了考评而抓员工的小事，转变到为了公司的目标和发展而抓大事。

任何变革都需要土壤和舆论，**市场的变化、员工的变化和技术的进步**这三个外部因素的相互作用促成了环境的变化，产生了变革的土壤。

市场的变化

过去 30 年，中国的主流消费群体发生了两次大的演变，第一次演变是 20 年前，大批人从温饱走向小康；第二次演变是 5 年前开始的，大批人从小康走向中产。第一次演变造就了一大批有规模经济效益的大企业，它们通过上规模、降成本，成为大众化市场上的佼佼者，用物美价廉的产品赢得了市场。而 5 年前开始的第二次演变正在进行中，必将造就一大批有独到价值的、中等规模的“隐形冠军”，它们面向小众化市场，成为某个特定消费群体的最爱，这次演变会影响到规则的变化，很多人会从价格导向转变为价值导向，最终给中产阶层提供优质优价的好产品。这是供给侧改革的一个重要方面，很多企业转变成为细分市场服务。

员工的变化

很多企业的主力员工已经是90后，他们喜欢聪明地工作，而不是傻干，更不愿意加班，他们喜欢走捷径、想办法。面对这样的新生代员工群体，企业的经营、管理、文化势必需要做出调整，否则就无法赢得他们的忠诚。所以到了这个时代，提倡“员工至上”就成了必然，因为没有满意的员工，就没有满意的客户。企业要想赢得市场竞争，就要有一支专业、敬业的团队，所以老板们需要从关注“客户”转化为关注“员工”，需要从关注“事”转化为关注“人”。

技术的进步

移动互联网的蓬勃发展改变了整个社会的生态。有人说互联网是工具，有人说互联网是思维，还有人说互联网是哲学。我给出的定义是：一个具有互动媒体属性的，有外溢特征的基础设施。互动媒体与传统的单向传播媒体不同，给了大家参与的机会。外溢特征是说互联网可以跟很多行业融合，形成新的物种，就像电一样，最初是为了照明，后来被应用到各个领域。而基础设施则是为了提高效率和质量，改善人们的生活，就像高速公路、高铁、桥梁、水、电、气一样。媒体会影响人们的价值观和认知，甚至会上升到哲学，而把基础设施理解为工具似乎也是合理的。

以上这三个客观因素的互动导致了“市场大变革”的发生，从而推动市场重新洗牌。变革的关键是看谁能站在客户的立场上看问题，谁能基于利他的理念给客户带来更好的完整产品。

未来我们将会看到变革者、跨界者与创业者在市场上竞争，谁能取得最后的胜利，要看谁有毅力和决心。三者各有优势，变革者有资源、有资金、有人才、有市场；跨界者有资源、有资金、有人才、有思想；创新者有思想、有抱负、有压力、有风投。

传统企业如何在这场市场大变革中生存下来并发展壮大、实现突破？很多企业脱颖而出走向成功是因为在若干年前把握住了中国社会从计划经济转变为准市场经济的机会，成了市场经济初级阶段“1.0时代”的佼佼者。**每一次社会的转型都会带来机会与挑战**。这一次是从准市场经济转到市场经济，也就是从市场经济的初级阶段转到中级阶段，有些人会脱颖而出，成为市场经济“2.0时代”的佼佼者。

我把传统企业分为以下三类。

第一类是有进取心的传统企业，借助这次市场大变革，化危为机，在外力的推动下实现飞跃，实现蜕变。很多大企业做到上千亿元的营业额，依然停留在推销（Sales）状态，靠人海战术、狼性团队去打天下。只有进入营销状态，才有希望成为垄断竞争当中的一员。当然对这类企业来说，最具挑战的就是如何做好顶层设计，不再摸着石头过河，回归商业的本质和核心，基于利他的理念重新调整经营管理思路，积极拥抱移动互联网，在管理哲学方面走在创业者和挑战者的前面，这类企业约占行业总数的1%。

第二类是虽然有进取心，想做大做强，但是资源和能力不足以支撑它们成为行业的领头羊，只能是第二方阵的传统企业，它们面临的挑战就是把企业的经营状况进行提升，成为一个有一定价值的品牌，可以在一个区域市场或细分市场处于领先地位，继而成为全国性大品牌并购的对象。这无论对员工还是老板，都是不错的结局。这类企业最难过的一关就是转变思想，不能舍不得卖。这类企业约占行业总数的20%。

第三类是退出市场竞争的企业，在企业还值钱的时候尽快整体卖掉，把过去挣来的钱变现，减少损失。对这些企业来说，最难过的一关就是感情上接受不了，不愿意言退。从现实主义的角度看，退出没有什么不好，老板可以全身而退，从企业家变身资本家，从过去自己辛苦地经营管理一个企业变成了投资者，这类企业将占到行业总数的80%。也许有人会问：那么多企业关门，员工怎么办？其实不用担心，随着那1%的佼佼者不断发展壮大，它们除了会兼并整合第二方阵的企业之外，还会吸收大量的员工，俗话说，铁打的营盘流水的兵，好员工不愁没有好工作。

按照市场经济的客观规律，**任何一个行业的发展都会经历四个发展阶段，从初级竞争到无序竞争，再到完全竞争，最后才是垄断竞争。**而垄断竞争的定义就是有限选择，各有特色，整个行业进入稳定状态，竞争强度下降，行业从微利经营转变为厚利经营。

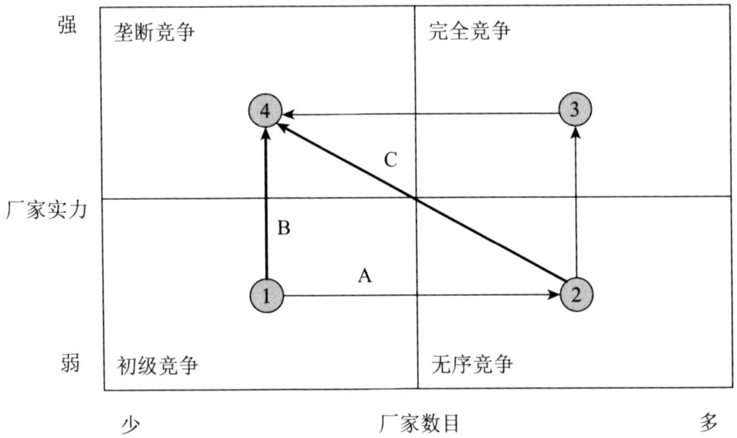

行业经历的四个发展阶段

按照正常的节奏，行业要想完成这四个阶段的演变一般需要 20 年甚至 30 年的时间。对于互联网创业者来说，在资本的推动下不得不做好顶层设计，把商业计划书做到位，把各种问题和潜在风险考虑周全。这与传统企业摸着石头过河的发展套路截然不同，可以说风险投资的唯一作用就是帮助创业型企业迅速从初级竞争转变为垄断竞争，避免长时间的消耗战，直接跨越无序竞争和完全竞争状态，加速了创业型企业的规范化进程。

对于传统企业来说，不管选择哪条道路，都必须有二次创业的思想准备，过去成功的原因有可能成为明天失败的根源，所以传统企业面对这场来势汹汹的市场大变革，必须有归零的心态，抱着一颗谦卑的心去学习、去实践，尽快掌握市场经济的游戏规则，提升企业的核心竞争力，才能创造市场价值。具体可以从以下三个方面做文章。

树立小众化思维

聚焦，在某个细分市场上建立根据地，成为有主导权、定价权和话语权的品牌。企业必须用不同的产品去满足不同群体的需要。一旦企业有了小众化思维，就可以减少变量、精耕细作。具体来说就是通过战略规划或商业模式设计的方法论，找到市场的规律，发现客户未被满足的需求，根据需求设计差异化的完整产品，给客户一个非买不可的理由。这些都是传统企业过去做得不到位的地方。

回归商业的本质

即为目标客户创造独到的价值，不管是制造业企业还是流通业企业，都必须树立为客户创造价值的理念，没有价值就必然被淘汰。不管市场如何变化，商业的本质和逻辑都没有改变。商业的核心，很多东西都是永恒的、不变的、可预测的。未来中国市场将会由中产阶层来引领消费，谁把握住了中产阶层的脉搏，谁就是佼佼者。

重视经营人心

没有满意的员工，就没有满意的客户。营造一个相对宽松的环境并实施人性化管理，才能激发员工的主人翁精神，让大家为了自己的利益最大化而努力工作。换句话说，把员工的个人利益与公司的集体利益挂钩，才是管理的真谛所在。“惠普之道”就是基于这样一个理念：我们相信每一位员工都有把工作做好的愿望，只要公司提供一个合适的舞台，员工必定全力以赴。一切以员工为核心，为员工搭建一个施展才华的舞台，管理就变得非常简单实用。其实只有让员工满意了，他们才会对企业有强烈的认同感和忠诚度，一定会为企业创造价值。

中国的 IT 企业和互联网企业之所以在经营人心方面走在其他行业的前面，就是因为他们最早与硅谷接轨，善于学习硅谷的先进理念、平等文化、管理哲学，从而赢得了年轻人的喜爱，我是过来人，所以深有同感。可以说，强调员工至上是一种企业可持续发展的思维逻辑，使企业站得更高、看得更远。公司关注员工，让员工满意，员工就会努力拼搏，客户就会感受到员工的敬业精神和专业水平。

总之，在这场势均力敌的较量中，谁能抢占制高点，谁就能率先进入垄断竞争状态，一看思想力，二看行动力，认识不到市场大变革的到来肯定会被淘汰，认识到了却没有迅速行动，同样也会被淘汰出局。

十年前，我在一本书中曾经写道：未来是一个平台制胜的时代。平台型企业存在的价值就是聚合，通过互联网可以把很多分散的小企业与离散的小客户链接起来，消除了信息不对称带来的问题，特别适合长尾市场。而在主流市场上，有朝一日一旦进入垄断竞争状态，平台型企业的价值就会下降，因为客户已经知道如何选择了，垄断竞争企业对客户也有敬畏之心了，市场就会进入下一个稳定状态，最后形成与发达国家类似的市场格局。

中国人的创新意识与创新能力哪里去了？

高建华

当企业家和高层管理人员抱怨员工缺乏创新意识，工作没有主动性和积极性的时候，大家想过没有，为什么员工会变成这样？员工的创新意识和创新能力都哪里去了？不是中国人没有创新意识，也不是中国人没有创新能力，而是环境影响了他们的创新意识。这些年我一直从事管理咨询和培训，有些企业在邀请培训师做培训的时候，都会有这样的要求：希望老师能讲一些客户所在行业的案例，表面上看这样的要求无可厚非，其实这种要求折射出了企业领导或人力资源总监思维的误区。

要知道，讲师不可能熟悉各行各业，绝大多数人都没有能力根据客户的要求去做定制服务。因为一个讲师面对比自己经验丰富得多的“业内人士”，讲该行业的案例无疑是“关公面前耍大刀”。那么，为什么企业会提出这样的“无理要求”呢？

首先，这是急功近利的思想导致的，企业希望通过培训，让员工马上改变思想和做法，把老师讲的马上应用在实际工作中，而本行业的案例最直观。要知道，培训既涉及思想观念的转变，又涉及工作技能的提升，不可能马上见效，需要消化与吸收，就像人吃饭一样。

其次，是抄袭和模仿的思维模式在作怪，如果习惯了跟在别人后面走，谁成功了就跟着谁学，那么就会导致重复建设，恶性竞争，产品同质化问题越来越严重，行业会变成微利行业。

最后，行业内的案例往往都是过来人的经验之谈，还上升不到有理论依据的经典案例。案例不是随便讲一个故事，而是要有严谨的逻辑和坚实的理论基础，要有多年实践验证的结果做支撑，经得起推敲。即把一个看似简单的故事，上升到一定的高度和层次，启发人的思考，并能从中悟出深刻的道理。所以案例不应当侧重于“术”，而是应当侧重于“道”。

创新来自质疑，来自对现有产品和服务的不满，来自发掘消费者未被满足的需求。所以，企业迫切需要的是“跨界学习”，即把其他行业行之有效的做法嫁接到本行业并根据本行业的特点进行“微创新”，从而实现“A+B=C”。别忘了中国那句老话：他山之石，可以攻玉。

绩效不是考评出来的

高建华

一、绩效考评的目的是什么？

这些年，精细化管理开始深入人心，企业老板越来越重视绩效考评，总希望通过引入科学的绩效考评机制来提高团队的战斗力。这种想法本无可厚非，但是结果却往往事与愿违。我所了解的很多企业，都曾经被绩效考评带进“死胡同”，需要费很大的力气才能把他们“救出来”，重新走上健康发展的道路。究其原因主要有两个：一是大家在没有真正弄懂“绩效考评”的定义之前，就按照自己的一知半解，盲目地实施所谓的科学考评；二是被理想化的绩效考评体系所误导。结果，貌似科学、公平、公正的绩效考评在实践中走向了反面，考评变成了束缚员工的枷锁，最终让很多老板和各级管理者失望。遗憾的是老板和高管却不知道是哪里出了问题！总以为是自己的团队管理水平低，于是陷入越努力越麻烦的泥潭无力自拔。这绝对不是个别现象，而是普遍现象，尤其值得大家深思！

为了让更多的企业少走弯路，我想从绩效考评的起点（*原点*）开始谈。这是西方企业的管理哲学：当你迷路时请回到原点。

首先，我们来看看绩效考评的定义。1986 年，我进入了跨国公司，每年我的顶头上司都会给我做一份详细的**表现评估**（Performance

Evaluation）。从字面上看，与目前大家所说的绩效考评稍有差异（因为绩和效都是关注结果，即成绩和效果），我们那时侧重的是表现，既考评结果，又考评过程。换句话说，是根据每一项工作的结果去评估员工的表现，找出背后的原因，比如导致某种结果背后的思维方式、行为方式、工作方法、工作流程、判断标准与沟通模式等是否正确。通过这种方式去改变员工做事的过程和习惯，让他们不要想当然地做事，要明白为什么那么做，知道如何才能达成更好的结果。因为我们坚信只要过程正确，就一定会有好的结果，这也是西方企业的管理哲学，而管理科学和管理体系一定是基于管理哲学去设计。

其次，我们来谈一下实施表现评估的目的是什么？老板和管理层必须先回答这样一个简单的问题：绩效考评是为了给员工带来动力，还是为了给员工施加压力？这是截然不同的两种管理模式。如果是给员工带来动力，那么我们信奉的理念就是"没有满意的员工，就没有满意的客户"；如果是给员工施加压力，那么大家信奉的理念就是"今天工作不努力，明天努力找工作"。所以各位老板和高管一定不要急于引进各种绩效考评体系，不要以为只要引入绩效考评体系，很多问题就会迎刃而解。就像很多企业迷信IT系统一样，总以为只要把计算机系统建立起来，让信息流动起来，困扰老板的很多问题就解决了，抱着这种想法做事的人往往都会失望。绩效考评也好，IT系统也好，都是工具，决定其效果的是使用工具的人是否真的理解了其内涵。

就拿我曾经工作过15年的惠普公司为例，在2000年以前，惠普公司一直提倡**"惠普之道"**，践行"惠普之道"，从上到下都非常认同"惠普之道"：**公司相信每一名员工都有把工作做好的愿望，只要公司提供一个合适的舞台，员工必定全力以赴。**所以"惠普之道"是一种假定"人性善"的管理哲学，正是基于这种管理哲学，惠普的表现评估就是为了激发员工努力工作的动力。作为一名在惠普工作过15年的老员工，我对此深有感触，相信现在的年轻人也会像我当初一样，喜欢在一个人性化管理的公司施展自己的才华，能得到同事和上司的认可，能在一个向善的环境中完善自己、提高自己。可惜的是惠普在卡莉的带领下，一步一步地背离了“惠普之道”。用很多记者的话说，卡莉把一个在《追求卓越》《基业长青》《从优秀到卓越》这三本书中当作最成功典范的惠普公司带进了沼泽地，难以自拔。包括我们当初使用的表现评估表格和模式也都被废止了，惠普开始追求短期业绩，看重一时的结果，渐渐地背离了可持续发展的道路。

但是，惠普公司当年所提倡的管理哲学，以及当初与之配套的管理科学、管理体系依然是非常先进的。我们不要总是以结果论英雄，不要取得了一点点成就之后就飘飘然。中国企业要想走向世界，就应当静下心来好好学习若干年前优秀跨国公司刚刚进入中国市场时的做法，看看他们当初是怎么解决问题的，就知道我们今天的问题该如何解决，这样做是一种借力前行的思维，可以少走弯路，少缴学费。

当然，学习别人绝对不是抄袭，而是借鉴。

最后我们来思考要向谁学习？这也是企业必须考虑的问题。第一，企业必须选择与自己的管理哲学一致的学习对象，即双方的信仰是一样的，理念是一致的，这样才能“门当户对”，不出现根本性的矛盾；第二，选择有完整管理体系的对象，即在管理哲学一致的前提下，学习那些已经上升到理论的管理体系，这样才能为我所用，科学地复制；第三，选择行业特征基本一致的管理实践，即某些企业经过多年的试验证明行之有效的最佳管理实践，而不能把某些成功企业的经验或者某些企业家个人的成功管理经验拿过来就用。管理经验必须上升到管理实践才有意义，而管理实践唯有上升到管理理论才能持久，才能跨行业应用。

二、绩效考评从哪里入手？

1. 管理者对直接部下负全责

企业必须明确一个观念，绩效考评绝对不是 HR 部门的事，而是所有管理者的事。HR 部门仅仅是向管理者提供统一的模板，教会大家如何使用绩效考评的工具，如何回答员工关心的问题，如何给员工做辅导、做沟通。所以 HR 部门扮演的角色是管理者的教练。每一个层级的管理者对直接部下的绩效考评承担全部的责任，并根据过去一年的观察对部下进行主观评价。这就要求每一位管理者承担起应有的责任，不管给部下打多少分，不管是在每一个小科目上如何评价部下，都是顶头上司一个人的责任和主观看法。尽管管理者可以通过 360 度反馈体系征求其他人的意见，但是大家的意见仅仅作为参考，或者是验证管理者的看法。在员工心目中，这份考评就是顶头上司说了算。如果一家企业连最起码的责任文化都没有，绩效考评就会成为走过场的空谈，肯定是骗人的把戏。

2. 绩效考评的内容程序

作为一名管理者，应该**每年**给直接部下做**一次**非常详细完整的绩效考评报告，这份报告主要包括以下四个部分。

（1）上一年度工作任务的完成情况。需要针对上一年度岗位职责上列明的所有工作任务一项一项地评判，最好有具体的案例作支撑。

（2）定性分析，针对各项技能指标进行评判。比如判断能力、技术水平、专业知识、产品知识、团队合作、决策能力与沟通能力等十多项，主要是帮助员工“照镜子”，让员工知道自己离最高标准还有多大差距，最好也有具体的案例作补充。

（3）下一年度个人发展计划。根据与员工沟通时得到的信息，指导部下制订下一年度的重点改进计划，即在哪些方面要有所突破，需要参加什么培训，需要其他人提供什么帮助等。

（4）员工个人意见。与上司面对面沟通并理解了上司的观点和背后的逻辑之后，对上司的评价给出自己的意见，一旦员工有不同的看法，就会启动越级申诉程序。所以各级管理者一般都会尽力避免把自己的观点强压给部下，而是努力做到以理服人，让部下心服口服。

具体说来，上司会用一天的时间在家里给某一位部下做这份考评报告，以免在办公室受到日常工作的干扰，没法集中精力认真做，同时也让部下感到上司对这项工作的高度重视。很多企业都在提倡人性化管理、以人为本，却不知道怎么落地，其实每年给员工做一份详细的考评报告就是人性化管理的具体体现。这样一来，如果上司有 10 位部下，那么每年就有 10 天时间待在家里给部下做评估（当然不是在同一个月）。考评报告写好之后，需要与部下进行半天的面对面沟通，针对报告里面提到的每一句话、每一个细节进行详细的解释，让员工明白为什么这么写，如果员工对某句话有不同的看法，则会通过沟通进行适当的调整或修正，直到双方都能够接受，避免出现冲突。有了这样一种制度，上司对部下的得分有 100% 的话语权，所以员工一般不会跟上司较劲。同时上司也不敢胡来，有一个越级申诉程序可以制约管理者滥用职权。所以这种模式约束着管理者，也给了员工一个表达自己观点的通道。

3. 实施绩效考评的合理频率

很多企业在没有把管理哲学想清楚之前，就匆匆忙忙引进复杂的绩效考评体系，表面上看逻辑合理、设计严密，但是这种每个月进行考评和打分的做法严重地挫伤了大家努力工作的积极性。由于时间紧张，每个人都是围绕着绩效考评这个“指挥棒”转，凡是考评里有的指标就认真做，没有的指标就视而不见。一旦出现掉链子的问题，大家都有充足的理由证明不是自己的错。因为每个人在错误的考评体系指导下会变得越来越自私，这是正常的现象，人出于本能一定是自保。企业引入绩效考评体系之后，往往会陷入一个怪圈，那就是大事没人管、小事天天抓，管理者把精力用在抓考勤、抓纪律等小事方面，而忽视了帮助员工提升工作质量、提高工作效率，忘记了为部下着想、帮部下成长的责任。我亲眼看到过许多企业引入绩效考评体系之后误入歧途。**那些实施了绩效考评而出现混乱的企业必须悬崖勒马，尽快回到原点，应从为了考评而抓员工的小事，到为了公司的目标和发展而抓大事。**

所以说，绩效考评不能太频繁，一旦每个月都考评，就背离了绩效考评的初衷。企业实施每个月都考评的制度会使公司各级管理人员每个月都动用大量的人力和物力进行统计分析，久而久之大家的关注点都变成了做表面文章，把有限的时间都用在了作统计和考评上，而不是用在本职工作上，到头来企业的工作效率大大下降，员工满意度下滑，企业变得越来越“内向”，从而失去对外部市场变化的敏感，最终将绩效考核做成了一种自欺欺人的游戏。要知道，经理人的核心工作是经营人心，即帮助部下“照镜子”，找差距，定目标，做方案，对部下的成长和结果负责。人是有血、有肉、有感情的，不是机器，不可能用完全客观中立的方式进行所谓的科学考评，越科学考评，就越会误入歧途。考评的最终目的是什么？是激励，是激发员工内心深处的那种上进心，让他们清楚地知道自己的短板，要想达成自己的职业目标必须在哪些方面改进自己、提高自己。

4. 考评体系设计要因人而异

考评体系设计一定是因人而异，看企业用在什么人身上，管理白领员工与管理蓝领员工是完全不同的。对于白领员工来说，主要是“管心”，因为公司用的是员工的脑袋，希望给白领们提供一个宽松舒适的环境让他们安心做事；对于蓝领员工来说，主要是“管人”，因为公司用的是员工的手脚，所以要给他们提供一个多劳多得的公平环境让他们努力干活。**在这里需要强调一下，“做事”与“干活”是完全不同的两个概念。**

“做事”是按照员工自己的意图去达成目标，而“干活”是按照上司的指令去达成结果。前者是主动的，后者是被动的。做事的人有相当的自主权和灵活性，而干活的人则必须严格按照流程和方法去做。一个企业在决定学习与借鉴之前，一定要先搞清楚前提条件和边界条件，不能盲目地引进其他企业的做法，哪怕是非常成功的做法。很多管理制度和方法都是有边界的，不是每家企业都可以照搬的。

三、实施绩效考评的前提条件是什么？

第一，是否有正直的责任文化？必须明确绩效考评是一种主观评价，是上司根据自己的观察对部下在过去一年中各个方面表现的综合评价，所以上司必须对每一段评价承担全部责任，摆事实、讲道理，让部下心服口服。部下离职直接影响上司的考评得分，尤其是优秀的员工离职甚至会断送上司的职业前程。签字不是一种权利，而是一种责任，意味着签字后一旦出现问题要承担责任。作为一个经理人，一定要明白“责权利”的对等，首先是责，其次是权，最后才是利。让员工快乐工作，让公司成为员工向往的地方。

第二，是否有动态的岗位职责说明书？根据某一个岗位与其他部门（职能）的握手关系，把相互承诺写清楚。这是很多咨询公司都不会做的一件事。我看过很多咨询公司给客户做的静态岗位职责说明书，普遍存在两个问题：一是岗位职责是孤立的，只写了应该干什么，却没有写如何做、何时做、做到什么程度算优秀，更与其他部门无关，即缺乏握手关系；二是岗位职责描述往往是一个部门（职能）的职责，而没有落实到人，这样就很难提高执行力，因为每个人都不清楚自己对哪些事情负责，一旦没有做好，那是部门的事，不是个人的事。

特别提醒：近年来帮助过几个客户完成了动态岗位职责书的设计，发现一些咨询公司给企业做的岗位职责描述普遍存在以下几点问题：一是提供的多是静态岗位责任书，缺乏与相关部门的握手关系设计，所以难以落地；二是所做的多是部门的职责，而不是这个部门里某个岗位人员的职责，所以难以落实到具体的人，自然无法追究责任；三是给出的多是相对宽泛的职责范围和工作内容，没有具体的动作，所以即使知道了该干什么，也不知道从哪里入手，更不知道如何才能做好；四是提供的部门职责多没有清晰的可以量化的考核标准和考核周期，所以看似科学的考评最后成了漂亮的摆设。

第三，是否有明确的教练定位？企业是否建立了明确的经理人辅导制度（每周一次或每月两次），并通过“师父带徒弟”的方式，手把手地教部下做事，成为真实反映部下水平和表现的那面“镜子”，通过平等的沟通让部下认清自己，知道自己离“理想中的自己”有多大差距，从而激发员工的上进心？要知道一个员工水平的高低是衡量其上司水平的关键，唯有善待部下、善待员工的管理者才是优秀的管理者。所以我们说管理是一种服务，是通过别人把事情做好，要想让部下积极主动地去做事并严格要求自己，就要把他们“照顾”好。因为上司有“育人”的职责，需要把部下培养成出色的员工。

第四，是否有科学的薪资体系？如果没有科学的薪资体系做后盾，绩效考评就会失去意义。换句话说，考评的结果必须与每个人的收入直接挂钩，这会决定员工下一年加薪的幅度，才会形成公平的激励机制，做到奖优罚劣。管理的真谛到底是什么？那就是把员工的个人利益与公司（部门）的总体利益挂钩，形成矢量（既有大小又有方向的量）一致性，员工只要为了自己的利益而努力工作就足够了。这才是真正的以人为本！

第五，是否有职业生涯规划？员工入职后是否能看到自己的晋升通道？即如果他努力工作的话，下一个台阶是什么？未来 5 ~ 10 年可以做到什么位置，获得什么回报？这就是我们所说的个人发展计划，让每个人看到未来和希望，知道自己努力会换来什么，知道可以到达的层级是什么。通过不同岗位的级别设置和晋升标准设计，让员工为了自己尽快晋升而努力争取得高分。因为得分越高，晋升的速度越快。

第六，是否有配套的培训体系？绩效考评的结果让员工看到了差距，那么如何缩小差距，尽快提升自己呢？最有效的方法就是培训，尤其是以提升员工技能为目的的培训课程，让员工掌握做事的方法、流程和工具，而不是很多企业热衷的那种理念培训、心态培训。员工培训一般分为新员工、老员工、新经理、老经理、公共培训等多种，要根据不同阶段员工的需求，根据行业特点和企业特点进行个性化订制，从而设计出一套让员工欣喜的培训体系。

第七，是否有严格的行为规范？绩效考评最可怕的事情就是只看结果、不看过程，一旦企业形成了以结果说话的文化（包括很多企业推崇的狼性文化），就会走向反面。因为考核标准决定行为方式，一旦员工知道公司是以结果论英雄，那么自然而然的选择就是不择手段、不惜代价去换取结果，哪怕那样做会伤害公司的核心利益和长远利益。所以为了避免这种现象的发生，公司必须先有完善的职业道德规范（经营业务准则），即让员工看到“高压线”，形成威慑力，知道公司不可逾越的红线在哪里。

第八，是否有完善的监控体系？很多企业不是没有规范的制度，而是有章不循，制度成了摆设，所以要想让监控体系发挥作用，就要有保障措施，通过内部审计、员工越级申诉制度，防止某些管理者滥用职权。不过制度无情，处理必须有情，也就是说员工一旦触犯了制度，就要毫不留情地处理，但是处理的方式要温和。我们常说公司可以辞退一个人，却不可以否定一个人，这是人性化管理与人情化管理的本质区别。

四、为什么实施 KPI 考评发挥不出效益?

最近这些年，很多企业都尝试引入 KPI 考评体系，希望通过这样一个工具来改变员工的心态，让大家迫于 KPI 的压力而努力工作。可是现实非常残酷，大多数引入 KPI 考评体系的企业都没有达到其当初的目标。那么为什么看似完美的 KPI 考评却发挥不出效益？问题出在哪里？其实，推动 KPI 的主要目的是防止“掉链子”，所以其关注点是部门与部门之间的交接点，即那些“三不管”的地方。通过 KPI 设计，让每一个部门为了自己的利益而承担起应有的责任，逐渐树立起“帮别人就是帮自己”的理念，相互配合，相互补位，形成更好的团队合作。一旦违背了这些原则，与握手关系脱离，KPI 就会驱使着大家走向“各扫门前雪”，凡是有 KPI 考评的，大家就积极去做，不择手段地争取拿高分，即使做一件事情对公司的长远利益有伤害也在所不惜；而没有 KPI 考评的环节则视而不见，最后变成了事不关己、高高挂起。所以企业一定要慎重实施 KPI 制度，否则会适得其反。那么，实施 KPI 有哪些前提条件呢？

第一，企业里是否有明确的握手关系？谁是谁的内部客户？上下游之间是否都知道自己对其他部门和同事承担什么义务，应当定期向其他人提供什么服务？这样才能通过 KPI 设计把大家的关注点从不顾别人，变成为了自己的利益而尽量帮助别人，防止掉链子，以确保公司的整体利益。

第二，是否有清晰的跨部门流程？实施 KPI 之前需要把各项工作的流程梳理清楚，包括哪些部门参与，分别扮演什么角色，有哪些控制节点，需要输出什么内容等。企业有了标准化的流程才能让普通人根据规定动作去做事并通过 KPI 来考评其结果，而不是自由发挥。

第三，是否有定期的节点检查和控制措施？光有了流程和制度还不行，必须进行定期的检查和辅导，防止部下跑偏。这就要求各级管理人员在任务布置下去之后，要经常过问部下的工作，掌握进度情况，及时提供帮助和支持，确保任务按时、按质、按量完成。

第四，是否有360度反馈制度？ 360度反馈在跨国公司是一个非常简单而实用的制度，每年管理者给直属部下做年度考评之前，都会发出6份调研表（包含希望从别人那里得到反馈的几个问题），分别是与部下同级别的同事两位，部下的部下两位（如果部下是管理者的话），与自己同级别的同事两位，这样就可以从三个不同的维度来观察一个人。通过这种制度可以让管理者验证自己对部下的认知，以便作出相对准确的判断。这里需要强调一下：很多企业都把360度反馈变成了360度考评，通过“群众评议”这种“群众运动”来决定一个员工的绩效得分，这与360度反馈的初衷背道而驰。这种“群众评议”实际上是一种推卸责任的做法，同时助长了“老好人”文化，管理者自己不愿意得罪人，就会把打低分的责任推卸给其他人。

其实，360度反馈绝对不是什么量化的科学分析，千万不要被误导，以为这样做是科学的方法。其实不然，360度反馈是让管理者通过6位反馈者的眼睛来验证自己的判断，最后给员工的绩效考评一定是管理者自己承担100%责任的主观评价，只不过听取了其他人的意见而已。通过360度反馈制度可以在企业中树立一种“帮别人就是帮自己”的企业文化，让每个员工都知道要想得到自己上司的认可，不仅要把本职工作做好，还要在可能的情况下尽力去帮助别人，因为每个人都不知道“哪块云彩会下雨”，上司会找谁做360度反馈。在这种情况下，通过制度设计让员工明白帮助别人对自己有好处，他们自然会为了自己的利益而主动帮助别人，自然会形成相互配合的团队文化，减少推诿扯皮。

五、经营人心从哪里入手？

绩效考评的终极目标是经营人心，是为了调动员工的积极性，让大家有主人翁精神，为了自己的事业而对企业忠诚。那么如何赢得员工的忠诚呢？企业需要给员工提供四个机会：做事的机会、学习的机会、赚钱的机会、晋升的机会。

第一是做事的机会。现在的年轻人不喜欢上司发号施令，不愿意被动地工作，而是喜欢按照自己的主观意愿和节奏做事，在目标清晰的前提下，自己能够“当家做主”。越来越多的年轻人讨厌在上司的压力之下“干活”，即按照上司的要求做每一件事，没有话语权和主导权。一旦员工处于被逼无奈的“干活”状态，久而久之，积极性和主动性就会丧失殆尽，工作变成了一种负担，一种为了生存而不得不干的事情。为了让员工努力做事，除了动态岗位职责说明书之外，管理者需要通过实施目标管理让员工自己掌握进度和时间安排，并在布置工作时多说两句，让员工清楚地知道自己的任务是什么，应当做什么，什么时间完成？做到什么样是杰出，什么样是优秀，什么样是良好，什么样是及格？

第二是学习的机会。员工进入企业后，不能让他们自生自灭，而是要在知识、技能、思维方式、价值观念、行为准则，甚至穿衣、礼仪等多方面进行全方位培训，教会他们在企业里如何做人做事。像当年的中国惠普公司，每个新员工入职后不久就会参加新员工培训，两年之后是老员工培训，如果晋升到管理层，则有新经理培训和老经理培训，还有很多公共培训。虽然企业培训员工会耗费大量的人力和物力，但是通过培训，可以让员工对企业的文化、制度、目标、战略、技术、产品、服务等方面产生认同，从而对企业有归属感。所以培训一方面让员工掌握了工作技能，另一方面也达到了思想统一的目的，让员工逐渐掌握各种规定动作，变得越来越聪明。

第三是赚钱的机会。对于民营企业来说，要想得到优秀的员工，就要给出有竞争力的薪酬，因为雇用什么档次的员工，就决定了将产出什么样的产品，得到什么样的回报。如果你希望雇用大学生当中最顶尖的那 1%，你要付出的薪水大概在当地平均薪水的 2.5 倍左右；如果你希望雇用的是大学生中前 10% 的人，你要付出的薪水大概是当地平均薪水的 2 倍左右；如果你希望雇用的是大学生中前 30% 的人，你要付出的薪水大概是当地平均薪水的 1.5 倍左右；如果你希望雇用的是居于中间部分的大学生，你要付出的薪水就是当地的平均薪水；如果你希望雇用的是大学生中靠后的那 30% 的人，你要付出的薪水可以比当地平均薪水低 20% 左右。

有人可能会说，给员工这么高的薪水，企业就没有钱赚了。这是很多民营企业的思维误区，以为给员工薪水多了自己就亏了。要知道，一个万元月薪的优秀员工，可能比一个 3000 元月薪的普通员工所创造的价值高 5 倍以上，只是很多企业不知道怎么算这笔账，不明白这个道理而已。万元的月薪不是白给的，是员工创造了价值之后才给的。我坚信，在市场经济的初级阶段，分配才是第一生产力。这是大家不愿意谈、不敢谈的一个敏感话题，但是每个人在实际生活中却无法回避这个严肃的话题。一个企业家只有把分配问题想透彻了、解决好了，才能激发大家的主人翁精神。不知道大家是否认同这样一个观念：对于企业来讲，没有一流的人才，就不会做出一流的产品，也就不会获得一流的业绩和回报。

第四是晋升的机会。不管是哪个层次的员工，在进入一家企业之后，都希望能看到未来，有一个清晰的职业生涯规划，即清楚地知道自己努力工作会换来什么，会达到什么水平，能做出什么贡献，可以掌握什么技能，经过多长时间可以晋升，福利待遇会有什么样的提升。如果企业对员工不关心、不体贴，怎么可能奢望员工对企业忠诚？当然，这里需要强调一点，升级不等于升职，毕竟一个企业里的管理岗位是有限的，所以企业要设计科学的级别体系，包括管理线和技术线两条晋升通道，让每一位员工都有“奔头”，只要表现不错，每隔两年左右就可以晋升。

有了这样的机制，企业再也不用担心员工不好好干了。

总之，只有企业同时提供了上述四个机会给员工，才有可能让员工为了自己的长远利益而对一家企业忠诚，才会有主人翁精神，才会为了自己的利益而努力奋斗。对于员工来讲，企业提供的是一个平台，一个让员工施展才华的平台，只要这个平台搭建好了，自然会吸引大批的优秀人才加盟。只有价值观和行为方式一致的优秀人才团队，才能实现企业家的梦想。

中国营销12问

高建华

1问：中国市场为何会出现消费升级？

消费升级的背后是消费群体的分层，随着中国经济的快速腾飞，中国已经涌现出了一个新的消费阶层，那就是中产阶层，这个阶层的大量涌现，改变了中国市场的结构格局，意味着小众化时代已经到来。所以要想理解中国市场的消费升级，就必须了解其背后的逻辑和原动力，**确切地说应当把消费升级改为消费分层**，这样表达也许更精准，因为并不是所有的市场都升级，依然有大量的小康型消费者和相当数量的温饱型消费者，并不是所有的消费者都要升级品牌，都要中高档产品，而是市场已经彻底分化了。尽管目前中国的市场结构还是金字塔形，但是在不久的将来，中国市场的结构一定会演变成枣核形，即中产阶层占据大多数，这种主流消费群体的演变是大势所趋，是不可抗拒的。**中产阶层与小康阶层最大的分别就是从价格导向到价值导向，优质优价成为中产阶层的最爱。中产阶层的需求与小康阶层的需求是完全不同的，**他们需要品质生活，需要品味生活，而从完整产品的角度来看，他们不仅需要性能和功能，更需要服务和体验，这才是真正意义上的消费升级。

2问：你真的相信“得草根者得天下”吗？

得“草根”者得天下，我不知道说这话的人指的“天下”到底是什么，更不知道背后的逻辑是什么，为何做出这样的断言？大家想想，“草根”一旦摆脱了草根的困境，收入有所上升，他们还会继续消费某个“草根”品牌吗？他们对“草根”品牌有忠诚度吗？从另外一个角度来说，中国的“草根”阶层是越来越多还是越来越少？答案很简单，“草根”阶层的数量已经过了峰值，未来几年还将急剧下降。为什么很多低端产品的品牌即使已经家喻户晓了，还是无法进入中高端领域，无法实现品牌升级？因为他们的品牌形象已经固化，难以逾越。**所以符合市场经济逻辑的做法应当是在小康阶段播种，在中产阶段收获**，即在小康阶段培养品牌意识，注入名牌文化，这样一来，随着消费者的升级，真正意义上的品牌就会受到追捧，成为中产阶层的标配。

3 问：实体店为何受到了毁灭性冲击?

过去这几年，电商对实体店的冲击是有目共睹的，很多人误以为实体店看来要不行了，这是大错特错的误区。电商真正冲击的是那些没有任何特色、没有任何服务、没有客户体验的传统店铺，这些店铺还停留在售货的层面，仅仅扮演着**传递价值**的角色，而没有扮演**创造价值**的角色，该做的事情没有做，才被新的事物所取代。当这些过时的传统店铺面对跟它们一样没有特色、没有服务、没有体验，但是价格却低很多的电商时，麻烦就来了，消费者自然就流失了。对消费者而言，只能以价格来做选择。如果这些实体店无法与目标消费群体日益提升的需求相匹配，必然会被抛弃。要理解消费升级，就要理解其背后的逻辑，必然涉及市场经济和市场营销，**在一个成熟的市场经济环境中，企业要改成“为部分人服务”**。这是很多企业到今天都不明白的一个道理，尽管这个话题我讲了20年，还是有很多企业不明白市场营销的第一项工作就是市场细分，而市场细分的根本目的就是把消费者划分成很多不同的消费群体，企业根据自己的特长和优势，选择“门当户对”的一小部分群体作为自己的目标客户，走向为部分人服务的“康庄大道”。可以说在供远远大于求的过剩经济时代，每个企业、每个品牌都必须清楚地告诉消费者，本企业是针对哪个特定的消费群体来设计产品的，一切都是为了满足某个特定消费群体的需求。

4问：实体店还有未来吗？

随着中产阶层的快速崛起，实体店的二次腾飞已经离我们不远了，因为中产阶层去购物中心，不仅仅是为了购物，而是为了享受生活，包括吃、玩、看，他们需要有温度、有互动、有体验、有尊享的那种感觉。这些感觉是目前所有电商都无法比拟的，毕竟它们是通过虚拟的网络实现交易，很难在商家与消费者之间建立感情，热情的交流互动才是真正意义上的消费升级。互联网巨头们把消费者的注意力成功地转移到了电商这里，导致实体店的店租逐年下滑，于是互联网巨头开始抄底，他们已经做好了精心的布局，等到某一天他们重新回归实体店的时候，等到他们再一次引领的时候，那些跟在互联网巨头后面的实体店的老板一定会后悔，这就是他们看不懂的谋略。当然了，目前的小康阶层还在忙着挣钱，没有时间去购物中心享受生活，但是中产阶层已经开启了享受模式，出国旅游、邮轮生活、休闲购物已经成为潮流，过上了**既有钱又有闲**的品质生活。说到实体店的二次腾飞，就绕不开**新零售**这个概念，尽管很多人都在谈**新零售**，但是没有几个人能把**新零售**到底是什么说清楚，一直处于模糊的状态，因为目前阶段互联网巨头们还没有在实体店建设方面取得决定性的胜利，所以保持战略模糊是有必要的。

5问：新零售到底是什么？

到底什么是**新零售**？我想从6个维度来谈：**顾问式销售、人性化沟通、体验式展示、专业化筛选、大数据匹配、大规模定制。**

顾问式销售，是指导购员必须升级为消费顾问，对客户的应用非常熟悉，具备当客户参谋的能力，能为客户提供应用咨询，帮助客户完成快速筛选，**这就是 30 年前跨国公司在中国培养销售人员时所做的事情。**

人性化沟通，就是基于**利他的理念**关怀体贴客户，站在消费者立场看问题，试图理解消费者，让消费者感到很舒服，人性化沟通不是推销，而是为消费者着想，这也是 30 年前跨国公司的做法。

体验式展示就是像宜家家居一样，不是产品的罗列（厂家思维），而是根据消费者的家庭场景进行组合（客户思维），让消费者一目了然，知道如何应用、如何选择。

专业化筛选是说企业必须有许多消费者应用专家，他们对产品非常熟悉，对技术非常在行，对应用非常清楚，所以能够替消费者把关，仅把各个档次最合适的产品推荐给消费者（所以跨国公司早在 30 年之前就招收工科大学生来做销售，因为他们懂专业、懂技术），能讲清楚其背后的逻辑，令消费者信服。

大数据匹配是根据消费者的购买历史、购买店铺、购买习性备货、开店。记得 30 年前我去美国参加培训的时候，在超市和百货店结账他们总会问客户的区域代码（电话号码的前三位），我当时还纳闷，后来明白了，他们在收集大数据，以便了解消费者居住在哪里。当然了，美国的区域代码范围比较小，很容易锁定范围。**我坚信 30 年后整个世界会走向计划经济**，因为大数据可以精准地知道谁买什么，多长时间买一次。

大规模定制指满足消费者个性化需求的同时可以实现规模经济效益，这是戴尔电脑、保时捷汽车之类的企业早在 20 多年前就在做的，在消费者看来是定制的，在企业看来却是大规模生产的，从而很好地解决了个性化与规模化的矛盾。所以看到这里大家都明白了，新零售就是借助互联网的应用使大数据匹配变得容易，不用一个一个地问消费者了。

6 问：每年上万亿元的海外买买买，为什么？

中国已经有 8% 左右的消费者进入了中产阶层，这里说的中产是达到发达国家标准的真中产阶层，可是为中产阶层服务的国内企业和品牌连 1% 都不到，99% 以上的国内企业都没有针对中产阶层开发产品，把这个利润最高的市场拱手让给了国外品牌。所以这里出现了一个巨大的供求矛盾，而且这个矛盾还会持续扩大，因为几年以后，中国的中产阶层比例可能会达到 12%，如果这部分消费者在国内找不到合适的品牌、合适的产品和合适的服务，他们就只能消费国外品牌。众所周知，中国不是没有电饭锅、指甲刀、眼药水，而是很多企业都停留在初级阶段，靠低价格去竞争，争夺小康阶层消费者，而忽视了最具购买力的中产阶层。

7 问：如何应对消费升级？

如果你认同中国市场的消费群体分层，如果你认同我所说的为部分人服务，那么就很容易做出理性的判断，用符合市场营销规律的方法论来设计企业的产品和服务，打造面向某个特定群体的品牌，用不同的完整产品区满足不同消费群体的需求。**我坚信在未来 5 到 10 年的时间里，中国将会发生一场“市场大变革”，各行各业都会出现行业集中度的迅速提高，从而拉开优胜劣汰的序幕，这是很难阻挡的历史必然。在主流市场上，1% 的佼佼者成为垄断竞争者当中的一员，形成有限选择、各有特色的稳定局面，20% 的品牌无法赢得消费群体的欢迎，只能选择被优势企业兼并，而剩下的 80% 左右的其他品牌不得不退出主流市场。**有人会说，80% 左右的中小企业都倒闭未免太恐怖了吧？其实没有什么可怕的，俗话说铁打的营盘流水的兵，落后的企业被淘汰了，好员工会跑到优势企业那里去，因为优势企业的市场份额大增，需要不断地补充“兵源”，只有没有价值的员工才会面临淘汰，这也符合市场经济优胜劣汰的基本法则。当然了，如果弱小的企业理解了市场营销是怎么回事，还有一条路供他们选择，那就是在次主流市场或非主流市场上求生存，针对某一个特定的小市场苦心经营，形成特色，与主流市场错位竞争，这样也能够活下来，甚至活得很好，经过 5 到 10 年的洗牌，中国的市场竞争格局就会固化下来。

8 问：你真的知道什么是品牌定位吗？

未来几年，每个企业都要想清楚，自己的品牌定位到底是什么，这是一个经常挂在嘴边，却往往理解有误的一个概念，很多人都以为自己懂得“定位”二字，但是绝大多数人都理解错了，加上某些培训公司、策划公司的误导，很多企业掉入了定位的陷阱。品牌的定位是指与同类产品相比，某个品牌以品质著称、以服务著称、以体验著称、以色彩著称、以性能著称、以材料著称、以设计著称等，总之要在一个或多个方面遥遥领先，超越整个行业的竞争对手，这样就能跟那些在乎某一个或某几个方面特点的消费者**产生共鸣**。遗憾的是国内的部分企业对定位有错误的认知，在**集体无意识**和**急功近利**两个因素的共同作用下，定位走向了口号化，以为抢占一个品类就是定位，以为喊出来一个断言式的口号就是定位。抢占一个品类是大众化时代的定位模式，需要靠大量的广告支撑，因为他们只要每天都在主流媒体上做广告，不断地重复，就能灌输给小康型消费者和温饱型消费者一个概念——这个品牌是佼佼者。这种侧重于做表面文章而忽视品牌内涵的做法，造就了一大批大而不强的品牌，迎合了一批急功近利老板的偏好，所以他们热衷于口号式的伪定位。

如果你的品牌是面向最有购买力的中产阶层，那么即使在中国市场上也会面临国际品牌的激烈竞争，因为国际品牌大多数都是以中产阶层为目标客户的，这是由他们的主流消费群体都是中产阶层决定的。所以**中国市场一旦进入以中产阶层为主导的消费时代，或者中产阶层达到一定的规模，国际品牌就会如鱼得水，因为他们的产品从骨子里就是给中**

产阶层设计的，是基于对中产阶层生活方式的深度洞察而开发出来的。所以中国品牌如果不在市场爆发之前抢占有利位置，不做出**前瞻性的预判**，不提前做好准备，到那时就必然面临竞争对手围追堵截的困境。**要知道品牌是可以从上往下辐射的，不可能从下往上辐射，**比如在富裕群体中流行什么，就会辐射到中产阶层，而中产阶层流行后，会辐射到小康阶层。所以品牌建设必须**抢占制高点**，从上往下打。

9 问：品牌建设应当从哪里入手？

每个品牌都必须有明确的目标客户群概念，也就是为某个特定的消费群体服务，根据某个特定群体最关心的核心要素做文章。比如 20 年前，我给万科做战略规划的时候，带领他们的管理团队梳理**品牌基因、品牌特色**，根据那个时代目标客户最关心、最在乎的点做文章，最后选择了三个要素：**物业管理行业领先，销售人员素质行业领先，开发商品牌形象行业领先。**为什么要选择这三个点去下功夫呢？一是因为业主入住后最关心物业服务，二是因为卖期房时销售人员的话是否可信至关重要，三是因为白领阶层认同廉洁正直的品牌。可以说这三条是基于那个时代对消费者需求变化的预判来设计的，因为我们预见到了五年以后目标客户最在乎的就是这三个方面，按照顶层设计的逻辑**从后往前看**，用五年的时间就能打造出有万科特色的竞争优势。果然，经过五年的努力，万科成了房地产市场当之无愧的龙头企业，这个龙头企业不仅仅是指规模，更重要的是指管理体系、职业化、服务水平等多维度。

10 问：低价中标果然占到了便宜吗？

在中国，与品牌建设背道而驰的一个问题就是低价中标，把很多好企业都害了，随着竞争的加剧，从事 B2B 业务的大多数企业逐渐进入了恶性循环，大家不是努力提高性能、提高质量、做产品创新，而是一味地强调低成本，到最后没有一个企业能过上好日子。可以说，低价中标是买方当事人不负责任的具体体现，因为他们不想承担责任，不想对自己的决策负责。他们没有鉴别好坏的能力，没有专业技能，只能用**简单粗暴**的低价中标模式来采购。低价中标表面上似乎是合理的，我选择了价格最低的供应商，一定没有错吧？其实大错特错，你选择了价格最低的供应商，就传递给了市场一个错误的信号，供应商接收到这个错误的信号之后只能千方百计地降低成本，到最后一定是**豆腐渣工程**。这种现状不彻底改变，中国就不会出现真正意义上的 B2B 品牌。

国外一些企业普遍采用的是综合评估法，用 TQRDEC 六个参数来衡量、考评、管理供应商。T 代表的是技术，买方必须对那些在技术上投入、通过技术创新来提升产品性能的供应商给予鼓励，这样供应商才会继续创新。Q 代表质量，买方选择的是高质量产品，因为高质量的产品成本更低、寿命更长，这样供应商才会靠质量生存，鼓励大家做好产品。R 代表响应时间，供应商必须对客户的需求、问题做出快速响应，聆听客户的声音，积极主动地采取措施，让客户信任、放心。D 是交货期，在确保产品质量的前提下，供应商通过提升管理水平可以实现库存低、交货快、质量高，做不到这一点就是还没有搞明白什么叫**管理出效益**。E 是环保，供应商不能以损害环境为代价，必须在环保上做足文章，经得住检验和检查，**任何靠污染环境换来的低成本都是本末倒置，让全社会买单，其成本是最高的。**C 是成本，在前面五项评比结束后，如果两家供应商得分相同，才根据价格来做出选择，如果前面五项的得分已经分出了胜负，谁得分高谁入选，绝对不会以价格低作为标准。

要想摆脱低价中标的魔咒，就要在产品创新上做文章，这话说起来很简单，但是做起来却很难，为什么呢？因为涉及背后的管理哲学和企业领头羊的认知。如果企业家在**管理哲学**上跑偏了，仅仅在“术”的层面做文章是无济于事的。什么是管理哲学？就是要回答最基本的问题：我们从哪里来？到哪里去？我们想做一件什么事？这件事有什么意义？这几个问题看似很简单，却是绝大多数中国企业都没有回答好的基础问题。在这里我通过两个案例来说明一下，**这两个企业都不是家喻户晓的明星企业，却是具备国际竞争力的优秀企业，一个是烟台的万华化学集团股份有限公司**（以下简称万华），**一个是太原的太原锅炉集团有限公司**（以下简称太原锅炉）。他们都是做 B2B 生意的，都是以优质、优价在市场上竞争，在研发上做了大量的工作，在技术上遥遥领先，最后实现了厚利经营，产品价格比包括国际上的同行都贵。他们都是好雇主，懂得善待员工，让员工过上体面的生活、快乐地工作，这是大多数企业都难以企及的。

【案例 1】如何摆脱低价中标的困境？

记得 9 年前第一次去万华的时候，万华的年营业额只有 50 多亿元，但是税后纯利却高达 17%，让我大吃一惊，在竞争激烈的化工产品市场上，能有这样的厚利非常不容易，因为国际上有巴斯夫、拜耳这样的优质优价的国际巨头。这些年我去万华讲过三次课，还带领欧普照明的董事长及团队、海洋王照明的董事长及团队、领教工坊的学员参访、学习过三次，得以了解到万华成功背后的哲学和逻辑。**在我心目中，万华是中国最优秀的企业。**也许你会觉得奇怪，为什么我这么说，我们不妨来看看万华是怎么做的。他们的投资理念、市场定位、用人机制、创新精神、员工福利都跟大多数企业不一样，他们选择**投资大、见效慢、技术门槛高**的行业投资（是不是与大家的想法正相反？）。他们的产品一定要优质优价，总裁会亲自跑到世界各地挖人才，三顾茅庐聘请优秀的国际人才加盟，通过**银发工程、终生提成制度**等一系列措施敢于和国际巨头叫板，敢于定位在国际巨头之上。这种魄力、这种自信是其他中国企业普遍不具备的。**当今中国，敢于把产品定位在国际知名品牌之上的企业屈指可数。**

也许我说万华是中国最优秀的企业，很多人并不认同，因为你我判别优秀企业的标准不一样，答案自然就不一样。**在我心目中，优秀不是规模大，不是名气大，而是有独到的价值，能在国际上立足，让竞争对手尊重，能满足日益提升的消费需求，这才是真正意义上的好品牌。**看看万华的愿景就不难发现，在中国有这样追求的企业并不多，而真正践行的更是寥寥无几。他们的愿景是：**创建一家受社会尊重，让员工自豪，国际一流的化工新材料公司。**愿景背后的道理是什么？那就是越来越多的中产阶层消费者希望买到健康环保的优质产品，员工希望过上体面的中产生活，产品能在世界范围内遥遥领先。**再往深层次挖掘，那就是理解社会的分层，中产阶层要的是优质优价的好产品。**所以谈品牌升级，必须先理解主流消费群体的演变。万华正是早在很多年前就意识到了消费升级带来的机遇和挑战，提前做好了准备，等需求到来的时候自然可以收获。这才是市场开发工作的核心，需要对市场的演变趋势做出前瞻性预判，提前好多年做准备。

【案例 2】企业家最重要的素质是鉴别能力

另外一家非常优秀的企业在山西太原，这是一家令很多人不可思议的企业。山西是煤炭大省，是资源大省，却没有几家闻名全国的制造业企业和品牌。我开始写这篇文章的时候恰好赶上带领领教工坊的学员去参访。这是我第二次来到太原锅炉参访。**进入园区，你会看到像商学院一样的研发大楼，与传统的重工业企业迥然不同，有植物园一样的职工之家，里面有飞的鸟，有游的鱼，还有白天鹅、黑天鹅，简直就是世外桃源，外面是冰天雪地，里面是鸟语花香。**其实，太原锅炉是我的第一个咨询客户，很多年前，太原锅炉的董事长带着两位高管跑到北京来找我，我针对他们企业面临的挑战做了一个两天的诊断式咨询，给他们指明了健康发展的路径。他们为何会来找我呢？说来话长，1997 年我在青岛讲课时，有人录像后把录像带给了太原锅炉的董事长，董事长一看就说："这个小伙子讲得不错。"于是让部下费尽周折找到我，希望跟我聊聊。我当时还没有开始做咨询，也不懂规矩，就回复他们：聊聊没问题，但是要收费。于是董事长带着借来的钱找我做咨询（**因为董事长在 1985 年曾经去美国考察、学习、生活过一段时间，他对先进的管理体系有鉴别能力**），我们一见如故。他们一见面就问我是否知道我讲了两天的课一共是多少字？我当时还真的说不上来，他们告诉我是几万字，因为他们听着录音把声音变成了文字，整理了厚厚的一大本文件，让全公司的管理者学习，这令我很感动，心想居然还有这么认真学习的企业。

那时，很少人听说过市场营销，对市场细分、目标市场选择、挖掘客户未被满足的需求几乎没有概念，面对行业内比自己大很多的企业，如何以小搏大？如何杀出重围？这就是 1997 年我们在北京西三环附近的皇苑大酒店讨论的话题。**直到今天，部分中国企业还不知道如何做市场细分，也没有目标客户的概念，更不会想清楚如何差异化生存。到了 20 多年后的今天，太原锅炉的产品能比竞争对手的价格高 15% 到 20%**，凭什么？就凭产品创新带来的差异化价值，他们在节能环保方面已经走在了世界的前列，这才是真正的有溢价能力的品牌，国内外客户愿意付出更高的价格来买他们的优质产品。其实，只要你告诉客户到底能给他们创造什么价值，客户就会买单。当然太原锅炉取得成功的背后还有一个强大的技术团队做支撑，那就是清华大学的一个研发团队。他们互相成就，对清华大学来说，太原锅炉是一个可以落地、实践的平台，对太原锅炉来说，他们拥有了国际一流的研发团队，这个团队将空气污染的水平降低了一个数量级，获得了国家科技进步奖，领头人也成了院士。

领教工坊的学员问太原锅炉的董事长"**成功的秘诀到底是什么**"？**董事长着重讲到了两点：一个是经营管理体系的建设，那是 20 多年**

前我帮他们奠定的基础；另一个是找到了清华大学的技术专家，实现了两翼齐飞。可以说这两件事是部分中国企业都不会做的，毕竟很多人都没有鉴别能力，不知道该听谁的，这是问题的核心。太原锅炉在经营管理方面对标国际一流企业，谦卑地学习，努力地应用，在产品创新方面敢于大胆尝试，不怕失败，经过多年的投入、钻研，终于取得了质的飞跃，这是几十年如一日的追求，是很多急功近利的企业不可能做的事情。非常巧合的是，2017 年 11 月份，我和领教工坊的同事讨论下一次（2018 年 1 月）去哪里参访？有人建议去太原锅炉，因为以前我给他们讲过太原锅炉的很多成功经验，就在我们讨论的时候，收到了太原锅炉常务副总转给我的一份红头文件公函，是太原市委办公厅发出的，号召当地企业向太原锅炉学习。这件事很神奇，我们事先没有任何沟通，远隔万水千山，却心有灵犀，是不是有点不可思议？

11 问：互联网离品牌之梦近了，还是远了？

我们说，品牌是有情怀的人做出来的，需要多年的坚持，绝对不是一日之功。

不管是传统的制造业（包括工业品、耐用消费品、快速消费品）、服务业，还是其他行业，都需要按照消费群体重新细分，明确某个品牌（或者品牌下面的不同系列）是为哪个群体服务的。当很多企业都去追风口的时候，会是什么结果？最后一定是重复建设，恶性竞争，把行业做烂。互联网的普及让越来越多的传统企业家感到焦虑，甚至无所适从，不知道将来会发生什么，不知道企业该往哪个方向使劲，于是有了“一 K”就灵（KPI 与绩效考评），“一阿”就灵（阿米巴），“一股”就灵（股权激励）的急功近利说法，企业不愿意在核心的经营管理问题上做文章，而是总想着走捷径，希望能够一招制胜，解决他们的难题，不改变这样的心态，品牌不可能做大做强。更可怕的是，互联网思维的流行，让很多企业家找不到“北”，搞不清楚互联网思维是什么，有些人自信心直接受到打击。

互联网思维到底是什么？

互联网对市场、对品牌到底带来了什么影响？直到今天，没有人能给**互联网思维**作出明确的定义。

互联网到底是什么？

互联网到底是工具，是思维，还是哲学？在业界已经争论了好几年，绝大多数人都没有搞清楚，谁也说不清楚，因为不同的观点根本就不在一个维度上，所以没法交锋。在我看来，用一句话就可以把互联网到底是什么说清楚：**一个具有互动媒体属性的、有外溢特征的基础设施**。这里有三个关键词，一是**互动媒体**，以前的媒体都是单向的，如电视、报纸、杂志等，而互联网是双向的，因此可以互动，大家可以参与其中；二是**外溢特征**，互联网可以与各行各业融合，就像电一样，已经无处不在，电与火车一结合就出现了高铁，互联网与银行一结合就形成了互联网支付；三是**基础设施**，说互联网是工具就太小看互联网了，因为互联网不是普通的工具，而是比工具更加复杂的基础设施。说到基础设施，大家不难想到高速公路、高铁、机场等，这些基础设施无一例外都是大大改善了人们的生活水平，甚至实现了跨越。

不要把互联网过于神秘化

对于传统企业来说，往往容易把互联网企业神秘化，其实以互联网为业务基础的企业，尤其是平台型的企业，其核心就是六个字、三个层次：**聚合**，**过滤**，**筛选**。**聚合**是最基本的，从早期的集市到百货店，再到购物中心，以及目前流行的网店，**聚合**了大量的消费者和供应商，形成了双边市场。在购物中心阶段，无论是消费者还是供应商，都是有限的，但是到了网店时代，消费者和供应商的数量以几何级数增加，突破了原来的极限。但是随着供应商的不断增加，选择的困惑就出来了，由于绝大多数消费者都不是某个领域的专家，他们不知道如何选择、如何鉴别哪些品牌是优质产品，哪些品牌是假冒伪劣产品，所以**过滤**就变得十分重要。传统的实体店在这方面是有优势的，所以很多人买化妆品、手表、衣服还是喜欢去实体店，感觉保险一些。京东就是在过滤上做文章，取得了一段时间的相对优势，得到了中产阶层消费者的喜爱，尽管贵一点，但是有保障。为了与京东竞争，淘宝推出了天猫，在过滤这个环节补上了短板。**但是直到今天，大多数平台都没有进入第三层次，那就是筛选**，能根据不同消费者的需求做**筛选**。要做到**筛选**这个层次，就需要在经营管理理念上做调整，更重要的是连背后的管理哲学都要改变，所以传统的电商企业很难做到。要想做到**筛选**，就需要有大量的行业应用和技术专家，根据不同的消费群体需求匹配相应的品牌和产品，即根据消费者的偏好推送有限的、恰当的产品，减少消费者选择的时间，减少选择的焦虑，替消费者把关，对消费者负责。**我现在所做的很多咨询都是针对筛选做文章。**

12 问：我们能为消费升级和品牌打造做点什么？

对于每个营销人来说，我们能在这场消费升级的大潮中扮演什么角色？起到什么作用？这是我一直在思考的一个严肃话题，难道就眼睁睁地看着很多企业在**微利经营**的困境里挣扎？我相信每个有责任感的营销人都不甘心。所以我想用自己微薄的力量做点事情，在 2018 年春天开设了**营销高手班**，将我 32 年来积累的营销智慧成体系地传承给有志成为营销高手的年轻人，让他们掌握相应的技巧和方法论，具备实操能力，为中国的民营企业培养国际一流水平的市场营销人才（Marketing Talent），摆脱“销售巨人，营销侏儒”的窘境。唯有两条腿走路，中国企业才能摆脱**勤劳而不富有**的宿命，从而造就一批有国际竞争力的强势品牌，为中国企业走向世界做点贡献。如果你认同我的观点和做法，我们就是有缘人。

专精特新小巨人的市场逻辑

——访著名顶层设计专家、战略管理专家高建华先生

《企业家》杂志记者　朱新月

中国改革开放以来，经济上取得了巨大的成功，已经是世界第二大经济体，民营中小企业的发展为国民经济注入了强大的动力，中国中小企业有“五、六、七、八、九”五大比例之说：占国家50%的税收；60%的GDP；完成了70%以上的技术创新；吸收了80%以上的城镇就业，数量上占所有企业的90%以上，可以说，民营中小企业发展得好不好，关乎国计民生的质量。

中国的中小企业虽然数量庞大，但是也有弱势，特别是制造业企业，掌握核心技术少，自主创新能力需加强，强势品牌不多。

找到问题结症，怎么办呢?

眼界决定境界，思路决定出路。

2008年的金融危机重创世界经济，而德国受到的影响最小，研究发现，德国有坚实的实业基础，特别是被他们称为“隐形冠军”的中小企业，对德国经济的稳定发展起着巨大作用。

2011年9月，工信部发布的《“十二五”中小企业成长规划》就提

出了将专精特新发展方向作为中小企业转型升级、转变发展方式的重要途径，形成一批“小而优”“小而强”的企业，近两三年，培育专精特新小巨人企业发展成为国家战略。

为什么这两三年来，专精特新小巨人企业的发展迅速升温呢？

除了政策导向外，从市场角度如何来看待专精特新企业的发展？

《企业家》杂志记者朱新月专访了中国惠普有限公司（以下简称中国惠普）原助理总裁、首席知识官 CKO、原苹果公司中国市场总监、著名顶层设计专家、战略管理专家高建华先生。

记者：这几年由于国际形势的巨变，中国制造业迎来了很大的考验，很多高端技术掌握在欧、美公司手中，中低端上又受到东南亚国家的挤压，作为企业战略专家，您如何从市场的发展角度，来建议中国企业的战略选择？

高建华：市场经济是有它的自然规律的，任何企业都要根据市场发展规律而做出自己的战略选择，所谓“顺势而兴，逆势则亡”。

市场经济有四个发展阶段，第一阶段是**商品经济阶段**，所有人做的基本都一样，比如各种农作物、石油等叫大宗商品，是没区别、没有差异化的，这是第一个阶段。但是随着消费者分层的出现，人们开始不满足于基本的商品，于是，开始有了第二个阶段：**产品经济阶段**，产品与商品有什么不一样？产品开始有自己的属性差异，不同企业的产品有了明显的特色和标签，开始有品牌了。这个阶段企业就要用自己的特色产品去占领一个细分市场。第三个阶段就是**服务经济阶段**，服务不再是免费的，而是让客户买单。甚至有的企业把硬件作为配套，而赚的是服务的钱，比如送客户机顶盒，而客户要付年费，这就是送产品卖服务。

部分企业的思维停留在商品经济、产品经济阶段，就是卖产品挣钱，产品出了问题就要去服务，卖产品送服务，服务挣不着钱，这对企业来说是生态系统变了，要脱胎换骨、基因突变，是很难实现的。很多企业卡在那儿，很难超越自己。

第四个阶段就是**体验经济阶段**，一切都是围绕着客户的体验，这个阶段是时代发展的必然，与客户群体的分化有关，经济发展到一定阶段，社会分层了，中产阶层的大量产生，小众化时代来临，社会自然就进入体验经济阶段。在温饱阶段，什么便宜就买什么，满足基本的需求就行；小康阶段，讲的是物美价廉；到了中产阶段，客户就希望有与众不同的体验和感觉。

记者：从您谈的市场发展的四个阶段上看，专精特新企业成长的“土壤”环境与中产阶层的兴起有密切关联，您如何看待这一现象？对企业有什么启示？

高建华：是的，刚才我谈了市场经济的四个阶段。我们可以看得很清楚，发达国家也是这么走过来的，**所谓“时也，势也”**。中国改革开放之初，物资短缺，先要解决温饱，然后又提出了小康。在温饱和小康为主的年代，企业就是做大路货，以物美价廉为目标。在美国也是，比如早年福特公司的 T 型车，一个型号，物美价廉，一下子让汽车普及了。在国内，比如大企业做微波炉、冰箱、彩电等家用电器，物美价廉，很快家庭就都普及了。

那么，之后企业产品该如何搞呢？在二十年前，我讲课时就提出了**“优特专”**的概念，“优”就相当于“精”吧，只是没有“新”，这个“新”是与时俱进的，那时候经济发展的阶段，企业都忙着做大。而这几年，随着中国社会快速发展，中产阶层的兴起，还有一部分富裕阶层的形成，各层级会长期共存，各层级的消费群体就形成了。这样一来，企业过去那种曾经行之有效的玩法就行不通了。企业要用不同的产品去满足不同群体的需要，服务不同的客户，回到**市场经济的原点：给消费者选择权。**

这就是**新的市场逻辑，是时代的推动，哪些企业能清楚认识到这个市场的趋势，就会越主动地适应市场的变化。**

记者：那您对大企业与专精特新企业各有什么建议？如何调整各自的市场战略？

高建华：市场的逻辑变了，小康要的是性价比，中产谈的是优质优价，富裕阶层追求奢侈。根据市场的需求，不同类型的企业有不同的战略选择，大企业做大路货，走大众化道路，以规模经济取胜，大规模、大项目、大产业。中等规模的企业就不能这样做，因为规模经济效益不够，**中等规模的企业不能与大企业正面竞争，要走与众不同的差异化道路，这就是专精特新**，看到一个特定的细分市场，然后深耕细做。专精特新企业唯有做出更好的产品、提供更好的服务，才能让客户买单，当然了，还要做出与众不同的体验，让客户为特殊的体验买单，也就是要适应小众化时代。

例如：瓶装啤酒是大众消费品，中国成千上万的小啤酒厂经过10多年的优胜劣汰，只剩下10来个巨头品牌，占据了80%以上的市场，在大众化时代，啤酒已经做得跟矿泉水价格差不多了，没法再便宜了。那么，还有没有市场缝隙呢？当然有！随着中产阶层的崛起，大众化的廉价啤酒已经无法满足中产阶层的需求了，人们已经不满足于现在这种几块钱、十几块钱一瓶的啤酒。在2010年，我就跟一家做啤酒桶的企业讲过，未来的大趋势是精酿啤酒。现在你去任何有点档次的购物中心，一定会发现精酿啤酒坊，精酿啤酒不仅档次高，还包括了不同的花香味和各种坚果口味，这就满足了消费者的多层次需求。

除了“精”，还有“特”，就是应对不同人群的特殊口味，比如有的喜欢烟熏味的，有的喜欢苦味的，甚至有的喜欢辣味的。这就是消费群体的分化，这就是一个大的趋势，消费水平越高，消费群体的分化就越明显。

记者：面对小众消费市场的崛起和专精特新企业的挑战，大企业能否应对变革，深耕细分市场呢？

高建华：做企业是有基因的，大企业是有思维惯性的，转型是很难的事儿。比如苏宁是传统商业思维模式，虽然也在互联网上下了很大功夫，但是和互联网巨头阿里、京东还有差距，这就是我常说的“**企业基因**”。

大企业是靠规模经济统治市场的，比如电视机、空调、冰箱、洗衣机现在都趋同了，同质化得厉害，只能打广告战、价格战，大众时代的佼佼者变得增长乏力了，甚至会被时代抛弃。

现在整个社会不再是一个大市场，而是若干个细分市场，商品经济、产品经济、服务经济、体验经济这四个阶段会同时存在很长时间。

细分市场不是给大企业准备的，大企业若想深耕细分市场该怎么办呢？就得换思维，另起炉灶，搞一支“特种部队”，单独拉出一批人，开辟一个特区，因为做中低端大路货的人，整天拼命想的是降低成本，而做相对高端产品的人，整天想的是如何提高客户价值。完全不是一股劲儿。大家知道，IBM 笔记本曾是高端产品，质量好、价格高，联想把 IBM 并购后，首先就是降价，联想的惯性就是降低成本。结果，曾经的高端产品线陷入了低成本的思路。

质量越大，惯性越大，掉头越难。

丰田公司也是个典型的大路货企业，它要做高端产品怎么办？单独创立一个雷克萨斯，跟原来丰田的 4S 店无交集，人员也不流动，因为它们属于不同的“物种”。

蒙牛也是做大众产品起家的，它如何做高端线呢？ 20 年前我给他们讲课时就建议，设置不同的产品线，分别针对温饱、小康、中产、富裕等不同的群体。后来他们的利乐枕是为温饱阶层服务的，利乐包是为小康阶层服务的，特仑苏是为中产阶层服务的，奶爵 6 号是为富裕人群准备的。

大企业不是不可以深耕细分市场，而是要用不同的产品满足不同群体的需要，打造不同层次的产品矩阵。

记者：您对细分市场有这么深刻的认识和理解，是不是得益于您在惠普等跨国企业的经历？

高建华：是的，我在中国惠普工作了 15 年，惠普两个创始人在去世之前定的战略，英文叫“The power of one, the best of many”。这个“one”就是惠普，大家共享一面惠普大旗。惠普最上面是一个公司，下边是 10 多个集团，每个集团下面有很多个分部。惠普每个分部就是我们说的“专精特新”，一般是 200 ~ 300 个人，每年的营收在 2 亿～ 3 亿美元左右，超过 5 亿美元就可以拆分了，这样可以保持每个分部的灵活性，保持创新力。几亿美元营收在一个细分市场就可以成为隐形冠军，就是用这种思路竞争细分市场，一个分部就做一类产品，把一类产品做成世界第一或第二。比如频谱仪世界第一，电压表世界第一，示波器世界第二……每个分部很专一，可以几十年如一日深耕；人员精干，按美元计算，人均产出 100 万元，人均效益很高。

我在中国惠普一个分部曾经做过市场总监，我们的产品在电子开关领域数一数二，毛利润超过 60%，我们分部 60 多人，一年营业额 2800 万美元，当时约为 2 亿多元人民币。当时诺基亚、摩托罗拉及其他手机或通信设备品牌，无一例外都是我们的客户，就是因为我们解决了他们的关键问题，大大地提高了生产效率。

所以说，我对专精特新是有切身体会的。

很可惜，后来卡莉・菲奥莉娜掌舵了惠普，她还没搞懂惠普原来那套经营逻辑就开始大变革，把各个分部取消、合并成业务单元，机构臃肿了，管理成本急剧上升，同一个业务单元的人分布在很多国家，沟通成本极高。

卡莉在惠普大刀阔斧的改革，实际上违背了市场的逻辑，自己最后也被迫辞职。

记者：您谈的对企业经营者太有启发了，您特别强调企业差异化生存和完整产品的概念，具体内容是什么？

高建华：前面我们谈到服务经济和体验经济，在这个阶段，企业发展一定不能搞“大而全”、什么钱都想赚的多元化之路，专精特新企业到了一定程度，必须靠差异化生存，最好是针对一个特定的市场去钻研、去深挖。完整产品的概念需要考虑服务和体验：我的服务有什么与众不同之处？服务如何成为完整产品的一个组成部分？拿当年惠普的企业计算机业务为例，我们的服务承诺是 5 个“9”，说的是一年 365 天，每天 24 小时，一共 8760 小时，在 99.999% 的时间里不能死机，否则就要赔偿客户，这就是服务经济，这样就可以靠服务挣钱了。

当技术日趋成熟以后，不管什么产品，硬件之间的差异都会越来越小，这是必然趋势，在大众化市场上，服务很难有差异化，但是在小众化市场上，就能保持这种差异化。

虽然服务很容易被抄袭，但是体验的差异化很难模仿。比如星巴克的体验经济，因为它不是在服务而是在体验上。那里没有服务员而全是咖啡师，每个人都会给客户调出与众不同的咖啡。星巴克的老板曾经写过一本书叫《星巴克：一切与咖啡无关》，这个题目本身就挺有意思，一个专门开咖啡店的，居然说星巴克与咖啡无关。其实，其中的深刻之处就在于谈的是体验经济，谈的是员工，星巴克是一个善待员工的企业，它希望员工被善待后，可以发自内心地去做产品、做服务，用这种情感打动客户，客户买的不是一杯咖啡，而是一份带有温度的情感。

谈产品的差异化，一定要谈完整产品的差异化，企业与企业之间不是一个简单的差异化，更不是硬件的差异化，而是思维的差异化。

专精特新企业到底意味着什么？它的市场逻辑是不一样的，社会的消费层次明晰了，时机才成熟，才能出现专精特新企业，并不断扩大，这就是市场背后的逻辑。

记者：您在 20 年前讲课时就提出了“优特专”的概念，您不妨谈谈今天的“专精特新”这几个字的含义？

高建华：好，我就谈谈“专精特新”这四个字。

第一，专是什么？专是专业和专注，是基于利他思维，帮客户解决问题。比如说微波炉，如果仅仅定位于电器，就缺少了替消费者着想的利他思维。如果做微波炉的企业专注于帮助年轻人解决吃饭问题，就会开发各种微波炉专用食品，两者配合起来，就能解决上班族下班后快速做饭的问题，如果没有利他思维，就不会专注，也不会专业，更不会抓住摆在面前的机会。

第二，精是什么？精是精致、精艺，是不难不做，厚利经营。现在白色污染很厉害，做成可降解的塑料袋是环保的大势所趋。无锡纯宇环保制品有限公司刚进入这个业务的时候，对可降解塑料袋感兴趣的都是世界知名品牌，比如优衣库、无印良品、沃尔玛、肯德基、麦当劳等。但是，这些企业的技术要求非常高，按照当时的设备和技术水平，很难实现。我当时就给了他们企业“**抓大放小，不难不做**”八个字。两年以后，多家跨国知名品牌都成了他们的客户，精湛的工艺和精致的产品赢得了通向市场的通行证。他们企业最近刚刚拿到了高新技术企业的认证，迈出了走向专精特新企业的第一步。

可降解塑料袋生产线

抓住了大企业、大客户，企业客户接踵而至。过去，老板一年见200多个客户，非常辛苦，而现在一年只见二三十个关键大客户，轻松许多，整个企业也进入了良性循环，业绩开始翻倍。

第三，特是什么？特就是特殊应用，另辟蹊径。即基于某一类客户特定的应用环境去开发产品，而不是跟在别人后面抄袭、模仿、跟随，做同质化产品。有一家企业在中国的西南地区，是做电焊条的，高端电焊设备和焊条本来是被国际巨头垄断的，但是这些巨头的产品到了中国的西南地区就水土不服了，为什么呢？因为很多年前，西南地区酸雨严重。那些产品被酸雨腐蚀后很容易生锈。那家中国企业发现了这个问题，就在焊条里加入了防酸雨的化学成分，即使是酸雨严重，也不会生锈，就靠着这么一个特定的群体和特定的应用，那家公司一下打破了国际巨头的垄断。

北京有一家企业叫富思特新材料公司，是我的一个咨询客户，去年他们发明了一个新产品叫“冬施宝”，就是针对北方地区零下环境施工的问题，因为很多工地的工期都很紧张，不想冬天停工，比如雄安有大量的基础建设项目，如果冬天停工就会影响整体进度。富思特新材料公司正是针对这个特殊的问题开发出了适当的产品，−10℃左右施工都不会受影响，赢得了客户的高度认同。

第四，新是什么？新就是创新突破，引领市场。创新，就是基于市场上客户未被满足的需求做文章，从而找到产品创新的源泉。有了创新，企业就有可能成为细分领域的领导者。比如现在大家的手机不离手，绝大多数企业都是在拍照功能上下功夫，但是却没有哪家在音乐功能方面下功夫。我是个音乐发烧友，目前用的是 15000 元左右的高解析度播放器，耳机也是万元级的，如果你试听一下，一定会被震撼，我感觉那才是“真正”的音乐。到目前为止，没有一家企业做高解析度音乐手机。其实，做高解析度音乐手机并不难，主要是加大内存，才可以储存足够多的高解析度音乐，因为一支高解析度的音乐就很大。这就是突破创新、引领市场和潮流的思路。

所以，**创新是无止境的，关键是要基于一个特定的群体，去挖掘客户未被满足的需求，才能实现有意义的创新。**

以上就是我对“专精特新”四个字的解读。其实，专精特新有时候是可以综合在一起的，当然，这是理想的四位一体。大家所熟悉的苹果公司，基本上就是从专精特新起步的，逐渐做大做强，做到了四位一体，在专、精、特、新的每个方面都做得非常好。

记者：您在课程中还谈到了专精特新的“T”型发展战略，这是指什么？请给中小企业家详解一下。

高建华：我说的“T”型发展战略，是指专精特新企业发展到一定程度时必然会扩张，但是一定要有敬畏之心，不能随心所欲，看到哪里是风口就往哪里跑，蜂拥而至。企业的扩张必须遵循特定的法则，不能违背规律。**“T”型战略的横轴是沿着客户去扩张，不变客户变产品；纵轴是沿着产品与技术去扩张，不变产品变客户。**这两个方向，要么是沿着产品去扩张，把产品做透了，做到技术世界领先，就可以从最初的应用扩展到其他领域。比如从军用到民用，以研发用到生产用，从实验用到教学用，产品的内核基本不变，只是功能、性能、模样发生变化。只要把一个产品的底层逻辑搞清楚了，后面的扩张就轻而易举。如果沿着客户去扩张，就要在一个产品领域首先赢得客户的信任、喜爱甚至追捧。一旦客户认定了你，就想让你提供他需要的其他相关产品，企业就可以逐步延伸到新的领域。惠普当年的发展就是沿着客户做文章，客户喜欢我们的仪器，就很容易接受我们的工程计算机；接受了工程计算机，打印机和绘图仪也就接受了；再后来就是办公自动化所需要的小型机、PC 机等。沿着客户扩张，只要把一个产品品类做好，赢得了某个特定群体的需要，客户就会跟随着你，并不断为你介绍新客户。

企业扩张必须有支点，要按照“T”型的两个轴去扩张，不论是大型企业还是中型企业，最忌讳的就是非相干领域的多元化，盲目扩张。

比如做房地产的去搞矿泉水、做空调的去搞汽车，因为跨度太大，没有支点，很容易出问题。而那些守得住自己的专业领域，只做相关领域多元化的企业，才可能做到世界领先。

所以，**企业要想守住自己的市场，首先要守住自己的底线，不能盲目地扩张，当下做得再成功都要有敬畏之心，千万不要觉得自己无所不能，被胜利冲昏了头脑。**

记者：您认为专精特新要不要做大？要不要上市？还是以隐形冠军为目标？

高建华：在 2021 年 11 月 19 日召开的“2021 世界制造业大会”上，刘鹤副总理强调“制造业是大国经济的压舱石”。现在，专精特新小巨人企业已近 5000 家，大部分都是制造业企业，还有一部分是科技类企业，国家还设置了北京证券交易所，重点扶持专精特新小巨人企业上市，在资金上支持这类企业。

那么，专精特新小巨人企业要不要做大？能不能做大呢？我觉得取决于两个方面。**一是要从市场逻辑出发**，很多专精特新企业不与大企业正面竞争，而是找到大企业不愿意干的市场缝隙，这就是专精特新的市场机会。**专长来源于专注，专注就得聚焦。**日本、德国很多隐形冠军企业都是这么做的，一做就是几十年、几百年。没有必要刻意追求做大，这也许就是日本企业喜欢的“小而美”吧！

二是从创业者的性格来说，如果你追求做大，目标是上市，也没有问题，在很多领域还是有足够的市场容量的。而且各级政府也支持甚至奖励专精特新企业上市，只是不要为了上市而上市。上市了，企业就变成了公众公司，就要面对股东的要求、股民的压力，如果创业者不急于追求纸面财富，不急于变现，大可以学习德国、日本的隐形冠军企业，把心静下来，几十年如一日，甚至几百年如一日地好好干。德国、日本的隐形冠军，在自己的专业领域内做到了世界第一或第二，老板及家族成员都很低调，不接受外界采访，从不炫耀自己的财富，一代一代地把企业做下去，把财富传承下去。

最后，祝福那些有志成为专精特新小巨人的企业，大家赶上了好政策、好时代；也祝愿更多的中小企业守住底线，苦心经营，尽早成为国家级专精特新小巨人企业。

高建华先生

著名顶层设计专家、企业战略管理专家、企业营销专家；中国惠普原助理总裁、首席知识官 CKO；原苹果公司中国市场总监；北京洋为中用管理咨询公司创始人；对外经贸大学、南京大学、北京大学汇丰商学院、吉林大学客座教授

代表著作：《赢在顶层设计》《笑着离开惠普》《不战而胜》《打造营销铁军》

咨询 / 实战工作坊

体系建设咨询	时间跨度
引领企业走向成熟的战略规划	大约 4 个月
差异化导向的商业模式创新	大约 6 个月
打造引领市场的产品创新流水线	大约 6 个月
以市场为导向的营销与销售体系建设	大约 9 个月
以经营人心为导向的人力资源体系建设	大约 6 个月

实战工作坊	时间长度
经营有方 – 企业如何持续赚钱	2 天
管理有道 – 企业如何健康发展	2 天
运营有序 – 企业如何提高效率	2 天
产品有范 – 企业如何打造爆品	2 天
团队有魂 – 如何打造人才高地	2 天
领导有力 – 企业如何成就员工	2 天

企业家

传播管理智慧，助力企业腾飞

中企联播 · 名师讲堂

中企联播 · 名师讲堂是由《企业管理》杂志、《企业家》杂志与中国管理科学学会企业管理专委会共同举办的直播讲座平台，每周 1—2 场，每场 1.5 小时左右。

平台延请业界名师，为企业管理者们提供前沿新科技、经营新思维、管理新技术的精彩讲座，旨在帮助企业家、企业管理者不断提升自身能力，适应快速变化的经济发展与企业经营环境，解决企业经营管理中的困惑与难题。

中企联播

部分讲座课程

汪中求 | 精细化管理系列讲座

陈劲 | 打造世界一流创新企业系列讲座

高建华 | 企业战略、市场营销系列讲座

刘承元 | 精益管理系列讲座

丁晖、顾立民 | 管理改进系列讲座

程社明 | 职业生涯规划系列讲座

祁有红 | 安全管理系列讲座

谭长春 | 华为管理系列讲座